大数据与智能铁道工程

何　庆　编著

中国铁道出版社有限公司

2025年·北　京

内 容 简 介

本书主要阐述大数据与智能技术目前在铁道工程领域的应用，用理论与实践相结合的方式系统地介绍相关理论知识，并以丰富的案例分析和实践操作帮助读者理解和掌握相关技术方法。

全书共十四章。第1章从全局角度阐述了大数据与智能技术在铁道工程中的应用；第2章至第7章依次介绍了Python编程、统计学基本知识、数据挖掘基础、线性回归、数据分类与聚类、神经网络与深度学习的基础知识；第8章至第14章取材于实际科研与工程项目，介绍了不平顺时空数据分析、巡检图像数据分析、激光点云数据处理与轨道智能运维、振动数据分析、文本数据分析、铁路纵断面重构数据处理以及地铁音频数据分析的内容。

本书主要用作铁道工程专业本科生教材，也可以作为相关工程技术和科研人员的参考书籍，旨在推动大数据与智能技术在铁道工程领域的应用。

图书在版编目（CIP）数据

大数据与智能铁道工程 / 何庆编著. -- 北京 : 中国铁道出版社有限公司, 2025. 3. -- ISBN 978-7-113-31862-8

Ⅰ. U2-39

中国国家版本馆CIP数据核字第2025B6A528号

书　　名：大数据与智能铁道工程
作　　者：何　庆

策　　划：时　博
责任编辑：时　博　　**编辑部电话：**(010)51873065　　**电子邮箱：**crph@163.com
编辑助理：王颖锐
封面设计：郑春鹏
责任校对：刘　畅
责任印制：高春晓

出版发行：中国铁道出版社有限公司(100054，北京市西城区右安门西街8号)
网　　址：https://www.tdpress.com
印　　刷：北京联兴盛业印刷股份有限公司
版　　次：2025年3月第1版　2025年3月第1次印刷
开　　本：787 mm×1 092 mm 1/16　**印张：**12.25　**字数：**300千
书　　号：ISBN 978-7-113-31862-8
定　　价：68.00元

前　言

铁路是现代化交通体系的重要组成部分。在铁路工作者的不懈努力下，我国铁路事业取得了令人瞩目的成就，高铁里程位居世界第一，铁路技术亦处于全球领先地位。铁道工程专业涉及的钢轨、轨枕和道床等结构是铁路系统的基础，其性能和状态会直接影响铁路运输的安全性和经济性。随着路网规模的扩大和运行强度的增加，从这些结构运营维护的实践中，产生了一些需要解决的问题。

其中一个问题是数据没有得到充分利用。铁路运维中会产生海量数据，如轨道不平顺动静态检查数据、轨面状态视频监控数据、检查维修记录数据等，这些数据分散在不同系统中，缺乏数据挖掘分析，难以支持决策。此外还存在检测维修方式落后的问题。以人工检测和周期性维修为主的方式效率低、工作量大、工人劳动强度高，难以适应现代铁路行车密度高、人工成本高的实际情况。

近十几年来蓬勃发展的大数据与人工智能技术，为解决上述问题提供了前所未有的机遇。大数据技术可以通过对海量铁路数据的采集、存储、分析与挖掘，提供更精准的状态感知和更科学的决策支持。人工智能技术在计算机视觉、自然语言处理等领域的突破，使得铁路行业能够实现从人工经验驱动向数据智能驱动的转变。国际上，欧洲、美国、日本等国家和地区的铁路工作者都在积极探索大数据和人工智能技术在铁路行业的应用，可以说该技术是全球铁路创新的热点与前沿方向。

在这一背景下，高等院校在铁路智能化发展中肩负着重要使命。一方面，高校需要培养具备交叉学科知识的复合型人才，以满足未来铁路智能化带来的人才需求；另一方面，高校也需要开展具有前瞻性和实用性的科研攻关。基于这样的背景和需求，作者自2021年起于西南交通大学为土木工程学院铁道工程专业本科生教授大数据与人工智能相关知识及其在铁道工程中的应用，该课程增强了学生们使用该技术处理铁道工程问题的能力，取得了良好的反响。为了更好地开展该课程的教学工作，为铁道工程专业学生与从业人员提供一本系统介绍大数据与智能技术及其在铁道工程行业应用的教材，作者组织编写了本书。

本书共14章。第1章介绍了智能铁道工程的发展背景和重要意义，从全局角度阐述了大数据与智能技术在铁道工程中的应用前景，并对铁道工程数据进行了综述。第2章至第7章依次介绍了Python编程、统计学基本知识、数据挖掘基础、线性回归、数据分类与聚类、神经网络与深度学习等基本知识。第8章至第14章取材于实际科研与工程项目，介绍了不平顺时空数据分析、巡检图像数据分析、激光点云数据处理与轨道智能运维、振动数据分析、文本数据分析、铁路纵断面重构数据处理以及地铁音频数据分析等内容。本书重在理论与实践相结合，编写过程中涉及大量数据集和程序代码，已随书作为数字资源提供，方便读者进行实践操作。

本书凝结了作者团队多年来在铁道工程大数据智能运维方面的科研成果与工作教学经验，团队研究生胡靖康、刘震、吴国新、曹有为、邓亚杰、董唯佳、洪英杰、荆传玉、李王逸嘉、马青松、孙华坤、万秋实、王晓冉、王妍珺、徐双婷、杨倩倩和曾启湘在本书编写过程中做了重要的整理工作，本书也参考了国内外相关研究成果及教材，在这里一并感谢。

鉴于作者水平有限，难免有所疏漏，书中内容和文字方面可能存在一些错误，欢迎广大读者不吝指正。

何　庆

2024年11月

目　　录

第1章 概　　论

1.1 智能铁道工程及其发展

1.1.1 智能铁道工程

铁路基础设施的状态会随着列车的运行与时间的推移逐渐恶化，轻则影响乘坐舒适度，如果不能得到及时控制，重则可能导致钢轨断裂和列车脱轨等灾难性事件，在严重影响客货运输的同时造成生命财产损失。因此需要对铁路基础设施进行检测与维修，使其状态时刻保持在可接受的状态下。

一般来说，铁路资产可分为两种主要类型：基础设施和机车车辆。基础设施包括轨道、隧道、桥梁、供电和信号系统等。机车车辆则主要指机车、客车和货车。铁路基础设施是一个高度复杂的分布参数系统，其动态特征会随着时间和空间的变化而变化，此外还会受到各种随机来源如天气的影响，因此铁路基础设施是一个动态、连续、分布式和随机的系统，对其进行检修具有相当的挑战性，但铁路行业目前仍依靠传统方法对铁路基础设施进行检修，效率比较低下。

如果可以在故障发生之前对其进行检测和预防性维护，可以很大程度地节省成本，提高效率，因此铁路行业和各国研究人员一直在开发可以持续检测和维护铁路基础设施的各种方法。随着时间的推移，由历史检测数据构建的数据库会变得越来越大，这自然地导向了使用大数据技术对其进行管理和分析。

人工智能是指能够复制或模拟人类认知能力的计算机系统和机器，通过创建算法和模型，使计算机系统和机器能够理解自然语言、识别模式、解决问题、做出决策和适应新情况。人工智能可以将数据与决策联系起来，进行大数据分析从而实现决策的自动化。本书所指的智能铁道工程，就是指与使用人工智能技术对铁路基础设施进行维护相关的工程技术。本书也尤其关注基础设施中的轨道结构。

1.1.2 国内外发展现状

20世纪80年代首次有研究提到在铁路领域使用人工智能建立专家系统（Johnson和Bonissone，1983）和进行脱轨分析（Hoag，1985）。随后在20世纪90年代，有研究尝试了使用神经网络检测超声波图像中的钢轨缺陷（McKenzie和Alder，1993）。随着近些年来人工智能技术的发展，其分析复杂特征和在丰富信息中识别相关模式的能力越来越强，于是很多基于人工智能的技术被开发来解决铁路基础设施使用过程中状态劣化带来的问题。

在劣化的早期阶段实现劣化检测的自动化具有挑战性，在这方面，基于深度卷积神经网络（DCNN）使用图像—视觉数据的方法得到了长足发展。有些研究致力于提升从检测系统获取的图像质量（Zhang等人，2011）。为了处理劣化状态的视觉复杂性以及和背景之间的相似性，

Chen 等人(2018)在开发检测系统时集成了包括部件定位和缺陷检测在内的不同模块,并使用了经典的 YOLO 对象检测算法和区域卷积神经网络(RCNN)。Kang 等人(2019)提出了一种将分类器和去噪自编码器集成到同一架构中的多任务神经网络以同时实现分割和缺陷检测。为了获得更好的运动物体检测性能,张等人(2011)提出了一种基于运动成像的新型结构光方法,以辅助前馈神经网络对运动物体进行检测。

对于劣化的预测则充分利用了神经网络对非线性系统的逼近能力和自适应能力,BP 神经网络、多层感知器和多值神经网络等多种经典神经网络都曾被尝试使用。Fink 等人(2014)提出了基于多值神经元的多层前馈神经网络(MLMVN)以应用于时间序列的可靠性和劣化预测。Oukhelou 等人(2010)考虑了 Dempster-Shafer 理论,Jamshidi 等人(2018)考虑了贝叶斯推理,分别提出了使用神经网络检测故障的框架,并通过考虑贝叶斯概率论的数据融合技术组合神经网络的输出,从而完成系统中故障的检测和定位。Chen 等人(2020)使用了自关联核回归来估计剩余使用寿命(RUL)和健康指数之间的关系,以提供对 RUL 的预测,如图 1-1 所示。Sysyn 等人(2019)采用主成分分析和偏最小二乘回归,揭示了道岔动态响应的变化与道岔接触面退化之间的关系。Wang 等人(2018)采用贝叶斯回归,使用声发射监测数据对类裂纹钢轨伤损进行了发生概率的预测。Cardenas 等人(2017)提出了一种集成分类器预测轨道几何的劣化,并采用二元逻辑回归模型来预测特定的劣化未来状态。

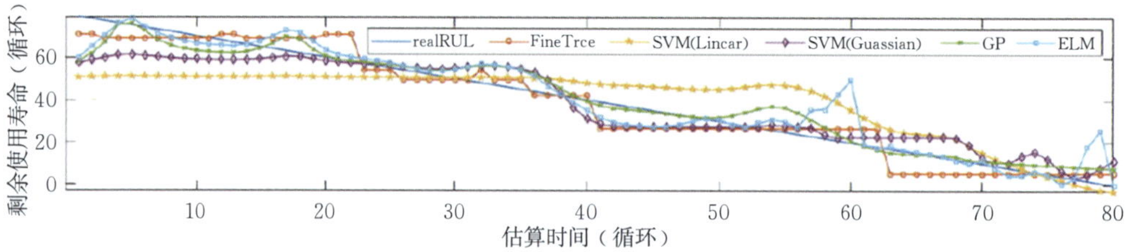

图 1-1 使用不同方法的估计结果与真实 RUL

启发式算法可以用作搜索优化问题的接近最优解,遗传算法(GA)和粒子群算法(PSO)是两种广泛用于此目的的优化技术。Shen 等人(2021)采用 PSO 算法提出了一种基于高斯过程回归的方法,从测得的频率响应函数中推断出轨垫和道砟的刚度。Persson 等人(2010)使用 GA 优化斯德哥尔摩地铁的钢轨轮廓,以缓解滚动接触疲劳以及带来的磨损和噪声问题。Li 等人(2017)提出了一种混合方法优化复杂山区的铁路选线设计。Chellaswamy 等人(2020)采用了动态差分进化算法来识别钢轨上的表面伤损,如图 1-2 所示。Dahoe 等人(2021)比较了灰狼优化、PSO 和 GA 在轨道参数估计方面的性能,结果表明灰狼优化表现最好。Zhang 等人(2013)开发了一种增强型 GA 来优化轨道维护工作的调度。

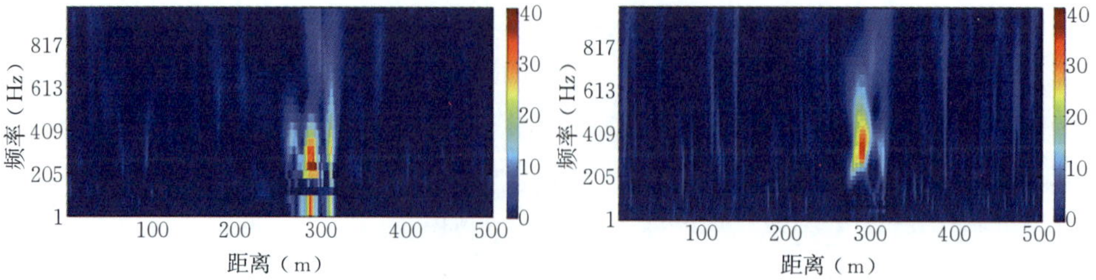

图 1-2 使用动态差分算法从轴箱加速度数据识别出的钢轨伤损

由于在维护时需要同时考虑可靠性、成本和资源可用性等多个因素，对其进行优化涉及多个目标，需要在全局帕累托最优区域中搜索解决方案，从而在目标空间中形成权衡面，获得帕累托最优解。Choi 等人(2013)采用 NSGA2 来最大限度地减少车轮的磨损和疲劳，同时考虑脱轨、侧向力、车辆倾覆和沿曲线轨道运动过程中产生的垂直力。Caetano 和 Teixeira(2013)的研究目标是同时考虑轨道生命周期成本和轨道占用进行决策。Nuñez 等人(2019)进行多目标优化以确定铁路网中钢轨焊缝性能和维护成本之间权衡面的所有 Pareto 最优解集，并对算法 ARMOEA、NSGA2、SPEA2、GrEA、RSEA 和 VaEA 进行了比较。结果表明在整数决策变量数量不是很大的情况下，SPEA 在其提出的维护决策优化问题中表现优于其他算法。

概率图模型(PGM)基于图形体系结构来表达变量之间的关系。它的作用是为使用概率分布表示不确定性提供直观的框架。PGM 可分为两类：贝叶斯模型和马尔可夫模型。它们被认为是在存在不确定性的情况下进行异常量化的强大工具。PGM 为铁路基础设施劣化检测，未来状况预测，因果关系推断提供了一种解决方法，并可以建立随时间自适应的学习机制。许多研究人员提出了基于贝叶斯网络的方法，通过各种基本原理和推理算法来识别铁路基础设施故障的概率和根本原因。Wang 等人(2017)提出了一种用于铁路道岔天气相关故障预测的贝叶斯网络。Dindar 等人(2018)使用类似的方法分析了铁路道岔上极端天气模式导致列车脱轨的概率。Rafiq 等人(2015)提出了一种动态贝叶斯网络来对桥梁条件随时间的变化进行建模。与 Wang 和 Dindar 不同的是，在动态贝叶斯网络中贝叶斯模型通过时间链路与其连续的“时间片”相连，形成时变模型，而 Wang 等人(2017)和 Dindar 等人(2018)中讨论的贝叶斯网络模型作为“快照”模型，根据给定时间点的组成元素条件来估计铁路基础设施状况。PGM 的另一个典型应用是分析与铁路系统故障相关的风险因素。Jamshidi 等人(2017)提出了一种基于 PGM 的故障风险评估框架，用于分析钢轨表面缺陷。所提出的框架旨在根据表面缺陷的增长和严重程度来估计钢轨故障的概率。在他们的工作中，使用超声波检测数据通过预测模型进行缺陷严重程度和生长分析。为了评估随机数据行为的模型不确定性和稳健性，采用了贝叶斯推理模型来估计失效概率。

聚类是一种将一群对象划分为不同数据簇的技术，并使同一数据簇中的对象比其他簇中的更相似。因此聚类的核心是选择适当的度量和目标函数，以最小化簇内的变化并最大化簇间的变化。经典的聚类算法有 k-means、k-nearest-neighbor、自组织映射和层次聚类等。Cardoso 等人(2017)提出了一种聚类技术来揭示监测数据中的隐藏模式，他们将层次聚类算法应用于模态参数，并用于铁路桥梁的模态自动识别。Su 等人(2017)解决了一个混合整数线性规划问题，以获得需要在分配的维护时间段内处理的铁路部件的最优聚类。

现有的监督式人工智能学习算法在不同的铁道工程应用中表现出了相对先进的性能，但它们的性能依赖于足够的训练数据和高维平衡数据集，数据集不足或不平衡会严重损害算法的能力。但对于铁道工程来说，通常无法在短时间内收集到平衡的数据集用于不同运营条件下的网络训练，特别是缺陷样本往往十分匮乏。为了缓解这个问题，人们开始关注开发基于迁移学习方法的算法，迁移学习可以将预训练模型的知识转移到其他相关但不同的模型。Chen 等人(2021)建立了以一个多层 CNN，其中模型的低层在通用大型音频数据集上进行预训练以进行特征提取。接下来通过使用来自轨道结构监测的声发射数据，将声学特定特征转移到训练高层。Zhong 等人(2021)引入了一种基于生成对抗性网络的算法，仅使用正常样本构建缺陷检测模型。Yao 等人(2020)采用生成对抗性网络生成额外的故障样本，以平衡训练数据集，开发了用于扣件故障诊断和分类的神经网络，结果表明在故障数据严重不足的情况下，轨道扣件的故障检测精度没有受到影响，如图 1-3 所示。

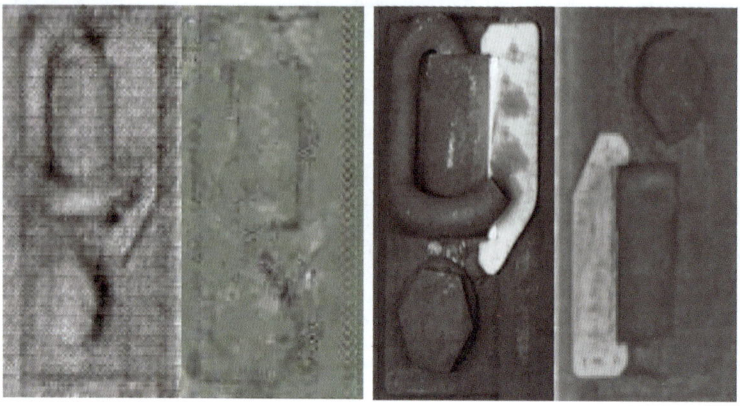

图 1-3　1 000 轮训练后生成的数据(左)及 2 500 轮训练后生成的数据(右)

1.1.3　挑战及发展方向

铁路基础设施是复杂且高度非线性的，并可能受到各种异常情况的影响，所以使用了很多不同的检测系统来收集基础设施不同位置的状况数据，典型系统包括超声波、加速度计、视频图像和轨道几何等。通过单一来源获得的关于缺陷的信息可以容易地显示趋势，然而会受到测量本身性质的限制。例如视频图像允许维护人员判断不同轨道部件的健康状况，但是只能在视觉可见的情况下捕捉异常，这意味着无法有效检测轨道不可见的早期异常。使用其他数据来源，如轴箱加速度、轨道几何和超声波，可以对轨道状况进行更全面的评估。但是这将需要处理异构数据，而且可能会面临不同的系统提供的结果相互矛盾的情况。如何处理异构数据，开发从整体考虑的集成多种数据的可靠人工智能模型，是一个挑战。

铁路基础设施规模很大，涉及分布在不同位置的许多基本组成部分，并覆盖长达数公里的距离，而其缺陷大小以厘米级别分散发生在整个基础设施上。这导致维护优化问题变得庞大而棘手，沿着设施范围对每个点进行优化是十分耗时的，而且在实际条件下执行维护优化时，整个范围内的维护操作可能会发生变化，也就是说长期维护计划可能会根据新的预测和计划不断变化，因此未来的人工智能方法应该可以包含自适应性和从这些计划中学习的灵活性。此外，新技术如光纤光栅传感器的应用虽然可以沿铁路线提供连续监测数据以更好地了解当前的轨道状况，但代价是巨大的数据量和非常高的数据维度。上述问题结合铁路系统的固有特征，会导致产生一个非常复杂的非线性模型，并产生很高的计算负担。为了保证这种复杂系统正确运行，所需的信息量和计算量给应用带来了挑战，这导向了对基础设施进行投资和建设，PB 级的物联网和边缘计算可能是必需的，这也为神经网络的适用性提出了额外的要求。

传统的监督学习方法特别是深度学习需要大量可用于学习的标记数据来保证其性能，然而从数千公里的铁路线上收集高质量故障和健康状态的准确且经过验证的标签样本极其困难、昂贵且耗时。此外，在一些铁路基础设施中，获取各种各样的缺陷类别信息极其困难。因此，来自健康基础设施的数据是丰富的，而有缺陷的数据很少。因此用于训练人工智能模型的数据严重不平衡，标记的数据不足，虽然可以考虑迁移学习来缓解所产生的问题，但拥有足够的训练数据仍是至关重要的，当无法收集真实数据，特别是与罕见事件相关的数据时，可以选择使用合成数据。此时数字孪生可能是一个很好的候选者，数字孪生可以将物理系统与其数字表示互连，通过捕获和集成来自传感器、设备和其他来源的各种数据来创建。在这种情况下所面临的一个挑战是生成合成数据的有效方法。比如 Levine 等人(2023)使用建筑信息模型(BIM)在合成计算机图形环境中逼真地模拟了严重的结构损伤，如图 1-4 所示。除了合成数据，数字孪生还可以有效地提供如远程监控、实时诊断、预测性维护和自动化操作在内的功能，通过在基础设施的数字孪生中组合各种数据，人工智能模型可以立即分析信息，从而主动规划维护行动，进而降低成本，实现劳动力现代化，提高效率和性能。

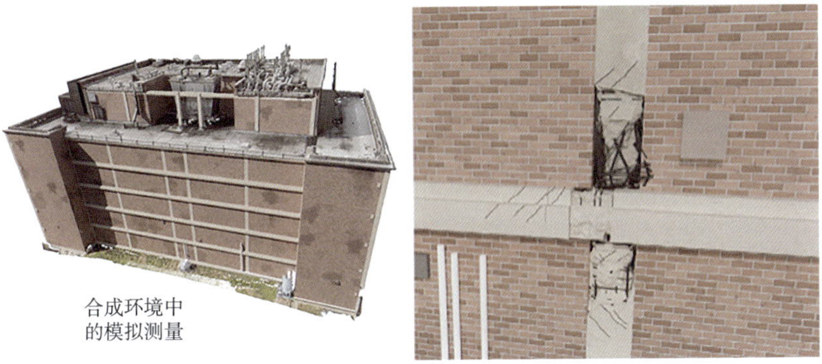

图 1-4 BIM 模型模拟结构损伤

获取铁路基础设施准确的 RUL 和退化模式估计非常重要，因为过于超前的预测可能导致过度维护，而滞后的预测可能导致灾难性故障，因此当获得健康状况的新信息后，必须更新现有的轨道劣化模型。然而一些模型很难更新，需要新的模型和技术来缓解这一问题。此外，为了估计 RUL 或劣化模式，许多现有模型依赖于手动制作特征，这些特征表征了各种因素引起的劣化过程，特征的选取通常需要大量的领域知识和专业知识，这对特征标注人员提出了很高的要求。而且对于铁道工程，几乎不可能获得系统失效即发生重大事故时的数据。因此必须定义其故障阈值，例如当钢轨表面缺陷的尺寸达到一定长度的阈值时，钢轨被认为出现了安全隐患，基于条件的维护策略必须针对性地进行改进，以捕捉新条件并在新的条件下表现得更好。

混合模型是指解决特定问题的多种方法或技术的组合，有潜力提供更高性能的人工智能模型，同时可以缓解各种方法的局限性。模型可以通过组合不同的人工智能方法、人类专家和人工智能方法、基于物理的方法或其他传统方法和人工智能方式、人工智能、人类专家和基于物理的模型的混合来构成。为铁路基础设施量身定制混合模型需要深入了解问题的特殊性，并特别关注方法之间的接口，例如 PGM 的性能可能会因使用从基于深度学习的诊断模型获得的结果的累积误差而受损，需要将基于人工智能的模型与人类专家或基于物理的知识相结合。已经证明诸如贝叶斯网络之类的 PGM 可以使用定制的特征来考虑检查数据中的底层物理。同样，混合多尺度模型也可以捕捉维护过程中涉及的各种部件的劣化机制，同时在基于数据的方法中考虑一些力学参数的影响。由于这些方法明确包括基础设施的物理力学特性，因此可以解释数据和基础设施本质之间的联系。这有助于提高人工智能方法的可解释性，极大程度地减少人工智能应用中的阻力，这是由于维护人员必须确保铁路安全运行，而对物理意义和因果关系的探明则对于防止故障至关重要。除此以外，结合物理力学知识还可改善少量数据时人工智能模型的表现。

深度强化学习(DRL)是一大类学习技术,它从行动成功和失败的结果中获取知识进行学习,通过不断试错对结果进行优化来提高效率,DRL 的一大优点是不需要标记的数据,只需要和输入对应的结果数据。DRL 已经显示出处理物理问题的动态和复杂性质的潜力,它可以利用从旧问题中学到的经验和知识去获得新问题的解决方案。例如为轨道部件 A 开发的算法可以应用于轨道部件 B。DRL 还能够对复杂的随机环境进行建模,比如在规划范围内考虑成本、效益和风险,以及时间、资源和工程限制,用于优化维护和更新规划。与一般深度学习相比,DRL 的发展还很有限,其应用于解决铁路基础设施更新和维护规划相关问题的研究很少。DRL 在铁路领域的应用有着很多挑战,例如一个主要的困难是训练 DRL 模型需要在连续时间段持续对数据进行记录。总而言之,通过包括感知、决策和学习,铁路基础设施可以被模拟为一种生物,每种方法都将有助于创建其数字大脑。

1.2 铁道工程数据综述

1.2.1 几何不平顺数据

受列车反复荷载及复杂的自然环境作用,轨道结构会产生各种病害和变形,轨道的几何形状、尺寸和空间位置相对其设计状态的偏差可称为"轨道不平顺"。常见的轨道不平顺检测项目有轨距、高低、轨向、三角坑和水平(超高)等,如图 1-5 所示。

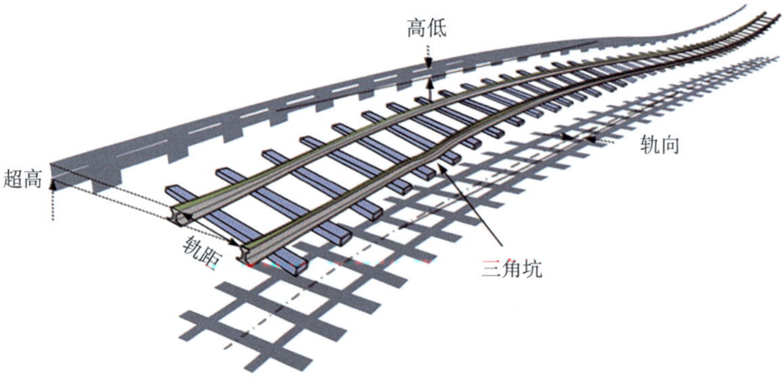

图 1-5 轨道不平顺检测项目示意

轨道不平顺的存在,会导致轮轨间作用力增大,影响列车运行的安全性、平稳性和舒适性,以及车辆、轨道结构部件的使用寿命,而增大的作用力反过来又会加剧轨道几何状态的恶化,形成恶性循环,因此铁路工务部门必须经常检测轨道的几何状态,找出存在严重不平顺的地段,进行轨道的养护维修作业。

按照轨道不平顺显现时有无轮载作用,可将其分为静态不平顺和动态不平顺两大类。静态不平顺是指用人工拉弦或测量小车等方法测得的轨道不平顺,如图 1-6(a)所示,此时轨道无轮载作用,在较短范围内钢轨、轨枕不会跟随轨下基础结构的变形和缺陷而产生变形,因此静态不平顺不能真实反映轨下基础结构的实际情况,如轨枕空吊、暗坑等病害,只能反映轨道不均匀残余变形长时间积累形成的不平顺。

动态不平顺是指当列车以一定速度通过时轨道显现出来的不平顺，通常使用各种检测列车进行测量，如图 1-6(b)所示。由于轨道承受车辆载荷和轮轨力作用下，当轨下基础结构存在缺陷，钢轨会产生与正常区段不同的变形。即使静态不平顺相同的轨道，不同车辆通过时也会得到不同的动态不平顺。由于动态不平顺真实地反映了列车运行时候的轨道状态，因此目前各国轨道不平顺的各种控制及维修管理标准，尤其是安全管理标准，大多是控制动态不平顺值。

（a）测量小车　　（b）检测列车

图 1-6　轨道不平顺检测设备

轨道不平顺数据通常以离散的数据点的一维形式存储，可以绘制成波形图，如图 1-7 所示。有时空性和周期性两大突出特征，在对其进行数据分析时需要加以注意。

1. 时空性

轨道不平顺数据是一种典型的时间与空间序列。

(1)时间上：在干线铁路的状态定期检测方面，铁路工务部门每月进行两次轨道状态检测，一般安排在每月的上下旬进行，由于轨检车排班、轨道养护作业、天气等原因检测时间一般不固定，因此时间间隔是一个大概趋势，即半个月，这就决定了轨道不平顺时间序列数据具有采样时间间距不等时的特点。

(2)空间上：轨道不平顺数据是沿线路方向，以一定的距离间隔进行采样的。其中静态检测小车的距离间隔一般为 0.125 m，动检车的采样距离间隔为 0.25 m。轨道不平顺在空间上具有传统时间序列数据的一些特性比如周期性、平稳性、自相关性。在时域上经常用方差、标准差来描述其统计特性，在频域上经常用功率谱来描述其周期性或频率特性。

2. 周期性

轨道不平顺数据的周期性也表现在时间和空间两方面。具体为“时间低频”和“空间高频”的特点。

(1)时间上：轨道不平顺由于轨道不平顺状态检测频次低（每月次）且具有周期性特点，因此这也决定了轨道不平顺时间序列数据在一个单周期内，在时间维上是一个小样本数据集，若要对轨道状态随时间变化的趋势进行预测，则需要在少量历史数据的情况下，找到实现研究目标的有效的预测方法，或者扩大研究时间范围，可以研究十年以上的时间跨度。

(2)空间上：相比在时间维上的小样本数据特征，轨道不平顺数据在空间上则为大样本数据。在检测区段里程范围内，动检车每隔 0.25 m 取一条检测数据，假设检测某铁路内长度为 1 000 km，则每次检测产生 400 万条检测数据，因此在空间上是大样本数据。根据上一节的描述，空间上的周期性或波长有轨道的特性体现，短波不平顺多是由于钢轨表面病害等因素形成，中波不平顺多是由于钢轨自身出厂制造长度或简支桥梁的长度等因素造成，长波不平顺多是由路基不均匀沉降或其他轨下基础机构导致。

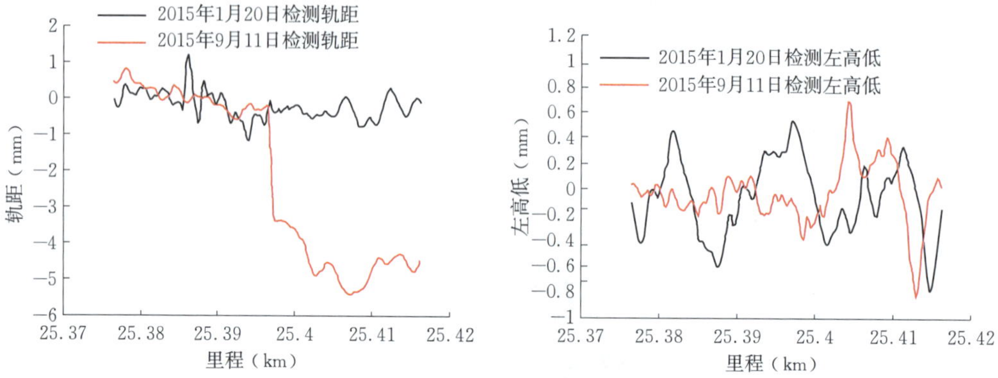

图 1-7　轨道不平顺检测波形

1.2.2　巡检图像数据

轨道结构在使用过程中会出现钢轨表面伤损、轨枕裂纹和扣件缺失等病害，这些病害会反映在轨道结构的外观上，影响轨道结构的完整性和安全性。传统方法通过人工巡道目视检查的方式对这些病害进行识别和记录，这种方法显然效率很低，在图像处理技术和人工智能模型的帮助下，已可以通过分析相机拍摄获取的图像对这些病害进行识别。除了相机图像，轨道巡检产生的另一种图像数据是超声 B 显图像（图 1-8），它利用超声波在钢轨内部传播时产生的反射和散射信号来形成图像。超声 B 显的横坐标表征了钢轨的长度方向，纵坐标表征了钢轨的高度方向，图像中的每一个亮点代表一个超声回波，超声回波由钢轨内部的异质界面引起，可以表征钢轨内部核伤和裂纹等伤损。

上述两种图像都可以使用如图 1-9 所示的钢轨探伤车采集，钢轨探伤车上安装了可用于在高速行车状态下拍照的图像采集设备和进行超声波探伤的探轮，检测速度通常可以达到 80 km/h。

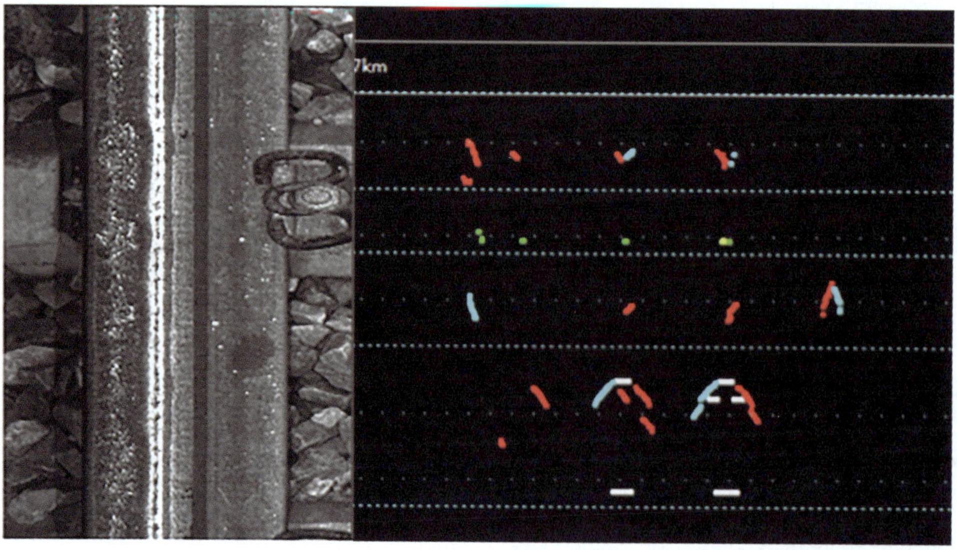

图 1-8　轨道巡检图像（左）和钢轨超声探伤 B 显图像（右）

图 1-9 钢轨探伤车

图像数据通常以 X×Y×M 的形式存储，其中 X 和 Y 分别代表两个方向上的像素，M 通常用来反映图像的颜色，当图像是灰度图时其值为 1，当图像是 RGB 彩图时其值为 3。在进行轨道巡检图像数据分析时，需要注意以下几个关键问题，并对图像数据进行相应地处理。

(1)图像质量：由于拍摄设备和环境等因素的影响，图像可能不够清晰，包含不必要的噪点、阴影和其他干扰因素，干扰后续的分析。所以往往需要采取对比度增强、锐化等方法提高图像的清晰度和细节表现，并利用滤波算法去除图像中的噪声和干扰。除了图像本身的质量，图像标签(分类、边界框、分割像素等)的质量也非常重要，不准确的标签会导致模型学习到错误的模式。

(2)图像格式：不同来源或不同时间段的图像数据可能会有不同的数据格式，比如分辨率和图像大小不同导致的图像像素不一，此时一般需要对图像进行裁剪和放缩等操作，以使其像素一致满足算法模型要求。有时图像数据会以视频的格式提供，这时就需要考虑以何种方法截取视频中某一帧的图像以输入算法模型。

(3)图像数量：受各种条件的限制，有时并不能收集到足够数量的数据。如之前提到的，在铁道工程的应用中伤损和病害类的数据很稀少，这时就需要考虑对图像进行数据增强操作，如旋转、平移、缩放和镜像。

1.2.3 振动与噪声数据

振动和噪声虽然描述的是不同的物理现象，但是两者的数据形式非常类似，处理方法也可以互相借鉴，振动也是噪声的一大来源，故这里将两者放在一起讨论。

铁道工程噪声按产生的机理分类识别，可分为空气动力性噪声、轮轨噪声、集电系统噪声、车厢内部噪声以及桥梁等构筑物结构二次噪声，如图 1-10 所示。研究表明，运营速度在 300 km/h及以下时，铁道工程噪声中的轮轨噪声占主导地位。轮轨噪声可分滚动噪声、冲击噪声和曲线啸叫噪声三种：滚动噪声是由轮轨表面粗糙度引起的车轮、钢轨和轨枕振动产生的噪声；冲击噪声是由车轮踏面损伤、钢轨错牙接头、表面损伤等激扰源引起的轮轨结构振动而产生的噪声；曲线啸叫噪声是列车在小半径曲线上运行时不稳定的轮轨接触行为产生的噪声。研究还表明，轮轨表面短波不平顺(如波浪形磨耗)通常是导致高速铁路服役期噪声的主要因素。由轮轨噪声的来源可知，噪声信息可以反映钢轨表面状态，还可以反映列车的运行情况，这是一种很有价值的数据。

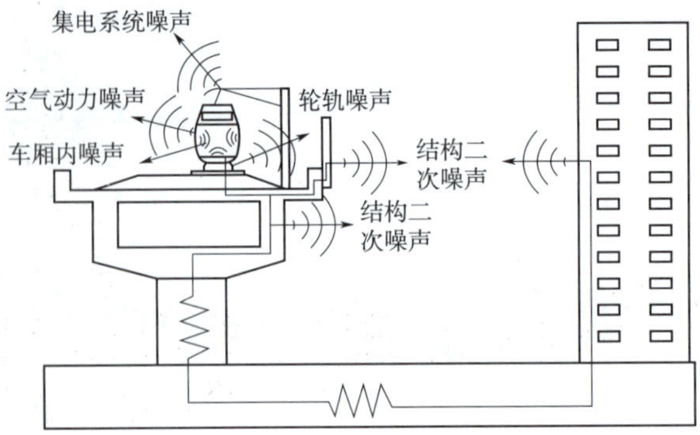

图 1-10 铁路噪声来源

和噪声的产生非常类似，列车运行时的轮轨作用也会引起列车和轨道结构的振动，运行速度、轨道几何、不同的车辆和轨道结构等因素都会影响列车的振动，根据列车的振动可以对轨道结构的状态做出相应的判断。采集到的振动数据一般是加速度、速度或位移(这三者可视为同一量的不同阶导数)，采集到的应力应变也可以视为一种振动数据。在各种振动加速度中，由于还未受列车一系和二系悬挂过滤的影响，轴箱加速度(图 1-11)可以更完整地反映轨道结构对振动加速度的影响，受到了广泛地研究。

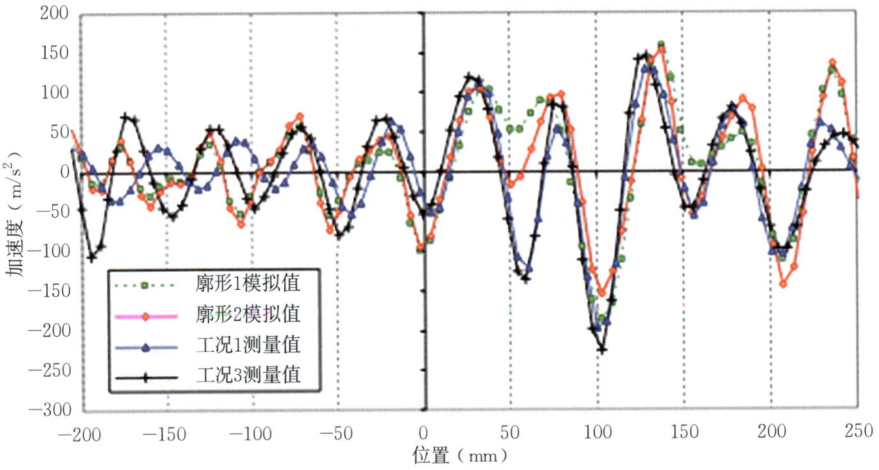

图 1-11 轴箱加速度数据

在对振动和噪声数据进行分析时，频率特征、随机性和能量分布这三个特性非常重要。

①频率特征：振噪数据的频率特征是其最基本的属性之一。通过傅里叶变换等频谱分析方法，可以将振噪数据转换到频域中进行表示，从而揭示出信号的频率成分。不同的频率成分往往来自于不同的振动原因，这些信息对于诊断系统的状态、检测异常以及预测可能的故障很重要。

②随机性：振噪数据通常具有一定程度的随机性，这是由于其来源的复杂性和不可预测性所致。随机性意味着在时间轴上看，振噪数据似乎呈现出无规律的波动。了解和处理这种随机性对于提取有用的信息至关重要。

③能量分布：振噪数据的能量分布描述了在不同频率上振动能量的分布情况。能量一般

不会均匀分布在所有频率上，而是集中在一些特定的频率范围或频率成分上。这些集中的能量反映了系统振动的主要模式和特征。通过分析能量分布，可以识别出系统中存在的主要振动模式，从而了解系统的运行状况和可能的问题。

1.2.4 其他数据

除了上述的三种格式容易统一和标准化的数据，在铁道工程实践中，还有很多难以统一和标准化的数据，这些数据以文字或数字为内容，用不同的介质和格式存储(有时甚至是纸质的)。在使用这些数据进行数据分析时，往往需要花费大量时间在数据的前期准备上。

(1)文本数据

铁路的规划和运营阶段会牵涉进大量文本数据，比如技术规范和标准，以文本的形式描述了建设、维护和管理铁路的具体要求和操作流程；还有各式各样的工程报告和记录，比如(预)可行性研究报告、施工进度报告和质量检查记录等。对这些文本数据进行分析，是实现智能规划和运营的前提。

(2)台账数据

铁路系统建立了大量的台账用于管理工作，对于轨道结构来说，非常重要的是铁路线形的台账和轨道设备的台账，线路线形台账记录了轨道的平纵断面信息，轨道设备台账记录了各种轨道设备的型号、服役时间等信息。除上述两者外，对故障数据的记录也可以视为一种台账，其中记录了铁路系统中发生的各种故障情况，包括故障类型、发生时间、影响范围等信息，这为铁路病害识别提供了大量的数据标签。

(3)维修数据

维修数据记录了每次维修的内容、时间等信息。通过综合分析维修记录和故障记录，可以跟踪设备的维修历史，推导维修操作的质量，为制定更有效合理的维修计划提供参考。

第2章　Python 编程入门

Python 是由荷兰人吉多·范罗苏姆(Guido von Rossum)发明的一种广泛使用的、易解释的、面向对象的、具有动态语义的高级通用编程语言，是目前世界上最受欢迎和拥有最多用户群体的编程语言之一。

1989 年的圣诞节期间，吉多·范罗苏姆为了在阿姆斯特丹打发时间，决心开发一个新的解释程序作为 ABC 语言的一种继承，在经过两年的努力后，他于 1991 年首次发布了 Python 0.9.0。

Python 的前身 ABC 就是由吉多参加设计的，在吉多看来，ABC 这种语言优美和强大，而且是专门为非专业的程序员设计的，但是 ABC 语言并没有成功，究其原因，吉多认为是非开放造成的。他决心在 Python 中避免这一错误，故 Python 绝大多数版本都是开源的，这取得了非常好的效果。在许许多多程序员、测试人员、非专业 IT 人士和爱好者的不断努力下，Python 在全世界传播的速度非常快。大约 30 年后的今天，Python 已成为当今全球最火的几大编程语言之一。它被广泛地使用在大数据分析、机器学习和深度学习等方面。在 TIOBE 编程社区和 PYPL 编程语言索引中占据很高的排名。

本书的所有代码均是由 Python 语言编制而成，本章将对 Python 的安装、使用与编写进行简单介绍，若要进行深入学习，有许多在线资料可以参考。

2.1　Python 安装与配置

Pyhton 的安装并不复杂，下面介绍两种最常用的安装方法。第一种，在 Python 官网下载并进行安装。

首先，访问 Python 官网下载界面(图 2-1)，直接点击“Download Python 3.××.×”。由于最新版本的 Python 在库的支持上往往更容易出现兼容性问题，也可以在下载界面的下方下载一旧版本 Python，后续的安装以 Python 3.10 为例。

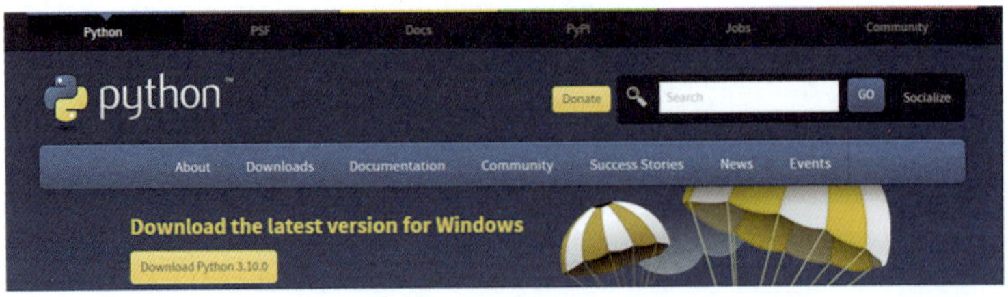

图 2-1　Python 官网下载界面

下载完成后进行安装，打开所下载的文件，将弹出如图 2-2 所示的设置窗口，确保选中下面两个复选框，直接点击 Install Now 按钮即可，初学者不建议自定义安装，之后等待安装完成即可，安装完成后显示一条 Setup was successfully 消息，则 Python 安装成功。

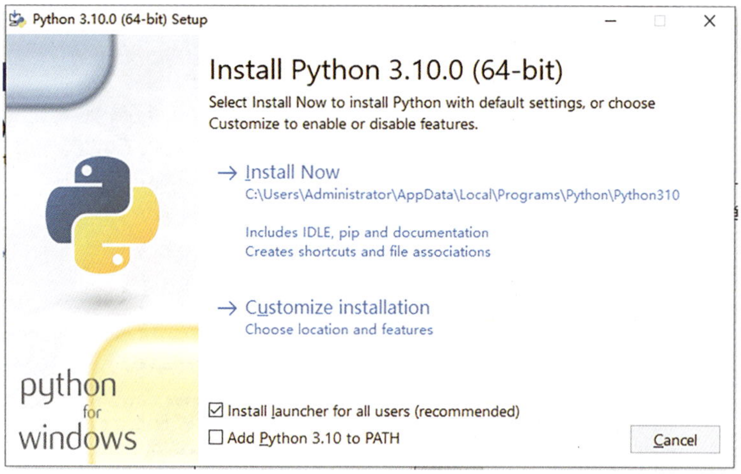

图 2-2　Python 安装初始设置

接下来介绍更推荐的第二种安装 Python 的方法——通过 Anaconda 来安装 Python。Anaconda 是 Python 的一个包管理器和环境管理器，包含了许多开源包的集合。在接下来的项目中，会需要许多不同的包（如 numpy、scikitlearn、scipy、pandas 等），使用 Anaconda 可以方便地对这些包进行安装，Anaconda 也可以自动处理这些包之间的依赖关系，当不同项目需要的包产生冲突时，也可以利用 Anaconda 方便地搭建虚拟环境。

首先进入如图 2-3 所示 Anaconda 官网，点击 Get Started 按钮，随后点击 Download Anaconda installers 按钮，会出现选择系统版本的页面，如图 2-4 所示，选择电脑对应版本的 Anaconda 进行下载即可。

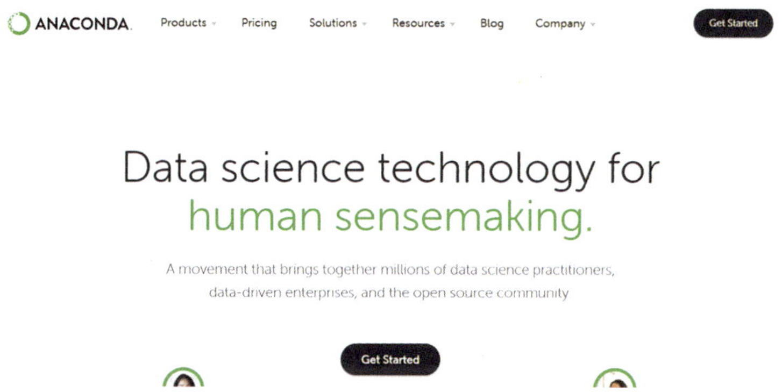

图 2-3　Anaconda 官方界面

下载完成后，双击下载的文件，一路点击 next 按钮按照默认配置安装即可，注意选择安装路径时尽量不要安装到系统盘 C 盘，因为之后 Anaconda 安装的所有包都会被保存在该文件路径内。

之后会遇到如图 2-5 所示的步骤，图中两个选项和环境变量与系统路径相关，建议将两个复选框全部勾选。然后点击 Install 按钮，即可开始安装，安装耗时较长，等待安装完成即可。

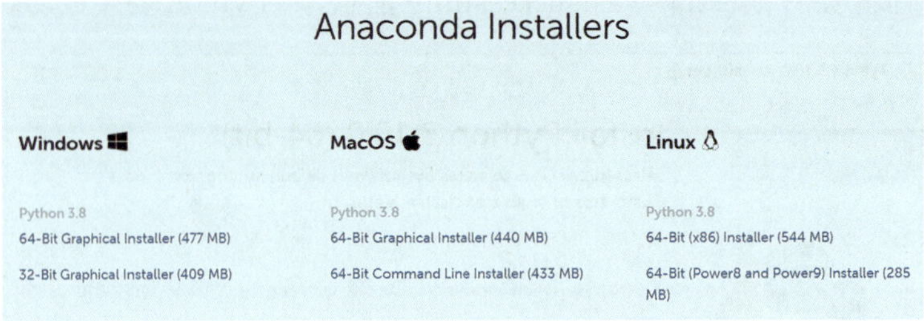

图 2-4　Anaconda 下载界面

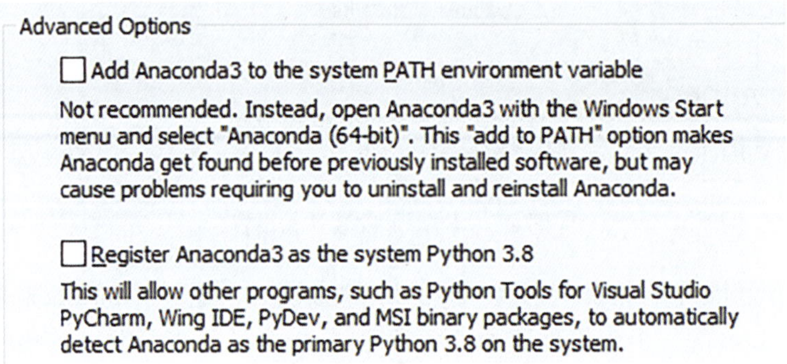

图 2-5　Anaconda 系统路径

2.2　Python 基础知识

2.2.1　Python 中的变量

变量是用于在内存中存储数据的命名位置。可以将变量视为一个容器，用以保存需要的数据，容器中的数据可以改变，如图 2-6 所示赋予了变量 a 一个数值 1。

```
In  [1]: a = 1
         a

Out[1]: 1
```

图 2-6　变量赋值

可以随时对变量 a 的数值进行更换，只需对 a 重新赋值即可，如图 2-7 所示，变量 a 最开始为 1，随后被更改为 3。

```
In  [2]: a = 1
         a = 3
         a

Out[2]: 3
```

图 2-7　变量的重新赋值

常量与变量不同的地方在于，常量一经被赋值便不可以更改。Python 中没有语法用于强制定义常量，如果想要定义常量，只需将某一变量的名称全部大写，如图 2-8 中的 AGE 所示。

```
In [3]: AGE = 19
        AGE
Out[3]: 19
```

图 2-8 常量的表示

2.2.1.1 Python 中的数字和文本

Python 把数字分为 3 种不同的类型：整数、浮点和复数。顾名思义，整数在赋值时，赋予变量的值必须为整数；浮点数可以简单理解为带有小数点的数；复数则由实部和虚部组合而成，表示为 $a+bj$，a 是实数部分，b 是虚数部分。它们的表示方法如图 2-9 所示。

```
In [7]: Integer = 10
        Float = 3.04
        Complex = 100+2.34j
```

图 2-9 各数据类型的赋值

在对变量进行赋值后，使用 print()来输出想要展示的变量，当要一次性输出多个变量时，使用英文逗号隔开。图 2-10 中的 Complex. imag 表示复数的虚部，Complex. real 表示虚数的实部。

```
In [10]: print(Integer)
         print(Float)
         print(Complex,Complex.imag, Complex.real)

         10
         3.04
         (100+2.34j) 2.34 100.0
```

图 2-10 各数据类型的表示

2.2.1.2 Python 中的字符串

字符串是由引号包围的字符序列，在 Python 中这个引号可以是单引号或双引号。字符串通常用于表示文本、文件路径等信息，其定义如图 2-11 所示。

```
In [11]: String = 'I LOVE PYTHON'
         String
Out[11]: 'I LOVE PYTHON'
```

图 2-11 字符串的表示

2.2.1.3 Python 中的布尔型

布尔型用于表示对或错，只有两个值，分别为 True 或 False，布尔型的定义如图 2-12 所示。

```
In [13]: print(1==2)

         False
```

图 2-12 布尔型

2.2.2 列　表

2.2.2.1 列表的创建与索引

列表是Python中最常用的数据类型之一，列表允许同时处理多个元素。列表用英文的方括号来定义，将需要传入的元素用英文逗号隔开放入列表中，如图2-13所示。

```
In  [1]: List = ['I LOVE PYTHON',1]
         List

Out[1]: ['I LOVE PYTHON', 1]
```

图2-13　列表的表示方法

或者可以使用函数list()来创建列表，将需要传入的元素放入()中即可，如图2-14所示。

```
In  [3]: List = list(('I LOVE PYTHON',1))
         List

Out[3]: ['I LOVE PYTHON', 1]
```

图2-14　列表的创建

创建列表后，需要使用列表的索引来取出想要的列表中的元素。可以使用同列表定义方法相同的[]来访问列表中单独的一个项。注意在Python中索引从0开始，因此一个包含3个元素的列表的索引值为0、1、2。当想要一次取出多个数据时，使用:表示一次性取出多个值，图2-15中索引[1:]取出了1之后的所有值，列表索引的操作如图2-15所示。

```
In  [5]: List = ['I LOVE PYTHON',1,'PYTHON']
         print(List[0])
         print(List[1:])

         I LOVE PYTHON
         [1, 'PYTHON']
```

图2-15　列表的索引

Python还支持反向的索引，反向索引的初始值为−1，接着依次递减，如−1、−2、−3…，从图2-16中可以看出，索引−1取出了列表的最后一个值。

```
In  [6]: List[-1]

Out[6]: 'PYTHON'
```

图2-16　列表的负数索引

2.2.2.2 列表的修改、增加与删除

Python允许对已经创建完成的列表进行修改。如果想要修改某一数值，只需指定其索引并令其等于修改后的数据即可，如图2-17所示。想将列表List(之前创建的)中的元素1改为2，只需指定索引进行修改即可。

如果想要增加或删除列表中的元素，只需使用append()与remove()函数，在函数的()中传入需要增加和删除的元素即可，如图2-18和图2-19所示。

```
In  [9]:  print(List)
          List[1] = 2
          print(List)

          ['I LOVE PYTHON', 1, 'PYTHON']
          ['I LOVE PYTHON', 2, 'PYTHON']
```

图 2-17　列表的数值的修改

```
In  [11]:  List.append(3)
           List

Out[11]:  ['I LOVE PYTHON', 2, 'PYTHON', 3]
```

图 2-18　列表的增加操作

```
In  [13]:  List.remove(2)
           List

Out[13]:  ['I LOVE PYTHON', 'PYTHON', 3]
```

图 2-19　列表的删除操作

2.2.3　元　组

Python 中的元组类似于列表，两者之间的区别在于，一旦元组被赋值就无法更改其中的元素，当需要创建元组时，使用()来创建，并将需要的元素放入其中，特别需要注意的是，当元组中只有一个元素时，创建时需要在末尾添加英文逗号，如图 2-20 所示。

元组的索引与列表的相似，通过[]来指定元素，如图 2-21 所示。

```
In  [18]:  Tuple = (1,2,3)
           Tuple

Out[18]:  (1, 2, 3)
```

图 2 20　元组的创建

```
In  [20]:  Tuple = (1,2,3)
           Tuple[1]

Out[20]:  2
```

图 2-21　元组的索引

2.2.4　集　合

集合是数据的无序集合，每个集合元素都是唯一的(没有重复项)，并且不能更改，然而集合本身是可变的，可以从中添加或删除项目。集合的元素都是唯一的，这一特点对于数据分析有时非常有用。集合通过大括号定义，其中的元素用英文逗号分隔，也可以使用 Set()函数来创建集合。

集合中可以有任意数量的元素，元素可以是不同的类型(整数、浮点、元组、字符串等)，但不能有列表、集合或字典等可变元素，接下来创建一组简单的集合，如图 2-22 所示。

可以发现，相同的元素 2 被过滤为 1 个，仅留下唯一的一个。不可以使用{}创建空集合，因为{}在 Python 中优先表示字典，只能用函数 set()来创建，空集合的创建如图 2-23 所示。

使用 add()函数增加集合的元素，如图 2-24 所示。

```
In  [21]: Set = {2,2,3,4}
          Set
Out[21]:  {2, 3, 4}
```

图 2-22 集合的创建

```
In  [23]: Dict = {}
          print(type(Dict))
          Tuple = set()
          print(type(Tuple))

<class 'dict'>
<class 'set'>
```

图 2-23 空集合的创建

使用 update()函数一次添加多个元素,如图 2-25 所示。

使用 remove()函数删除集合中的元素,如图 2-26 所示。

```
In  [18]: Tuple.add(1)
          Tuple
Out[18]:  {1}
```

图 2-24 集合的添加单个元素

```
In  [20]: Tuple.update((2,3))
          Tuple
Out[20]:  {1, 2, 3}
```

图 2-25 集合的添加多个元素

```
In  [21]: Tuple.remove(2)
          Tuple
Out[21]:  {1, 3}
```

图 2-26 集合的删除元素

2.2.5 字　　典

Python 中的字典是一个无序的项集合,由索引与数值组成,可以根据索引提取出对应的数值,通常称字典的索引为 key,字典的数值为 value。

将需要的 key 与 value 一同放入到大括号{}内即可建立字典。一对的表现形式为{key:value},当需要多个项时,使用英文逗号,隔开即可,如图 2-27 所示。

如果想要取出字典中的值,只需输入其对应的索引,如图 2-28 所示。

```
In  [1]: Dict = {'name':'LiHua','age':19}
         Dict
Out[1]:  {'name': 'LiHua', 'age': 19}
```

图 2-27 字典的创建

```
In  [2]: Dict['name']
Out[2]:  'LiHua'
```

图 2-28 字典的元素的访问

可以使用赋值运算符添加新项或更改现有项的值。如果键(key)已存在,则现有值(value)将被替代。如果键(key)不存在,将向字典中添加一个新的(key:value)对,如图 2-29 所示。

```
In  [3]: Dict['num'] = 123456
         Dict
Out[3]:  {'name': 'LiHua', 'age': 19, 'num': 123456}
```

图 2-29 字典元素的增加与值的修改

可以使用 pop()方法删除字典中的特定键值对。此方法删除相应键的键值对并返回对应的值，如图 2-30 所示。

```
In  [14]: Dict.pop('age')
Out[14]: 19

In  [15]: Dict
Out[15]: {'name': 'LiHua', 'num': 123456}
```

图 2-30　字典元素的删减

字典还有许多其他方法，如 clear()移除所有键值对，keys()、values()分别返回字典的键值等。

2.3　Python 流控制

流控制(即控制执行代码的“流”)在编程中非常重要，它告诉了计算机下一步要做什么。Python 中最常见的流控制方式有三种：if、for 和 while。

2.3.1　if、for 和 while

(1)if 语句

用以判断是否满足某个条件，只有满足才可继续执行。图 2-31 所示是一个简单的 if 语句，用来判断一个数值是否大于 5，从图中可以发现，赋予变量 x 值为 10，紧接着进行 if 语句的判断，由于 x=10 是大于 5 的，所以 Python 会执行第一个 Print()函数，而不会执行第二个 Print()函数。

```
In  [16]: x = 10
          if x>5:
              print('这个数值是大于5的')
          if x<5:
              print('这个数值是小于5的')

          这个数值是大于5的
```

图 2-31　if 流程语句

(2)while 循环

while 循环中，循环被赋予一个条件，并执行该循环，直到该条件不再满足，也可以认为 while 循环执行了多次 if 判断的操作，直到某一次循环不满足 if 判断语句。图 2-32所示的 while 循环操作是当 a<1 时打印出 a 的值，此时打印完 2 后操作被终止了，这是因为当 a=3 时，不再满足 while 的判断条件。

(3)for 循环

这是最常见的一种循环，for 循环可以遍历一系列数据，并将其中的参数依次返回。for 循环可以一次性将列表 List 中的数据一个一个全部取出，相较于索引单一数据来说，提升了程序运行的效率，减少了代码的重复，如图 2-33 所示。

```
In [17]: a = 1
         while a <3:
             print(a)
             a +=1

1
2
```

图 2-32 while 循环语句

```
In [2]: List = [1,2,3,4]
        for i in List:
            print(i)

1
2
3
4
```

图 2-33 for 循环语句

2.3.2 break 和 continue

break 和 continue 是两个在循环中经常用到的函数。break 函数会打断并完全跳出循环，不再执行循环里的语句，并执行循环之后的代码。先创建一个从 1 到 4 的列表，之后执行图 2-34所示的循环，在循环中先判断 i 是否为 3，为 3 时执行 break，跳出循环。可以发现代码只输出了 1～3，没有输出 4，因为循环被停止了。

continue 函数则会跳过循环中之后的代码，立即开始下一个循环。如图 2-35 所示，在 i=3 时使用 continue，当前循环立即停止，故 3 并没有被输出，之后执行下一次循环，所以 4 被输出了，说明下一次的循环并没有受到影响，只是循环提前开始了。

```
In [3]: for i in List:
            print(i)
            if i == 3:
                break

1
2
3
```

图 2-34 break 语句的使用

```
In [4]: for i in List:
            if i == 3:
                continue
            print(i)

1
2
4
```

图 2-35 continue 语句的使用

2.4 Python 中的函数

在 Python 中，对于需要重复执行的代码，可以将其编写成函数，函数是一个代码块，并在被调用时运行。将某段代码编写成函数后，在需要执行此代码时只需用一行代码调用该函数即可，这大大减少了代码冗余，增加了可读性，提高了代码编写速度。

Python 中使用关键字 def 来定义函数，在 def 后是用户命名的函数名称。名称后还要加入圆括号，用于填入需要的参数，需要传入多个参数时，使用逗号隔开。函数内容以冒号:开始，格式上要进行缩进。将需要函数执行的代码写在后面，调用函数时，会执行后续代码。

最后可以使用 return 来结束函数，return 语句返回一个值，调用函数时使用一个变量来接收这个值，如果不需要函数返回一个值，可以不写 return。

图 2-36 的代码搭建了一个名为 my_function 的函数，该函数传入两个参数 a 和 b，并输出相应内容，该函数返回两个参数求和的结果。

当函数内容比较简单时，还有一种简便的函数搭建方法，即使用 lambda 关键字来搭建函数，lambda 函数可以接受任意数量的参数，但只能有一个表达式，lambda 函数的使用如图 2-37所示。同样是一个求和函数，lambda 函数的编写要比 def 函数简单得多。在关键字 lambda 后面写入需要传入的参数，在冒号后面编写表达式，然后使用一个变量接受调用后得到的结果即可。

```
In  [7]: def my_function(a,b):
             print('我们将进行求和操作',a,b)
             return a+b

In  [8]: c = my_function(1,2)
         c

         我们将进行求和操作 1 2

Out[8]:  3
```

图 2-36　函数的使用

```
In  [9]: x = lambda a,b:a+b
         x(1,2)

Out[9]:  3
```

图 2-37　匿名函数的使用

2.5　Python 中的异常处理

Python 程序遇到语法错误或者逻辑错误等异常时会终止并报错。如果预想到某部分代码可能出现异常，可以将其编写入异常处理模块用于出现异常时执行。

Python 中使用 try-and-except 语句捕获和处理异常。将可能引发异常的操作放在 try 子句中，并将处理异常的代码写在 except 子句中。当发生异常时，Python 执行器会执行 except 后的代码，如图 2-38 所示。

```
In  [1]: try:
             a = b
         except:
             print('代码有问题，执行了except的子句。')

         代码有问题，执行了except的子句。

In  [3]: try:
             a = 1
             print('代码没问题，执行了try的字句。')
         except:
             print('代码有问题，执行了except的子句。')

         代码没问题，执行了try的字句。
```

图 2-38　异常处理

该例子先后展示了异常代码与正常代码。在异常代码中没有对 b 变量进行定义，所以在对 a 变量进行赋值时出现了异常。对比发现，前一个代码执行了 except 的子句，而后一个代码成功执行了 try 的子句。

2.6 Python 中的类

Python 是一种面向对象的编程语言，与面向过程编程不同，面向过程编程强调函数的作用，面向对象编程强调对象的作用，Python 中的几乎所有东西都可以视为对象。对象有其属性和方法，这些属性和方法都在相应的类中定义，类在实例化之后就是对象。

与定义函数时使用 def 关键字类似，定义类时使用 class 关键字。在类中要定义此类的属性与方法，类的属性是其固有特征，类的方法则是其可以做出的行为。比如定义一个汽车的类，该类的属性可以是其颜色、价格、长度等。而该类的方法则可以是郊游、维修等，方法在类中使用函数来表示，图 2-39 是定义类的一个例子。

```
In [6]: class MyCar:
            color = 'red'
            value = 10000
            def running(self):
                print('我在驾驶小汽车。')
```

图 2-39 类的属性与方法

这个例子中定义了类 MyCar，并且设定了它的两种属性 color 与 value，还定义了方法 running。定义完类后，需要将其实例化为对象以供使用(类似于函数调用)，如图 2-40 所示。

创建完这个名为 one_car 的对象后，就可以使用已经创建的对象名称来访问对象的属性和调用对象的方法。图 2-41 的例子中首先调用并输出了 color 这个属性，接着又调用了 running 这个方法，该操作执行了之前在类中定义的函数 running 下的语句。

```
In [7]: one_car = MyCar()
```

图 2-40 类的实例化

```
In [8]: print(one_car.color)
        one_car.running()

red
我在驾驶小汽车。
```

图 2-41 属性与方法的调用

在定义类时，__ init __是一个很有用的函数(用双下划线开始和结束的函数有其特殊意义)，如果在定义类时编写了该函数作为方法，在每一次实例化对象后，总会运行该方法。__ init __函数经常用于为类中的变量赋值。在图 2-42 例子中，__ init __方法如同函数那样传入了参数 color 与 value，随后在定义类的属性时，使用传入的参数为属性 color、value 赋予需要的属性。

```
In [11]: class MyCar:
             def __init__(self, color, value):
                 self.color = color
                 self.value = value
             def running(self):
                 print('我在驾驶小汽车。')
```

图 2-42 __ init __函数的使用

图 2-43 中的例子在实例化类时，传入了在定义 MyCar 时__ init __函数需要的参数，输出的 color 与 value 属性就是传入的属性，而不是在定义类时就规定属性的值。

```
In  [15]: one_car = MyCar('blue', 50000)
          print(one_car.color, one_car.value)
          one_car.running()

          blue 50000
          我在驾驶小汽车。
```

图 2-43　类的实例化

2.7　Python 库

后续的内容中涉及到三个常用的 Python 库—Numpy、Pandas 和 Matplotlib，这里简单介绍一下这三个库的功能和使用。

2.7.1　Numpy

Numpy 是一个用于处理数组的 Python 库，由 Travis Oliphant 于 2005 年创建。Python 中虽然有用于数组的列表，但其处理速度慢，计算效率低，而 Numpy 则极大地提高了使用多维数组的易用性和性能，其核心在于提供一个比 Python 列表快几十倍的数组对象，称为 ndarray。Numpy 是 Python 生态中关键的数据科学库，许多其他库都依赖于它。

2.7.1.1　Numpy 的安装

安装 anaconda 后，打开 anaconda 的命令行，输入指令：conda install numpy，就能安装 Numpy。后续所有库的安装都可以使用这种方式，只需改变相应的库名。

在使用任何 Python 的库时，都需要在代码最前端使用 import 将其导入，在导入时常常约定俗成地将 numpy 简化为 np，如图 2-44 所示。

```
In  [2]: import numpy as np
```

图 2-44　Numpy 数据库的导入

2.7.1.2　ndarray 数组的创建

前面提到，ndarray 数组对象是 Numpy 中的核心，通常使用 np. array() 函数来创建一个 ndarray 数组，数组的每一个维度都是一个列表。图 2-45 的例子中分别创建了一维数组与二维数组。一维数组看起来和列表无异，以一维数组作为元素的数组称为二维数组，二维数组通常用于表示矩阵或二阶张量，同理可以搭建 3 维、4 维以至 n 维的数组。

2.7.1.3　ndarray 的切片

就像 Python 中的列表一样，ndarray 的内容可以通过索引或切片来访问和修改。当想要获得连续的数据时，可以使用切片功能。切片时需提供三个参数，start、stop 和 step。start 和 stop 参数表示切片开始和结束的索引值，step 参数表示步长，如果不设置，默认为 1。切片的使用例子如图 2-46 所示。

```
In [2]: import numpy as np

In [5]: arr1 = np.array([1,2,3,4])
        arr1

Out[5]: array([1, 2, 3, 4])

In [6]: arr2 = np.array([[1,2,3],[4,5,6]])
        arr2

Out[6]: array([[1, 2, 3],
               [4, 5, 6]])
```

图 2-45　Ndarray 数组的创建

```
In [2]: arr = np.array([0,1,2,3,4,5,6,7,8,9])
        print(arr[1:9:2])

        [1 3 5 7]
```

图 2-46　Ndarray 数组的切片表示

2.7.1.4　Numpy 库的常用函数

Numpy 库提供了很多函数用于数学运算，如三角函数、复数处理函数等。也有许多用于统计的函数，如图 2-47 所示。这些函数可以直接从数据中查找最大值、最小值和方差等，只需传入数据即可。

```
In [3]: np.sin()     # 三角函数
        np.cos()
        np.tanx()
        np.sum()     # 求和
        np.log()
        np.median()  # 求中位数
        np.mean()    # 求均值
```

图 2-47　Numpy 库的常用函数

2.7.2　Pandas

Pandas 库由 Wes McKinney 在 2008 年创建，这个库建立在 Numpy 库之上，它提供了一个强大的数据结构和实用的方法库来为数据操作和数据分析提供支持，使用 Pandas 库，可以方便地对不同来源的数据进行处理与分析。导入 Pandas 库时，通常将其简称为 pd。

2.7.2.1　Series 与 DataFrame

Pandas 独有的数据结构为 Series 和 DataFrame。Series 本质上是一列数据，DataFrame 则是一个多维表格，表格的行标签称为索引(index)，表格的每一列都有一个列名，可以使用索引与列名方便地对需要的数据进行操作。

创建 Series 数组使用 pd.Series()方法，在里面可以填入列表或字典等。图 2-48 的例子中，使用了一个列表来创建 Series，左面的一列是 Series 的行索引，右面一列是 Series 数组本身，最后一行显示的数据类型 int64。之后使用 pd.DatFrame()创建了一个 DataFrame，并传入了字典数据，如图 2-49 所示。

```
import pandas as pd

List = [1,2,3]
mySeries = pd.Series(List)
print(mySeries)
```

```
0    1
1    2
2    3
dtype: int64
```

图 2-48　Series 的创建

```
In [10]: import pandas as pd

         Dict = {
             'age':[15,18,20],
             'color':['red','greem','blue']
         }
         myDataFrame = pd.DataFrame(Dict)
         print(myDataFrame)
```

```
   age  color
0   15    red
1   18  greem
2   20   blue
```

图 2-49　DataFrame 的创建

2.7.2.2　读取数据

存储数据集的一种常用格式是 CSV 文件(逗号分隔的文件)。Pandas 库中的 read_csv 函数可以方便地读取 CSV 文件，操作可见图 2 50 中的例子，在该例子中还使用了 head 方法表示 dataframe 中的前五行。

```
In [5]: import pandas as pd

        data = pd.read_csv(r"F:\智能交通\智能交通课件\第四节课课件\汇总\线性回归数据集.csv")
        print(data.head())
```

```
   消费性支出   食品   衣着   居住   医疗   娱乐  平均工资  失业率
0  24046  7535  2639  1971  1658  3696  84742  1.3
1  20024  7344  1881  1854  1556  2254  61514  3.6
2  12531  4211  1542  1502  1047  1204  38658  3.7
3  12212  3856  1529  1439   906  1506  44236  3.3
4  17717  5463  2730  1584  1354  1972  46557  3.7
```

图 2-50　CSV 文件的读取

2.7.2.3　Pandas 库的常用数据处理方法

Pandas 中有很多常用的数据处理函数，比如清除缺失值的 dropna，清除重复数据的 drop_

duplicates 等，图 2-51 的例子显示了他们的使用方法。

```
In [2]: data.dropna()                      # 删除包含空的单元格的那一行
        data.loc[3,'食品'] = 2689          # 将第三行视频列的数值替换为2689
        data.drop()                        # 删除某一行的数据
        data.drop_duplicates()             # 清除重复的数据
        data.sort_values(by='列名')        # 依据某一列进行排序
```

图 2-51　Pandas 库的常用函数

2.7.3　Matplotlib

参考 MATLAB 的绘图代码，约翰·亨特在 2002 年推出了 Matplotlib 库这个数据可视化库，在 Matplotlib 中，只需几行代码就可以绘制各式各样的饼图、直方图、功率谱、条形图、误差图、散点图等图表。

在绘图时通常使用的是 Matplotlib 的子模块 pyplot，它包含了 Matplotlib 中大多数的实用函数，导入时通常将其简称为 plt。图 2-52 和图 2-53 的例子展示了如何使用 plt. plot()函数来绘制一条直线，并使用 plt. show()函数使其展示出来。使用不同的方法与参数，Matplotlib 可以实现图幅、坐标轴、线型和图例等几乎所有图片要素的修改。

```
In [13]: import matplotlib.pyplot as plt
         import numpy as np

         x = np.array([1,2,3])
         y = np.array([1,2,3])

         plt.plot(x,y)
         plt.show()
```

图 2-52　Matplotlib 绘制直线

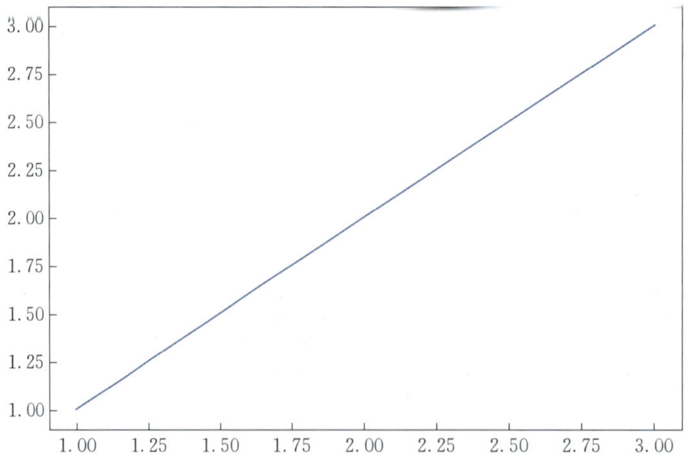

图 2-53　代码所绘制图形

第 3 章　统计学基本知识

统计学是一门研究如何有效地收集、整理带有随机性的数据，并通过分析数据来对事件进行推断与预测，从而为后续的行动和决策提供依据和建议。本章内容将从随机变量与概率分布、随机样本、描述型统计、置信区间和假设检验几个方面来介绍统计学相关的基本常识。

3.1　随机变量与概率分布

3.1.1　随机事件

统计学中将在相同的条件下对某种随机现象进行的重复试验称之为随机试验。随机试验必须满足三个条件：随机试验能够在相同条件下重复进行；试验的可能结果不止一个，但可以明确所有的可能结果是什么；事先不能确定每一次随机试验的结果。

随机试验的每一个可能的结果称为基本事件，记作 e。将随机试验中所有基本事件组成的集合称为该随机试验的样本空间，记为 S。故 S 中的一个元素就代表随机试验的一个基本事件，即样本点。

将样本空间记为 $S=\{e\}$，S 的子集即部分样本点的集合就称之为随机事件，一般大写字母 A、B、C 等表示，当随机事件中包含的至少一个基本事件发生时，称该事件发生。

一个随机事件 E 的发生概率记为 $P(E)$，且 $0\leqslant P(E)\leqslant 1$。$P(E)=0$ 表示该事件为不可能事件，$P(E)=1$ 表示该事件一定发生。$P(E)$的值越大，事件发生的可能性越大。

每一个随机事件 E 都有其对应的对立事件，记作$\overline{E}$或E^c，称为该事件的逆事件。因为事件和它的逆事件必然有一个会发生，所以

$$P(E)+P(\overline{E})=1 \tag{3-1}$$

事件的运算主要有两种。第一种是事件 A 与事件 B 的交，记作 $A\cap B$，表示事件 A 和事件 B 都发生；第二种是事件 A 与事件 B 的并，记作 $A\cup B$，表示事件 A、B 中至少有一个发生。

当 A、B 为互斥事件，即事件 A、B 不能同时发生时

$$P(A\cap B)=P(\varnothing)=0 \tag{3-2}$$

$$P(A\cup B)=P(A)+P(B) \tag{3-3}$$

若事件 A、B 相互独立，此时它们的交事件发生的概率等于各自概率的乘积，即

$$P(A\cap B)=P(A)P(B) \tag{3-4}$$

若事件 A、B 是相关的，定义条件概率为

$$P(A|B)=\frac{P(A\cap B)}{P(B)} \tag{3-5}$$

表示在事件 B 发生的前提下事件 A 发生的概率，此时它们将事件发生的概率可以表示为

$$P(A\cap B)=P(A|B)P(B) \tag{3-6}$$

当 A、B 不相关，即 A、B 相互独立时，$P(A|B)=\dfrac{P(A\cap B)}{P(B)}=\dfrac{P(A)P(B)}{P(B)}=P(A)$，事件 B 不影响事件 A 发生的概率。

通过定义，我们也可以给出事件 A、B 并事件的通用公式

$$P(A\cup B)=P(A)+P(B)-P(A\cap B) \tag{3-7}$$

设 $A_1,A_2,\cdots,A_n$ 为样本空间 S 的一个完备事件组，$P(A_i)>0(i=1,2,\cdots,n)$，B 为满足条件 $P(B)>0$ 的任一事件，则

$$P(A_i|B)=\frac{P(A_i)P(B|A_i)}{\sum\limits_{i=1}^{n}P(A_i)P(B|A_i)}$$

这就是著名的贝叶斯公式。

3.1.2 随机变量

设随机试验为 E，其样本空间为 S，称定义在样本空间 S 上的单值实函数 $X=X(e)$ 为随机变量，其值域 $R_x(-\infty,+\infty)$。样本空间上随机变量取值的集合可以表示随机事件。

随机变量根据取值方式不同，可以分为离散型随机变量和连续性随机变量。接下来分别介绍这两种类型的随机变量。

3.1.3 离散型随机变量及其概率分布

当随机变量的所有可取值为有限个或可列无限多个时，称此随机变量为离散型随机变量。设离散型随机变量 X 的所有可能取值为 x_k，$k=1,2,3,\cdots$，且 X 取值为 x_k 的概率为

$$P\{X=x_k\}=p_k,k=1,2,3,\cdots \tag{3-8}$$

若对任意 $k=1,2,3,\cdots$，满足 $p_k\geqslant 0$ 且 $\sum\limits_{k=1}^{\infty}p_k=1$，则称式(3-8)为离散型随机变量 X 的概率分布(概率函数)或分布律(列)。

常见的离散型随机变量的概率分布及分布函数对应的几种不同的随机模型，下面将分别进行介绍。

3.1.3.1 两点分布

当随机变量 X 的可能取值仅为 0 或 1 时，则称其服从两点分布，它的概率分布可以表示为

$$P\{X=k\}=p^k(1-p)^{1-k},k=0,1,0<p<1 \tag{3-9}$$

3.1.3.2 离散型均匀分布

若随机变量 X 可以取 n 个不同的值 x_n，并且取到每个值的概率相等，则称随机变量 X 服从离散型均匀分布，其分布参数为 n，记为 $X\sim U(n)$，它的概率分布可以表示为

$$P\{X=k\}=\frac{1}{n} \tag{3-10}$$

3.1.3.3 二项分布

若随机变量 X 的取值为 $0,1,2,\cdots,n$ 的概率为

$$P\{X=k\}=C_n^k\,p^k(1-p)^{n-k},k=0,1,2,\cdots,n \tag{3-11}$$

此时称 X 服从参数为 n,p 的二项分布，记为 $X\sim B(n,p)$。当 $n=1$ 时，二项分布退化为

两点分布。

3.1.3.4 泊松分布

若随机变量 X 的取值为 $0,1,2,\cdots,n$ 的概率为

$$P\{X=k\}=\frac{\lambda^k e^{-\lambda}}{k!},k=0,1,2,\cdots,n \tag{3-12}$$

式中 $\lambda>0$ 且为常数，称 X 服从参数为 λ 的泊松分布，记作 $X\sim\pi(\lambda)$。在描述大量独立事件中稀有事件 A 出现次数时经常使用泊松分布。

3.1.4 随机变量的分布函数

解决实际问题时的随机变量有许多是非离散型的。例如某个零件的使用寿命 X，取值为 $X\geqslant 0$。此时无法再以离散型随机变量概率分布的形式进行描述。且此时更关注如"$X\geqslant$ 500 h"这样取值于某个区间的事件。像这样发生于区间的概率可表示为

$$P\{x_1<X\leqslant x_2\}=P\{X\leqslant x_2\}-P\{X\leqslant x_1\}$$

于是对于随机变量 X，引入函数

$$F(x)=P\{X\leqslant x\},-\infty<x<\infty$$

称为随机变量 X 的累积分布函数，简称分布函数，则对于任意 $x_1<x_2$，有

$$P\{x_1<X\leqslant x_2\}=P\{X\leqslant x_2\}-P\{X\leqslant x_1\}=F(x_2)-F(x_1)$$

分布函数表示 X 落在任一区间的概率，描述了随机变量的统计规律性。若已知随机变量 X 的分布函数 $F(x)$，就可以得到 X 在任一区间内的概率。随机变量 X 的分布函数 $F(x)$ 具有以下性质，且满足以下性质的函数 $F(x)$ 必是某随机变量的分布函数：

(1) $F(x)$ 为单调非降函数；

(2) $0\leqslant F(x)\leqslant 1$，且 $F(-\infty)=\lim\limits_{x\to-\infty}F(x)=0$，$F(+\infty)=\lim\limits_{x\to+\infty}F(x)=1$；

(3) $F(x)$ 为右连续，即 $F(x+)=F(x)$。

引入随机变量的分布函数之后可以算出各种事件对应的概率，从而可以运用数学分析的理论来解决概率论的问题。

3.1.5 连续型随机变量及其概率分布

如果对于随机变量 X 的分布函数 $F(x)$，存在非负函数 $f(x)$ 对于任意实数 x 均有

$$F(x)=\int_{-\infty}^{x}f(t)\mathrm{d}t \tag{3-13}$$

则称随机变量 X 为连续型随机变量，函数 $f(x)$ 称为 X 的概率密度函数，简称为概率密度或密度。

概率密度函数具有以下性质：

(1) $f(x)\geqslant 0$；

(2) $\int_{-\infty}^{\infty}f(x)\mathrm{d}x=1$；

(3) $\forall x_1<x_2,P\{x_1<X\leqslant x_2\}=F(x_2)-F(x_1)=\int_{x_1}^{x_2}f(x)\mathrm{d}x$；

(4) 若 $f(x)$ 在 x 处连续，则有 $F'(x)=f(x)$。

连续型随机变量 X 取任意一个实数时概率为零，所以改变 X 的概率密度函数上可列个

点的取值不会影响 X 的概率分布。故对随机变量 X 来说，其概率密度函数并不唯一，但在许多问题中，我们都会找到一个符合条件且最合适的概率密度函数，且它在整个实轴上是连续的。以下将对几种重要的连续型分布进行介绍。

3.1.5.1 均匀分布

若随机变量 X 的概率分布为

$$f(x)=\begin{cases}\dfrac{1}{b-a}, & a<x<b \\ 0, & \text{其他}\end{cases} \tag{3-14}$$

称随机变量 X 服从区间 (a,b) 上的均匀分布，记为 $X\sim U(a,b)$。

由定义可知，$f(x)\geqslant 0$，且

$$\int_{-\infty}^{+\infty} f(x)\mathrm{d}x=\int_a^b \frac{1}{b-a}\mathrm{d}x=1$$

所以 X 的分布函数为

$$F(x)=\int_{-\infty}^{x} f(t)\mathrm{d}t=\begin{cases}0, & x\leqslant 0 \\ \dfrac{x-a}{b-a}, & a<x<b \\ 1, & x\geqslant b\end{cases} \tag{3-15}$$

均匀分布密度函数 $f(x)$ 和均匀分布函数 $F(x)$ 如图 3-1 所示。

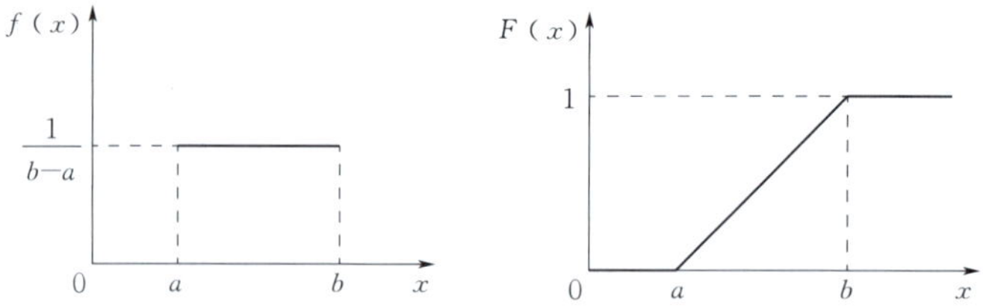

图 3-1 均匀分布密度函数 $f(x)$ 和均匀分布函数 $F(x)$

对 $\forall(c,c+l)(a,b)$，有

$$P\{c\leqslant X\leqslant c+l\}=\int_c^{c+l}\frac{1}{b-a}\mathrm{d}x=\frac{l}{b-a}=kl \quad \left(\text{其中 } k=\frac{1}{b-a}\right)$$

故 X 落在 (a,b) 的子区间内的概率只依赖子区间长度而与其位置无关，X 在区间 (a,b) 上“等可能取值”。实际应用中，当只知道随机变量取值为 $[a,b]$ 而没有进一步分布信息时，可以认为随机变量服从该区间上的均匀分布，这种假定称之为“同等无知原则”。

3.1.5.2 正态分布

若随机变量 X 的概率密度为

$$f(x)=\frac{1}{\sqrt{2\pi}\sigma}\mathrm{e}^{-\frac{(x-\mu)^2}{2\sigma^2}},-\infty<x<+\infty \tag{3-16}$$

其中 μ、σ 均为常数，$-\infty<\mu<+\infty$，$\sigma>0$，称 X 服从参数为 (μ,σ) 的正态分布或高斯分布，记为 $X\sim N(\mu,\sigma^2)$.

正态分布的密度函数 $f(x)$ 有如下性质：

① $f(x)$ 关于 $x=\mu$ 对称，故有 $P\{\mu-h\leqslant X\leqslant\mu\}=P\{\mu\leqslant X\leqslant\mu+h\}$；

②当 $x<\mu$ 时，$f(x)$ 单调上升，当 $x>\mu$ 时，$f(x)$ 单调下降，在 $x=\mu$ 处达到最大值 $f(\mu)=\dfrac{1}{\sqrt{2\pi}\sigma}$；

正态分布密度函数 $f(x)$ 及分布函数 $F(x)$ 如图 3-2 所示。

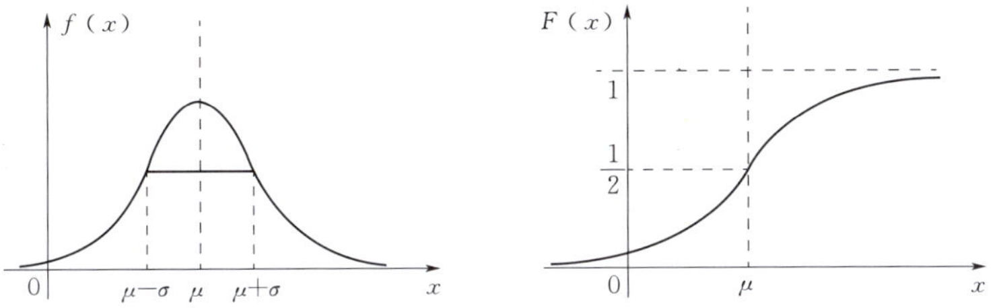

图 3-2 正态分布密度函数 $f(x)$ 及分布函数 $F(x)$

③曲线 $y=f(x)$ 在 $x=\mu\pm\sigma$ 处有拐点，并以 x 轴为渐近线。

正态分布 $N(\mu,\sigma^2)$ 的分布函数为

$$F(x)=\frac{1}{\sqrt{2\pi}\sigma}\int_{-\infty}^{x} e^{-\frac{(t-\mu)^2}{2\sigma^2}}\mathrm{d}t,\ -\infty<x<+\infty \tag{3-17}$$

当 $\mu=0,\sigma=1$ 时，称为标准正态分布，记为 $X\sim N(0,1)$。其概率密度函数和分布函数分别用 $\varphi(x)$ 和 $\Phi(x)$ 表示，即

$$\varphi(x)=\frac{1}{\sqrt{2\pi}} e^{-\frac{x^2}{2}},\ -\infty<x<+\infty \tag{3-18}$$

$$\Phi(x)=\frac{1}{\sqrt{2\pi}}\int_{-\infty}^{x} e^{-\frac{t^2}{2}}\mathrm{d}t,\ -\infty<x<+\infty \tag{3-19}$$

对于 $X\sim N(\mu,\sigma^2)$，

$$P\{\mu-3\sigma<X<\mu+3\sigma\}=2\Phi(3)-1=99.73\%$$

说明 X 的取值落在 $(\mu-3\sigma,\mu+3\sigma)$ 内几乎是肯定的，我们把这个规则称为"3σ 规则"。所以对于正态分布，考虑 $(\mu-3\sigma,\mu+3\sigma)$ 内的取值即可。

对于分布函数为 $F(x)$ 的随机变量 X，如果有数 $x_\alpha(0<\alpha<1)$ 满足 $F(x_\alpha)=\alpha$，则称 x_α 为分布 F 的 α 分位数或 α 分位点。$x_{0.5}$ 称为中位数。标准正态分布 $N(0,1)$ 的 α 分位数用 u_α 表示，即 $\Phi(u_\alpha)=\alpha$，且由对称性，$u_\alpha=-u_{1-\alpha}$。

正态分布是自然界中最常见的一种分布，具有很多优良的数学性质，且根据中心极限定理(CLT)，任何具有有限方差的总体的样本，只要样本容量 n 足够大，n 个随机变量的和近似服从正态分布。

3.1.5.3 指数分布

若随机变量 X 的概率密度函数为

$$f(x)=\begin{cases}\lambda e^{-\lambda x}, & x>0\\ 0, & x\leqslant 0\end{cases} \tag{3-20}$$

其中 λ 为常数且 $\lambda>0$，称 X 服从参数为 λ 的指数分布，记为 $X\sim\exp(\lambda)$. 在可靠性理论中，参数 λ 的实际意义是失效率。

X 的分布函数为

$$F(x)=\begin{cases}1-e^{-\lambda x}, & x>0\\ 0, & x\leqslant 0\end{cases} \tag{3-21}$$

服从指数分布的随机变量只能取非负实数，它常被用作各种寿命分布。指数分布在可靠性与排队论中有着广泛地应用。

指数分布密度函数 $f(x)$及分布函数 $F(x)$如图 3-3 所示。

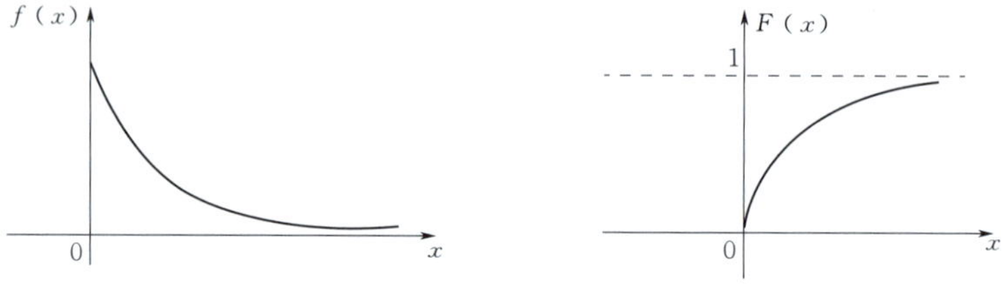

图 3-3 指数分布密度函数 $f(x)$及分布函数 $F(x)$

指数分布具有"无记忆性"，即假如 X 服从参数为 λ 的指数分布，则对任意的 $s\geqslant 0,t\geqslant 0$ 有

$$P\{X>s+t\mid X>s\}=P\{X>t\} \tag{3-22}$$

3.2 随机样本

3.2.1 随机样本

数理统计中，对研究对象的某一数量指标，如灯泡的使用寿命，进行一系列相关的随机试验对数量指标进行试验或观察，将试验的全部可能观察值称为总体，将每一个可能的观察值称为个体。总体中所包含的个体的个数称之为总体的容量。容量有限的称为有限总体，容量为无限的称为无限总体。

总体中的每一个体是随机试验的一个观察值，即某一随机变量 X 的值，这样，一个总体对应一个随机变量 X，对于总体的研究就是对该随机变量的研究，因此，X 的分布函数和数字特征就称为总体的分布函数和数字特征。

实际中，总体的分布一般是未知或只知道它具有某种形式但包含位置参数。所以人们通过从总体中抽取一部分个体，根据得到的数据对总体分布进行推断。而被抽取出的部分个体称为总体的一个样本。

若 X_n 是具有同一分布函数 F 的、相互独立的随机变量，则称 X_n 为从分布函数 F 得到的容量为 n 的简单随机样本，简称样本，其观察值 x_n 称为样本值，又称为 X 的 n 个独立的观察值。

3.2.2 抽样分布

样本是进行统计推断的依据。实际应用中不是直接利用样本，而是针对具体问题构造样本的函数来进行统计推断。

设 $X_1,\cdots,X_n$ 是总体 X 的一个样本，$g(X_1,\cdots,X_n)$是 $X_1,\cdots,X_n$ 的函数，若 g 不含未知参数，称 $g(X_1,\cdots,X_n)$是一统计量。

因为 $X_1,\cdots,X_n$ 都是随机变量，而统计量是随机变量的函数，因此统计量是一个随机变量。设 $x_1,\cdots,x_n$ 是相应于样本 $X_1,\cdots,X_n$ 的样本值，则称 $g(x_1,\cdots,x_n)$是 $g(X_1,\cdots,X_n)$的观察值。

设 $X_1,\cdots,X_n$ 是总体 X 的一个样本，$x_1,\cdots,x_n$ 是样本的观察值，有下面这些常用统计量：

样本均值：$\overline{X}=\frac{1}{n}\sum_{i=1}^{n}X_i$

样本方差：$S^2=\frac{1}{n-1}\sum_{i=1}^{n}(X_i-\overline{X})^2=\frac{1}{n-1}(\sum_{i=1}^{n}X_i^2-n\overline{X}^2)$

样本标准差：$S=\sqrt{S^2}=\sqrt{\frac{1}{n-1}\sum_{i=1}^{n}(X_i-\overline{X})^2}$

样本 k 阶(原点) 矩：$A_k=\frac{1}{n}\sum_{i=1}^{n}X_i^k, k=1,2,\cdots$

样本 k 阶中心矩：$B_k=\frac{1}{n}\sum_{i=1}^{n}(X_i-\overline{X})^k, k=2,3,\cdots$

经验分布函数：设 $X_1,\cdots,X_n$ 是总体 F 的一个样本，用 $S(x)$表示不大于 x 的随机变量的个数，可定义经验分布函数

$$F_n(x)=\frac{1}{n}S(x), -\infty<x<+\infty$$

统计量的分布称为抽样分布。使用统计量进行统计推断时常需要知道其分布。但统计量的精确分布一般很难求出，不过在正态总体中，统计量常常符合下面的分布。

3.2.2.1　χ^2 分布

设 $X_1,\cdots,X_n$ 是来自总体标准正态分布 $N(0,1)$的样本，则称统计量

$$\chi^2=X_1^2+\cdots+X_n^2$$

服从自由度为 n 的χ^2 分布，记为$\chi^2\sim\chi^2(n)$，此处自由度指等式右端包含的独立变量个数，其概率密度为

$$f(y)=\begin{cases}\dfrac{1}{2^{\frac{n}{2}}\Gamma\left(\dfrac{n}{2}\right)}y^{\frac{n}{2}-1}e^{-y/2}, & y>0\\ 0, & \text{其他}\end{cases}$$

其中有伽马函数 $\Gamma(\alpha)=\int_0^{+\infty}t^{\alpha-1}e^{-t}dt$ 。

不同自由度的χ^2 分布曲线如图 3-4 所示。

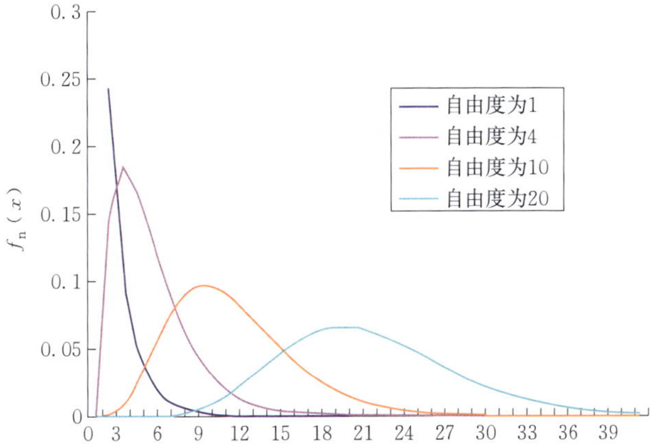

图 3-4　不同自由度的χ^2 分布曲线

χ^2 分布有性质如下：

(1)可加性：设$\chi_1^2 \sim \chi^2(n_1)$，$\chi_2^2 \sim \chi^2(n_2)$，并且$\chi_1^2$，$\chi_2^2$ 相互独立，则有

$$\chi_1^2+\chi_2^2 \sim \chi^2(n_1+n_2)$$

(2)数学期望和方差：若$\chi^2 \sim \chi^2(n)$，

$$E(\chi^2)=n, D(\chi^2)=2n$$

(3)χ^2 分布的分位点：任意正数 α，$0<\alpha<1$，则称满足

$$P\{\chi^2 > \chi_\alpha^2(n)\}=\int_{\chi_\alpha^2(n)}^{+\infty} f(y)\mathrm{d}y=\alpha$$

的点$\chi_\alpha^2(n)$为$\chi^2(n)$分布上的上 α 分位点，n 充分大时有

$$\chi_\alpha^2(n) \approx \frac{1}{2}(z_\alpha+\sqrt{2n-1})^2$$

其中z_α为标准正态分布的上α 分位点。

3.2.2.2 t 分布

设 $X \sim N(0,1)$，$Y \sim \chi^2(n)$，且 X，Y 相互独立，则称

$$t=\frac{X}{\sqrt{Y/n}}$$

位服从自由度为 n 的 t 分布，记为 $t \sim t(n)$。$t(n)$的概率密度函数为

$$h(t)=\frac{\Gamma[(n+1)/2]}{\sqrt{\pi n}\,\Gamma\left(\frac{n}{2}\right)}\left(1+\frac{t^2}{n}\right)^{-\frac{n+1}{2}}, -\infty<t<+\infty$$

不同自由度的 t 分布曲线与 $N(0,1)$分布曲线如图 3-5 所示。

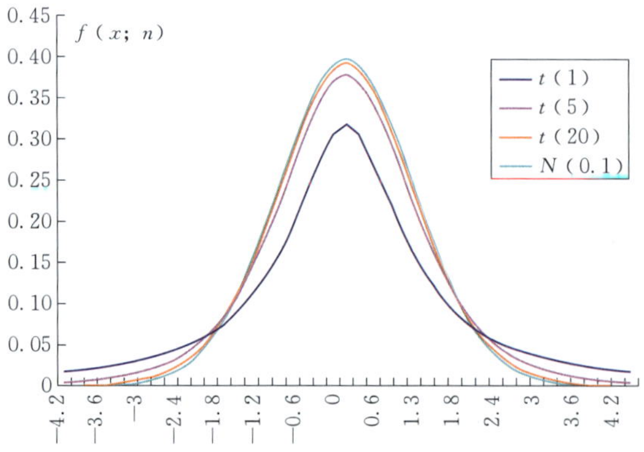

图 3-5 不同自由度的 t 分布曲线与 $N(0,1)$分布曲线

当 n 充分大时图形类似标准正态变量概率密度图形。利用 Γ 函数的性质得

$$\lim_{n\to\infty} h(t)=\frac{1}{\sqrt{2\pi}}\mathrm{e}^{-\frac{t^2}{2}}$$

所以当 n 足够大时 t 分布近似于 $N(0,1)$分布，但对于较小的 n，t 分布与 $N(0,1)$分布差别较大。

对于给定的 α，$0<\alpha<1$，满足

$$P\{t > t_\alpha(n)\}=\int_{t_\alpha(n)}^{+\infty} h(t)\mathrm{d}t=\alpha$$

的点$t_\alpha(n)$称为 $t(n)$分布上的 α 分位点。大于$t_\alpha(n)$的面积或概率为 α。由 t 分布上 α 分位点的定义及 $h(t)$图形的对称性有

$$t_{1-\alpha}(n)=-t_\alpha(n)$$

t 分布上的分位点可查表得到，当 $n>45$ 时，对于常用的 α，用正态近似

$$t_\alpha(n)=z_\alpha$$

3.2.2.3　F 分布

设 $U\sim\chi^2(n_1)$，$V\sim\chi^2(n_2)$，且 U，V 相互独立，则称随机变量

$$F=\frac{U/n_1}{V/n_2}$$

服从自由度为(n_1,n_2)的 F 分布，记为 $F\sim F(n_1,n_2)$。

其分布概率密度函数为

$$\psi(y)=\begin{cases}\dfrac{\Gamma[(n_1+n_2)/2](n_1/n_2)^{\frac{n_1}{2}}y^{\frac{n_1}{2}-1}}{\Gamma\left(\dfrac{n_1}{2}\right)\Gamma\left(\dfrac{n_2}{2}\right)[1+(n_1y/n_2)]^{\frac{n_1+n_2}{2}}}, & y>0\\ 0, & \text{其他}\end{cases}$$

由定义，若 $F\sim F(n_1,n_2)$，则

$$\frac{1}{F}\sim F(n_2,n_1)$$

F 分布的分位点：对于给定的 α，$0<\alpha<1$，满足

$$P\{F>F_\alpha(n_1,n_2)\}=\int_{F_\alpha(n_1,n_2)}^{+\infty}\psi(y)\mathrm{d}y=\alpha$$

的点 $F_\alpha(n_1,n_2)$称为 $F(n_1,n_2)$分布上的 α 分位点。大于 $F_\alpha(n_1,n_2)$的面积或概率为 α。

F 分布上的分位点有如下性质：

$$F_{1-\alpha}(n_1,n_2)=\frac{1}{F_\alpha(n_2,n_1)}$$

3.3　描述型统计

3.3.1　数据集中趋势的度量

平均数：表示一组数据集中趋势的量数，是指在一组数据中所有数据之和再除以这组数据的个数。

$$\overline{X}=\frac{1}{n}\sum_{i=1}^{n}X_i$$

中位数：一组数据按顺序排列后，居于中间位置的数。中位数描述数据中心位置的数字特征，对于对称分布的数据，均值与中位数比较接近；对于偏态分布的数据，均值与中位数不同。中位数不受异常值的影响，具有稳健性。

$$x_{0.5}=\begin{cases}x_{\left(\frac{n+1}{2}\right)}, & n\text{ 为奇数}\\ \dfrac{1}{2}\left[x_{\left(\frac{n}{2}\right)}+x_{\left(\frac{n}{2}+1\right)}\right], & n\text{ 为偶数}\end{cases}$$

频数：同一观测值在一组数据中出现的次数，例如掷骰子 20 次中出现数字 5 的次数。

众数：在一组数据中出现次数最多的数。

百分位数：中位数的推广，将数据按从小到大排列后，对于 $0<\alpha<1$，它的 α 分位点定义为

$$m_\alpha=\begin{cases} x_{([n\alpha]+1)}, & n\alpha \text{ 不是整数时} \\ \dfrac{1}{2}[x_{(n\alpha)}+x_{(n\alpha+1)}], & n\alpha \text{ 为整数时} \end{cases}$$

其中，$[n\alpha]$表示 $n\alpha$ 的整数部分。0.5 分位数就是中位数，0.25 分位数称为第一四分位数，记为Q_1，0.75 分位数称为第三四分位数，记为Q_3.

百分位数常用箱线图表示，如图 3-6 所示。

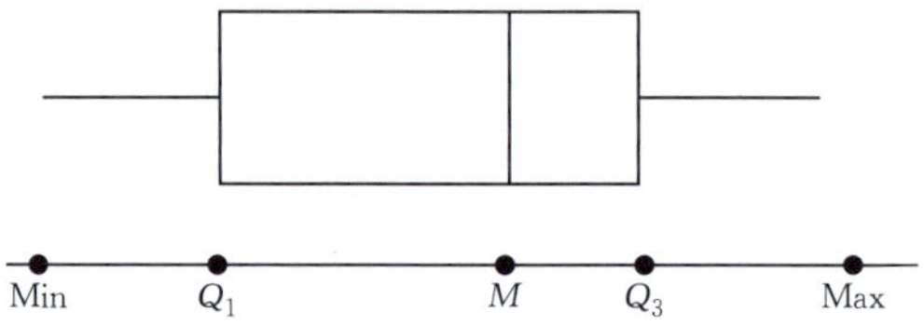

图 3-6　箱线图

从箱线图可以看到数据的以下性质：

(1)中心位置：中位数所在的位置是数据集的中心。

(2)散布程度：全部数据落在[Min，Max]之内，在区间[Min，Q_1]，[Q_1，M]，[M，Q_3]，[Q_3，Max]的数据个数各占 1/4。区间较短时表示落在该区间的点较为集中，反之较为分散。

(3)对称性：若中位数位于箱子的中间位置，则数据分布较为对称。若 Min 离 M 的距离较 Max 离 M 的距离大，则表示数据分布向左倾斜，反之数据右倾斜，且能看出分布尾部的长短。

箱线图特别适用于比价两个或者两个以上数据集的性质。箱线图也可以帮助检测是否存在异常值，第一四分位数 Q_1 和第三四分位数 Q_3 之间的距离记为 IQR，若数据小于 $Q_1-1.5\text{IQR}$ 或者数据大于$Q_3+1.5\text{IQR}$，就疑似异常。

3.3.2　数据离散趋势的度量

表示数据分散(离散，差异)程度的特征量有方差，标准差，极差以及变异系数等。

方差：用来计算每一个变量(观察值)与总体均数之间的差异。实际工作中，总体均数难以得到时，应用样本统计量代替总体参数。

$$s^2=\frac{1}{n-1}\sum_{i=1}^{n}(x_i-\overline{x})^2=\frac{1}{n-1}\left(\sum_{i=1}^{n}x_i^2-n\overline{x}^2\right)$$

标准差：对方差开平方得到样本标准差。

$$s=\sqrt{s^2}=\sqrt{\frac{1}{n-1}\sum_{i=1}^{n}(x_i-\overline{x})^2}$$

极差：数据越分散，极差越大。

$$R=\max(x)-\min(x)$$

变异系数：刻画数据相对分散性的一种度量。当需要比较两组数据离散程度大小的时候，如果两组数据的测量尺度相差太大，或者数据量纲的不同，变异系数可以消除测量尺度和量纲

的影响。

$$CV=100\times\frac{s}{\overline{x}}(\%)$$

四分位数差：样本上下四分位数之差称为四分位差。它也是度量样本分散性的重要数字特征，特别对于具有异常值的数据，它作为分散性具有稳健性。

$$R_1=Q_3-Q_1$$

偏度（skewness）：统计数据分布偏斜方向和程度的度量，是统计数据分布非对称程度的数字特征。直观看来就是密度函数曲线尾部的相对长度。偏度刻画的是分布函数的对称性。关于均值对称的数据其偏度系数为 0，右侧更分散的数据偏度系数为正，左侧更分散的数据偏度系数为负。样本偏度系数如下：

$$g_1=\frac{n}{(n-1)(n-2)s^3}\sum_{i=0}^{n}(x_i-\overline{x})^3=\frac{n^2\mu_3}{(n-1)(n-2)s^3}$$

峰度（peakedness；kurtosis）：说明的是分布曲线在平均值处峰值高低的特征数。直观看来，峰度反映了峰部的尖度。样本的峰度是和正态分布相比较而言，如果峰度大于 3，峰的形状比较尖，比正态分布峰要陡峭。反之亦然。峰度刻画的是分布函数的集中和分散程度。

峰度系数：

$$\begin{aligned}g_2&=\frac{n(n+1)}{(n-1)(n-2)(n-3)s^4}\sum_{i=0}^{n}(x_i-\overline{x})^4-3\frac{(n-1)^2}{(n-2)(n-3)}\\&=\frac{n^2(n+1)\mu_4}{(n-1)(n-2)(n-3)s^4}-3\frac{(n-1)^2}{(n-2)(n-3)}\end{aligned}$$

偏度与峰度的影响如图 3-7 所示。

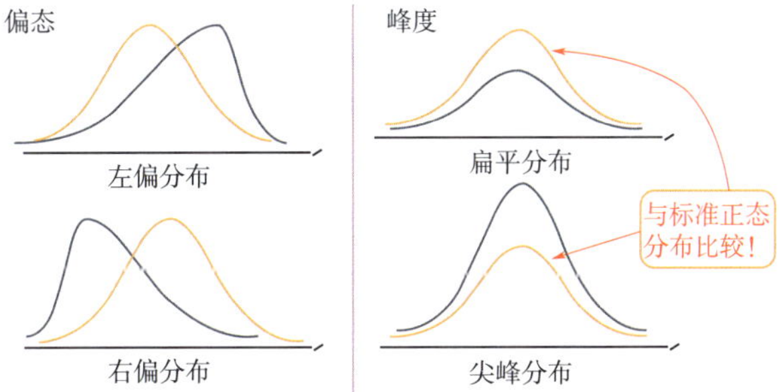

图 3-7 偏度与峰度的影响

3.4 置信区间

设 $X_1,X_2,\cdots,X_n$ 是来自总体 X 的样本，$X=(X_1,X_2,\cdots,X_n)$，θ 是未知参数，$\hat{\theta}_1=\hat{\theta}_1(X)$，$\hat{\theta}_2=\hat{\theta}_2(X)$是两个统计量．对于给定的 $\alpha\in(0,1)$，如果有

$$P(\hat{\theta}_1\leqslant\theta\leqslant\hat{\theta}_2)\geqslant1-\alpha,$$

就称$[\theta_1,\theta_2]$为参数 θ 的置信度为$(1-\alpha)$的置信区间（confidence interval，CI）。置信区间的右端点$\hat{\theta}_2$ 又称为置信上界，置信区间的左端点$\hat{\theta}_1$ 又称为置信下界。由于$\hat{\theta}_1=\hat{\theta}_1(X)$，$\hat{\theta}_2=\hat{\theta}_2(X)$都是随机变量的函数，因而是随机变量。

但是给定样本观测值 $X=(X_1,X_2,\cdots,X_n)$，就得到了一个具体的闭区间$[\hat{\theta}_1(X),\hat{\theta}_2(X)]$，这个闭区间或者包含 μ 或者不包含 μ，我们对 $1-\alpha$ 置信度的理解是：如果允许我们反复独立抽取样本得到多次置信区间，μ 落入这些置信区间中的比例接近于 $1-\alpha$。很明显，在相同的置信度下，置信区间的长度越小越好。

3.5 T-test 检验

主要用于样本含量较小(例如 $n<30$)，总体标准差 σ 未知的正态分布。目的是用来比较样本均数所代表的未知总体均数 μ 和已知总体均数 μ_0。

T 统计量计算公式为

$$T=\frac{|\overline{X}-\mu_0|}{S_{\overline{X}}}=\frac{\overline{X}-\mu_0}{s/\sqrt{n}}$$

T 检验的步骤：

①建立虚无假设 $\mu_1=\mu_2$，即先假定两个总体平均数之间没有显著差异；

②计算统计量 T 值，对于不同类型的问题选用不同的统计量计算方法；

如果要评断一个总体中的小样本平均数与总体平均值之间的差异程度，其统计量 T 值的计算公式为

$$T=\frac{\overline{X}-\mu_0}{s/(n-1)}$$

如果要评断两组样本平均数之间的差异程度，其统计量 T 值的计算公式为

$$T=\frac{\overline{X_1}-\overline{X_2}}{\sqrt{\dfrac{\sum x_1^2+\sum x_2^2}{n_1+n_2-2}\times\dfrac{n_1+n_2}{n_1\times n_2}}}$$

③根据自由度 $v=n-1$，查 T 值表(表 3-1)，找出规定的 T 理论值并进行比较。理论值差异的显著水平为 0.01 级或 0.05 级。不同自由度的显著水平理论值记为 $T(v)0.01$ 和 $T(v)0.05$；

④比较计算得到的 t 值和理论 T 值，推断发生的概率，依据下表给出的 T 值与差异显著性关系表作出判断。

表 3-1　T 值与差异显著性关系表

T	P 值	差异程度
≥2.58	≤0.01	非常显著
≥1.96	≤0.05	显著
<1.96	>0.05	不显著

第 4 章　数据挖掘基础

4.1　数据与数据挖掘

数据挖掘(knowledge discovery and data mining),又称从数据中发现知识,简称 KDD。我们生活在大量数据日积月累的年代,分析这些数据是一种重要需求。正如柏拉图所说,“需要是发明之母。”

4.1.1　数　　据

数据(data)通常是对某事件进行观察或记录的结果,是以某种形式对客观事物进行的逻辑归纳,是未经加工的、展现客观事物的原始素材。数据可以是数字,也可以是具有一定意义的文字、符号、字母的组合。日常生活中常常见到的图形、图像、音频、视频,以及抽象的事物属性、位置、相互关系等,都是数据的不同表现形式。例如,“0.1、1.3、2.7……”“晴、多云、阴转小雨”“网页历史浏览记录、列车的运行时间、行驶路线”等都是数据。数据是数据集合中的单个值。数据通常被组织成诸如表格之类的结构,这些结构提供了额外的上下文和含义,并且它们本身可以用作更大结构中的数据。数据可以用作计算过程中的变量。数据可以代表抽象的想法或具体的测量。数据通常用于科学研究、经济学以及几乎所有其他形式的人类组织活动。数据集的示例包括价格指数(例如消费者价格指数)、失业率、识字率和人口普查数据。在这种情况下,数据代表原始事实和数字,可以从中提取有用的信息。

在现今大数据时代,我们所利用的“有效”信息往往是经由计算机“加工”后得来的。在计算机领域中,数据是对所有能输入电子计算机进行处理,具有一定意义的数字、字母、符号和模拟量等的通称。在计算机系统中,通常以二进制信息单元 0、1 的形式表示。

数据是通过测量、观察、查询或分析等技术收集的,通常表示为可以进一步处理的数字或字符。现场数据是在不受控制的现场环境中收集的数据。实验数据是在受控科学实验过程中生成的数据。使用计算、推理、讨论、演示、可视化或其他形式的后期分析等技术来分析数据。在分析之前,通常会清理原始数据(或未处理的数据):删除异常值并纠正明显的仪器或数据输入错误。

数据可以被视为事实信息的最小单位,可以用作计算、推理或讨论的基础。数据的范围可以从抽象的想法到具体的测量,包括但不限于统计数据。在某些相关上下文中呈现的主题相关的数据可以被视为信息。上下文相关的信息可以被描述为数据洞察或情报。随着时间的推移,通过将数据合成为信息而积累的见解和情报储备可以被描述为知识。数据被形容为“数字经济的新石油”。数据作为一个一般概念,是指一些现有的信息或知识以某种适合更好使用或处理的形式表示或编码的事实。

计算技术的进步导致了大数据的出现,大数据通常是指非常大量的数据,通常达到 PB 级。

使用传统的数据分析方法和计算，处理如此庞大（且不断增长）的数据集是很困难的，甚至是不可能的（从理论上讲，无限的数据会产生无限的信息，这将导致提取见解或情报变得不可能）。作为回应，相对较新的数据科学领域使用机器学习（和其他人工智能 AI）方法，这些方法可以有效地应用大数据分析方法。

4.1.2 数据挖掘

数据挖掘应当更正确地命名为“从数据中挖掘知识”。此外，还有一些术语具有和数据挖掘类似的含义，例如从数据中挖掘知识、知识提取、数据/模式分析、数据考古和数据捕捞。许多人把数据挖掘视为另一个流行术语数据中的知识发现（KDD）的同义词，而另一些人只是把数据挖掘视为知识发现过程的一个基本步骤。

（1）数据挖掘主要由以下步骤的迭代序列组成。

①数据清理：消除噪声和删除不一致数据；

②数据集成：多种数据源可以组合在一起；

③数据选择：从数据库中提取与分析任务相关的数据；

④数据变换：通过汇总或聚集操作，把数据变换和统一成适合挖掘的形式；

⑤数据挖掘：基本步骤，使用智能方法提取数据模式；

⑥模式评估：根据某种兴趣度度量，识别代表知识的真正有趣的模式；

⑦知识表示：使用可视化和知识表示技术，向用户提供挖掘的知识。

（2）数据挖掘涉及六类常见的任务，每个任务都有其特定的目标和应用领域。

①异常检测：通过分析数据集，异常检测可以有效地标识与其他数据点差异显著的异常值，提供数据清洗和问题排查的线索。

目标：识别不寻常的数据记录，标识可能包含错误或异常的数据点，需要进一步调查。

应用：发现在数据集中检测异常值，可能涉及错误数据或潜在问题的数据记录。

②关联规则学习：通过搜索变量之间的关系，发现它们之间的相关性和依赖关系的数据挖掘任务。举例而言，超市可以运用关联规则学习来确定哪些产品经常一起被购买，为市场购物篮分析提供了基础，从而优化商品搭配和制定更有针对性的营销策略。

目标：搜索变量之间的关系，发现它们之间的相关性和依赖关系。

应用：例如，超市可以利用关联规则学习来确定哪些产品经常一起被购买，从而帮助制定更有效的营销策略，这被称为市场购物篮分析。

③聚类：一种无监督学习任务，其目标是在未知数据的结构下，发现数据的类别与结构，将相似的数据点归为一类。聚类在数据集中揭示隐藏的模式和群组，帮助分析人员更好地理解数据的内在组织结构。

目标：在未知数据的结构下，发现数据的类别与结构，将相似的数据点分组在一起。

应用：用于数据集的无监督学习，揭示数据内在的模式和群组，帮助理解数据的组织结构。

④分类：数据挖掘中的一项任务，通过利用先前学习到的模型，对新的数据进行分类，将其归入已知的类别或结构。典型应用包括电子邮件程序通过分类算法将电子邮件标记为“正常邮件”或“垃圾邮件”，提高信息过滤的准确性和效率。

目标：对新的数据进行分类，将其归入已知的类别或结构，利用先前学习到的模型。

应用：例如，电子邮件程序通过分类算法将电子邮件标记为“正常邮件”或“垃圾邮件”，提高过滤效率。

⑤回归：一种数据挖掘任务，其目标是找到能够以最小误差对数据建模的函数，通常用于预测数值型输出。例如，通过回归分析可以根据历史销售数据预测未来销售趋势，为企业决策提供重要的预测性信息。

目标：找到能够以最小误差对数据建模的函数，用于预测数值型输出。

应用：用于预测和建模，例如根据历史销售数据预测未来销售趋势。

⑥汇总：数据挖掘中的任务，旨在提供更紧凑的数据集表示，包括生成可视化和报表，以更好地理解数据的总体趋势和特征，对于支持决策者更容易理解关键数据信息和趋势非常有用。

目标：提供一个更紧凑的数据集表示，包括生成可视化和报表，以便更好地理解数据的总体趋势和特征。

应用：用于数据的可视化和报告，帮助决策者更容易理解数据的关键信息和趋势。

（3）数据挖掘的基本方法

数据挖掘的方法包括监督式学习、非监督式学习、半监督学习、增强学习。监督式学习包括：分类、估计、预测。非监督式学习包括：聚类，关联规则分析。

①监督式学习（supervised learning）

分类（classification）：将输入数据映射到预定义的类别中。例如，垃圾邮件过滤器可以将电子邮件分类为“垃圾邮件”或“非垃圾邮件”。

估计（regression）：预测一个连续值的输出。例如，房价预测模型可以根据不同特征（如房间数量、地理位置等）估计房屋的价格。

预测（prediction）：预测未来事件的发生。这与估计相似，但通常更侧重于时间序列数据或动态变化的场景。

②非监督式学习（unsupervised learning）

聚类（clustering）：将数据分组成相似的集合，而无需预先定义类别。例如，客户分群，将相似购买行为的客户分为一组。

关联规则分析（association rule mining）：发现数据中的关联规律，例如购物篮分析，了解哪些商品通常一起购买。

③半监督学习（semi-supervised learning）

结合监督和非监督学习的元素，通常使用带标签和未标签的数据。这在标注数据相对较少的情况下可以提供更好的性能。

④增强学习（reinforcement learning）：

主要应用于智能系统与环境进行交互，通过尝试和错误学习最佳行为策略。这包括一个智能体（agent）根据环境的反馈调整其行为。

4.2 数据清洗

数据清洗是数据分析的基石，只有在数据质量得到保证的情况下，我们才能获得准确、可靠的分析结论。

4.2.1 数据清洗的原因

在信息时代，互联网技术空前发展，我们足不出户便可以通过网络获取来自于全世界的各种信息，而这些信息的最初来源便是数据。互联网的发展使数据的获取和存储变得越来越容易，而大量的数据可以为人们提供各种有价值的信息，例如通过海量数据的分析结果对现存决策进行改进，对行业趋势、气候变化进行预测，对结构健康状态进行评估等。

数据清洗是大数据处理过程中至关重要的一环，因为大数据往往伴随着数据质量问题。在数据收集和存储的过程中，往往会产生各种形式的错误、重复、不完整或不准确的数据。这些问题可能来自于数据来源的多样性、传感器误差、人为输入错误等多方面原因。

正如所说的“垃圾进，垃圾出”，或者说是“GIGO”(garbige in garbagy out)，意味着如果在数据清洗之前不解决数据质量问题，那么在数据分析和应用阶段将会产生严重的问题和误导性的结果。因此，数据清洗是确保数据质量和可靠性的重要步骤之一。

数据清洗涉及识别和纠正数据中的错误、删除重复记录、填补缺失值、处理异常值等操作。通过清洗数据，可以提高数据的一致性、完整性和准确性，使其更适合进行后续的分析和应用。

有价值的信息需要靠良好的数据质量来保证，然而实际上，我们拿到的原始数据却往往是“不干净的数据”。未经处理的脏数据可能是以下情况之一：

(1)原始数据未经处理、不完整、嘈杂；

(2)含有过时/冗余字段、异常值、缺失值、不适合数据挖掘的数据形式、与常识或政策不一致的值(混合格式、格式混乱)；

(3)数据来自遗留数据库，其中的值存在多年未见、已到期、不再相关或丢失的现象。

考虑到脏数据可能会造成结论、规律的不准确性，在对数据进行分析之前必须要对脏数据进行清洗处理，而出于数据挖掘的目的，数据库值必须经过数据清理和数据转换才可使用。此外，数据清洗也是一个复杂而耗时的过程，需要使用各种技术和工具来自动化和优化。但无论如何，清洗数据都是不可或缺的步骤，它直接影响着数据分析的结果和决策的准确性。因此，对于任何涉及大数据的项目，都应该重视数据清洗的重要性，并且投入足够的时间和资源来确保数据的质量。

随着网络资源的丰富，很多网上的手把手教程或提示文档都可以通过编程软件(如Python)来实现很多高级模型的构建。但是最常见的“几行代码实现某项功能”的前提，也就是把一个脏数据变成能够在“几行代码”中直接跑出结果的过程可能需要几十行几百行代码进行清洗。在脏数据的情况下，盲目套用别人的代码也只会得到各种报错。

4.2.2 缺失数据处理

数据缺失是数据挖掘中最常见的问题之一。如果缺失数据的占比极小时，手工填补处理或舍弃数据是一种非常方便的解决方法。然而，在实际生活中缺失数据往往是大量而系统性的，此时如果直接舍弃缺失数据会导致舍弃后的数据与原始数据产生较大差异，极有可能使最后得出的结论产生偏差，而手工填补的办法又会耗费大量的人力，并不可取。

(1)造成数据缺失的原因有很多，如：

①信息暂时无法获取。例如美国大选的选票信息，由于每个州统计时间的不同，总是会滞后。

②信息被遗漏。可能是因为输入时认为不重要、忘记填写了或对数据理解错误而遗漏，也可

能是由于数据采集设备的故障、存储介质的故障、传输媒体的故障、一些人为因素等原因而丢失。

③部分对象的某个、某些属性尚不可使用。比如儿童的配偶姓名，学生的固定收入等。

④获取信息的代价过高。

⑤使用信息的系统实时性过高，在得到信息前就做出决策或判断。

在对缺失数据进行处理前，了解数据缺失的机制和形式是十分必要的。将数据集中不含缺失值的变量称为完全变量，数据集中含有缺失值的变量称为不完全变量。

(2)从缺失的分布来将缺失可以分为以下三类。

①非随机缺失(missing not at random，MNAR)：指的是数据的缺失与不完全变量自身的取值有关。如女性不愿意提供年龄数据，年龄的数据与性别相关；高收入人群不愿意提供家庭收入的数据，收入的数据与收入水平相关。

②随机缺失(missing at random，MAR)：指的是数据的缺失不是完全随机的，即该类数据的缺失依赖于其他完全变量。例如某些保密的工作不能提供工作地址。

③完全随机缺失(missing completely at random，MCAR)：指的是数据丢失的概率与自身假设值或其他变量值完全无关，即数据的缺失不依赖于任何变量，不影响样本的无偏性，是完全随机的。例如在人口普查表中某人家庭地址缺失。

对于随机缺失和完全随机缺失，可以根据情况删除缺失值的数据。同时，随机缺失可以通过已知变量对缺失值进行估计。但非随机缺失还没有很好的解决办法，删除包含缺失值的数据可能会导致模型出现偏差，对数据进行填充也需要格外谨慎。

常见的缺失数据处理方法包括删除缺失值、插值法、均值/中位数/众数填充、前向/后向填充、回归模型填充、专业知识填充、多重插补以及使用机器学习模型进行填充。这些方法的选择取决于数据的性质和分析目标，通常需要根据具体情况综合考虑不同策略，以保持数据完整性和准确性。

4.2.2.1　删除缺失值

将存在遗漏数据值的对象(记录)删除，从而得到一个完备的数据表。

优点：简单易行，在对象有多个属性缺失值、被删除的含缺失值的对象在初始数据集中的占比较小的情况下非常有效。

缺点：当初始数据集所含对象较少，缺失数据所占比例较大时，这种方法会使隐藏在这些对象中的信息大量丢失。有研究表明，5%的数据值丢失可能会导致多达 80%的记录失效。这种方法可能导致数据发生偏离，从而引出错误的结论。

4.2.2.2　替换缺失值

(1)特殊值替换

按分析者指定的常量替换缺失值，将缺失值按照其本身的属性值来处理。如将缺失的数值替换为 0，将缺失的分类值替换为“missing”或“unknown”，一般作为临时填充或中间过程。特殊值填补有时可能导致严重的数据偏离，一般不推荐。

(2)众数均值替换

如果空值是数值，就根据该属性在其他所有对象的取值的平均值来填充该缺失的属性值；如果空值不是数值，就根据统计学中的众数原理，用该属性在所有对象的取值次数最多的值(即出现频率最高的值)来补齐该缺失的属性值。这种数据的补齐方法的出发点是以最大概率可能的取值来补充缺失的属性值，用现存数据的多数信息来推测缺失值。但均值不总是"典型值"的最佳选择，因此分析者必须根据结果的可能无效性仔细评估替换缺失值的利弊。

(3)随机值替换

用空缺属性值的所有可能的属性取值来填充，能够得到较好的补齐效果。一般会从基础分布中随机抽取值来替换缺失值，或者从每个字段的分布中按比例随机抽取。这种方法可以使替换后的数据更接近于原始的数据集，但也可能会产生没有意义的结果。

4.2.2.3 填写缺失值

(1)人工填写

当对手头的数据集足够了解时，可以选择自己填写缺失值。然而一般来说，该方法很费时，当数据规模很大且空值很多的时候，该方法是不可行的。

(2)热卡填充或就近补齐

对于一个包含空值的对象，热卡填充法在完整数据中找到一个与它最相似的对象，然后用这个相似对象的值来进行填充。不同的问题可能会选用不同的标准来对相似进行判定。该方法概念上很简单，且利用了数据间的关系来进行空值估计。这个方法的缺点在于难以定义相似标准，主观因素较多。

(3)K 最近距离邻法(KNN)

先根据欧式距离或相关分析来确定距离具有缺失数据样本最近的 K 个样本，将这 K 个值加权平均来估计该样本的缺失数据。在本方法中，先根据某种距离度量选择出 K 个"邻居"，他们的均值就被用于插补缺失数据。这个方法要求我们选择 K 的值(最近邻居的数量)，以及距离度量。KNN 既可以预测离散属性(K 近邻中最常见的值)也可以预测连续属性(K 近邻的均值)。根据数据类型的不同，距离度量也不尽相同；KNN 算法易于理解也易于实现。其非参数的特性在某些数据非常"不寻常"的情况下非常有优势。但 KNN 在分析大型数据集时会变得非常耗时，此外，在高维数据集中，最近与最远邻居之间的差别非常小，因此 KNN 的准确性会降低。

(4)回归

基于完整的数据集，建立回归方程，或利用机器学习中的回归算法。对于包含空值的对象，将已知属性值代入方程来估计未知属性值，以此估计值来进行填充。当变量不是线性相关时会导致有偏差的估计，且在使用时应当注意防止过拟合。

(5)期望值最大化方法

EM 算法是一种在不完全数据情况下计算极大似然估计或者后验分布的迭代算法。在每一迭代循环过程中交替执行两个步骤：

①期望步，在给定完全数据和前一次迭代所得到的参数估计的情况下计算完全数据对应的对数似然函数的条件期望；

②最大化步，用极大化对数似然函数以确定参数的值，并用于下步的迭代。

算法在 E 步和 M 步之间不断迭代直至收敛，即两次迭代之间的参数变化小于一个预先给定的阈值时结束。该方法可能会陷入局部极值，收敛速度也不是很快，并且计算很复杂。

(6)多重插补

多重插补方法分为三个步骤：

①为每个空值产生一套可能的插补值，这些值反映了无响应模型的不确定性；每个值都可

以被用来插补数据集中的缺失值，产生若干个完整数据集合（填充值往往从某种分布中提取，模拟随机抽取并不包含模型参数的不确定性，较好的方法是采用马尔科夫链蒙特卡罗模拟）。

②每个插补数据后的集合都用针对完整数据集的统计方法进行统计分析。

③对来自各个插补数据集的结果，根据评分函数进行选择，产生最终的插补值。该方法将空缺值视为随机样本，这样计算出来的统计推断可能受到空缺值的不确定性的影响。该方法的计算也很复杂。

4.2.2.4　不处理缺失值

不处理缺失值是直接在包含空值的数据上进行数据挖掘的方法，包括贝叶斯网络和人工神经网络等。贝叶斯网络提供了一种自然的表示变量间因果信息的方法，用来发现数据间的潜在关系。在这个网络中，用节点表示变量，用有向图表示变量间的依赖关系。

贝叶斯网络仅适合于对领域知识具有一定了解，对变量间的依赖关系较清楚的情况，否则直接从数据中学习贝叶斯网的结构不但复杂性较高（随变量维度指数级增加），网络维护代价昂贵，而且它的估计参数较多，为系统带来了高方差，影响了它的预测精度。人工神经网络也类似。

4.2.3　异常数据处理

异常值，也称为噪声数据，是指那些在数据集中存在的不合理的值，需要注意的是，不合理的值是偏离正常范围的值，不是错误值。比如人的身高为 2.4m，体重为 1 t 等，这些值过于偏离正常范围，因而属于异常值。异常值会对结果造成偏差，所以在数据分析过程中需要重视。从本质上说，根据中心极限定理，数据总体近似服从正态分布，大部分数据其实集中在一个较小的范围内，而我们要研究的目标是适合样本大多数的规律，在技术上如果我们不对异常值处理，可能使结果产生偏差。

（1）常见的异常值类型

①离群值（outliers）：这是最常见的异常值类型，指的是与其他数据点相比显著偏离的值。离群值可能是由于测量错误、数据录入错误或真实情况下的极端情况而产生的。

②错误值（errors）：这类异常值是由于数据记录或收集过程中的错误导致的，可能包括录入错误、传感器故障等。

③异常模式（anomalies）：指的是数据中的某些模式与预期模式不一致的情况，可能是由于系统故障、异常事件或其他不寻常情况引起的。

（2）异常值的处理方法

①固定比例法：通常把上下 2% 的值剔除，认为这些数据不可信。

②均值标准差法：这种想法的思路来源于正态分布，设 $X \sim N(\mu, \sigma^2)$，则

$$P(|x-\mu|>k\sigma)=\begin{cases}0.317, k=1\\0.046, k=2\\0.003, k=3\end{cases}$$

通常把三倍标准差之外的值都视为异常值，不过要注意的是样本均值和样本标准差都不是稳健统计量，其计算本身受极值的影响就非常大，所以可能会出现一种情况，那就是我们从数据分布图上能非常明显地看到异常点，但按照上面的计算方法，这个异常点可能仍在均值三倍标准差的范围内。因此按照这种方法剔除掉异常值后，需要重新观察数据的分布情况，看是否仍然存在显著异常点，若存在则继续重复上述步骤寻找异常点。因为剔除掉极值后，样本的

方差可能发生变化了，每次剔除通常都会变化，所以需要重复去做。坏处是对于这样的方法，在数据分布的偏度和峰度影响下，这种方法可能会把过量的数据认定为异常点。

③MAD 法：是针对均值标准差方法的改进，把均值和标准差替换成稳健统计量，样本均值用样本中位数代替，样本标准差用样本 MAD(Median Absolute Deviation)代替。

$$md = \text{median}(x_i, i=1,2,\cdots,n)$$

$$\text{MAD} = \text{median}(|x_i - md|, i=1,2,\cdots,n)$$

$$\text{MAD}_e = 1.483\text{MAD}$$

通常把偏离中位数三倍以上的数据作为异常值，和均值标准差方法比，中位数和 MAD 的计算不受极端异常值的影响，结果更加稳健。

④Boxplot 法：我们知道箱线图上其实也会注明异常值，假设 Q_1 和 Q_3 分别为数据从小到大排列的 25%和 75%分位数，记 $\text{IQR}=Q_1-Q_3$，把 $(-\infty, Q_1-3\text{IQR})\cup(Q_3+3\text{IQR}, +\infty)$ 区间里的数据标识为异常点。分位数也是稳健统计量，因此 Boxplot 方法对极值不敏感，但如果样本数据正偏严重，且右尾分布明显偏厚时，Boxplot 方法会把过多的数据划分为异常数据，因此可对原有方法进行了偏度调整，样本偏度定义采用 MedCouple 方法。

$$md = \text{median}(x_i, i=1,2,\cdots,n)$$

$$mc = \text{median}\frac{(x_i - md) - md - x_j}{x_i - x_j}, x_i \geqslant md \quad \text{and} \quad x_j \leqslant md$$

然后给出了经偏度调整 Boxplot 方法上下限。

$$L = \begin{cases} Q_1 - 1.5\exp(-3.5mc)\times\text{IQR}, mc \geqslant 0 \\ Q_1 - 1.5\exp(-4mc)\times\text{IQR}, mc < 0 \end{cases}$$

$$U = \begin{cases} Q_3 - 1.5\exp(4mc)\times\text{IQR}, mc \geqslant 0 \\ Q_3 - 1.5\exp(3.5mc)\times\text{IQR}, mc < 0 \end{cases}$$

区间 $(-\infty, L)\cap(U, +\infty)$ 上的点视为异常点。和原始 Boxplot 方法相比，当样本数据分布右偏时，此法会提升正常数据区间上限的数值；样本数据左偏时，则会降低正常数据区间下限的数值。

4.3 数据转换

4.3.1 特征编码

拿到的数据通常比较脏乱，可能会带有数字、特殊符号、中文等。而机器学习模型需要的是数字类型的数据集，因为只有数字类型才能被计算机识别并进行计算。因此，我们对数字形式之外的特征值进行编码，来达到以数字进行量化的目的。表 4-1 中显示了我们最原始的数据集。

表 4-1 编码前数据

ID	Nickname	Password	Permission	Blocked
1	ycao	ycao	可读可写可运行	1
6	yfeng	yfeng01	可读可写不可运行	1

表中“Permission”列的数据不能被计算机正确识别和学习判断，因此需要“量化”表中信

息。对于不同用途的数据有不同类型的编码方式，这里主要探寻数据挖掘与机器学习的方法，因此介绍两类分类型特征的编码方式，分别是 One-hot encoding 和 Label-encoding。

(1) One-hot encoding：也被称为独热编码。如第二个结果所示，采用二进制数对权限进行编码，拥有该权限记为 1，没有该权限计为 0。于是表 4-1 可以编码为表 4-2 中的数据。

表 4-2　独热编码后数据

ID	Nickname	Password	Permission	Blocked
1	ycao	ycao	111	1
6	yfeng	yfeng01	110	1

独热编码会将原始非数字特征变量转换成以原始特征值分类的多维度变量，并用数字 0，1 这种方式对原始特征进行量化。采用 One-hotencoding 编码解决了分类器不好处理分类数据的问题，将其他类型的特征转变为 0 和 1，在垂直空间内存储不同的特征类型。但当特征类别的数量极大时，会引发维度灾难。

(2) Label encoding：可称为标签编码，类比 Linux 系统权限管理机制(1，2，4)，用 1 表示可读，2 表示可写，4 表示可运行，因此可读可写可运行将被编码为 7，可读可写不可运行将被编码为 3。于是结果可以表示为表 4-3 中的数据。

表 4-3　标签编码后数据

ID	Nickname	Password	Permission	Blocked
1	ycao	ycao	7	1
6	yfeng	yfeng01	3	1

Label encoding 并没有任何限制，可以根据自己的意愿随意地将某个特征类型定义为数字。因此，Label encoding 就是将原始特征值编码为自定义的数字标签，并用自定义的数字标签对原始特征进行量化。标签编码最主要的问题是产生了顺序性，在使用编码后的数据进行分析时，相当于给原本不存在次序关系的宿舍类型特征引入了次序关系，这可能会导致后续错误的建模分析结果。

4.3.2　数据转化

在一些实际问题中，得到的样本数据通常是同时被多个维度所表征的。比如在选择宿舍的问题中，影响选择结果的因素有宿舍面积、宿舍价格、是否有独立卫浴等。这里的面积、价格以及卫生间类型被称为特征。很显然，这些特征的量纲以及相对于数值的量级是不一样的。在选择宿舍时，如果直接使用原始的数据集，那么选择的结果将因为不同特征量纲、量级的存在而被不同程度的影响。

4.3.2.1　数据标准化

通过标准化处理，可以使得不同的特征具有相同的尺度以此来消除数值本身对结果造成的影响，而这个过程也被称为数据转化。

(1) 数据标准化的意义

①消除量纲、量级对分析结果的影响。标准化处理后，原始数据会转化为处于同一数量级

别的无量纲化指标测评值，可以以此进行综合测评分析（如若不进行数据标准化就进行分析，在原始数据中数值较高的指标对分析结果产生影响的权重会更大，而数值水平低的指标对结果产生影响的权重较小）。

②避免太大的数引发数值问题。

③平衡各特征的贡献。一些分类器例如 KNN 通过计算样本之间的欧氏距离来对结果进行分类。如果一个特征的数值边界非常大，欧氏距离的计算就会更倾向于靠近该特征，从而导致结果与实际情况产生偏离。

④加快一些模型求解的速度（加快梯度下降求最优解的速度），减轻设备负荷，节约资源。

(2)数据标准化常用方法

①Min-Max 标准化

$$x^{*}=\frac{x-\min(x)}{\text{range}(x)}=\frac{x-\min(x)}{\max(x)-\min(x)}$$

利用整个数据集的最大值和最小值，对每一个数据的值进行重新调节，使得最终的数据向量落在[0,1]的区间内。

这种归一化方法比较适用在数值比较集中的情况，其缺点在于最大值 max 和最小值 min 的不稳定性。当有新数据加入时，可能导致 max 和 min 的变化，易使得归一化结果不稳定，后续使用效果也不稳定。实际使用中可以用经验常量值来替代 max 和 min。该方法适用于不需要考虑协方差计算、距离度量以及数据不符合正太分布的情况。

②标准差标准化

也叫 Z-score 标准化。

$$x^{*}=\frac{x-\text{mean}(x)}{\text{SD}(x)}$$

处理后的数据符合标准正态分布。该标准化方法广泛用于机器学习算法如支持向量机，逻辑回归，卷积神经网络等。在分类、聚类，算法中需要使用距离来度量相似性的时候，或者使用 PCA（协方差分析）技术进行降维的时候，Z-score 标准化表现更好。

③Logistic 标准化

$$x^{*}=\frac{1}{1+\mathrm{e}^{-x}}$$

利用 Logistic 函数的特性，将数据从实数域光滑映射到[0,1]区间，可以使用该函数对特征进行标准化处理。函数图像如图 4-1 所示。

Logistic 标准化方法适用于特征取值分布相对比较集中地分布于 0 两侧的情况，如果特征取值分散且均远离 0，那么标准化后的特征取值会聚集于 0 或 1 附近，造成原始特征的分布及取值间关系被改变。因此在应用 Logistic 标准化方法之前，需要首先分析原始特征取值的分布状况。

下面对三种标准化方法进行举例。光纤布拉格光栅加速度传感器采集的真实伤损钢轨振动数据如图 4-2 所示，可以看到在原始数据中我们获得的加速度集中在区间[40,55]内。经过 Max-Min 标准化后的数据值被集中在区间[0,1]内；经过 Z-score 标准化后的数据集中在 0 附近，均匀分布于 0 的两侧，幅值约为±1；而非常有趣的是，经过 Logistic 标准化后的数据却集分布于数值 1 附近。这是由于原始数据并又有分布于 0 的两侧，原始数据在区间[40,55]内波动导致 Logsitic 函数的输出值在 0.999 999 999 9 附近波动，因此，看上去就像是一条直线了。

在进行数据标准化之前，应首先对原始特征取值的分布状况进行分析，然后选择合适的方法来对其进行标准化，否则会起到刚好相反的效果。

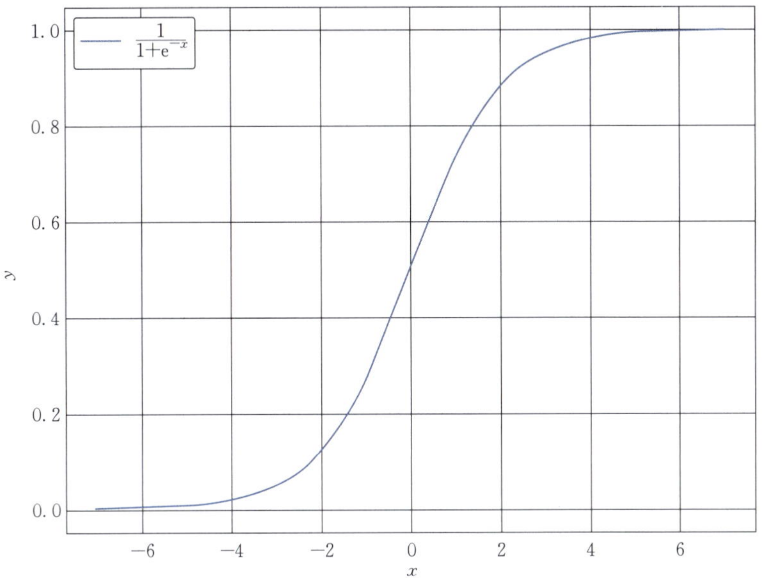

图 4-1　Logistic 函数形状

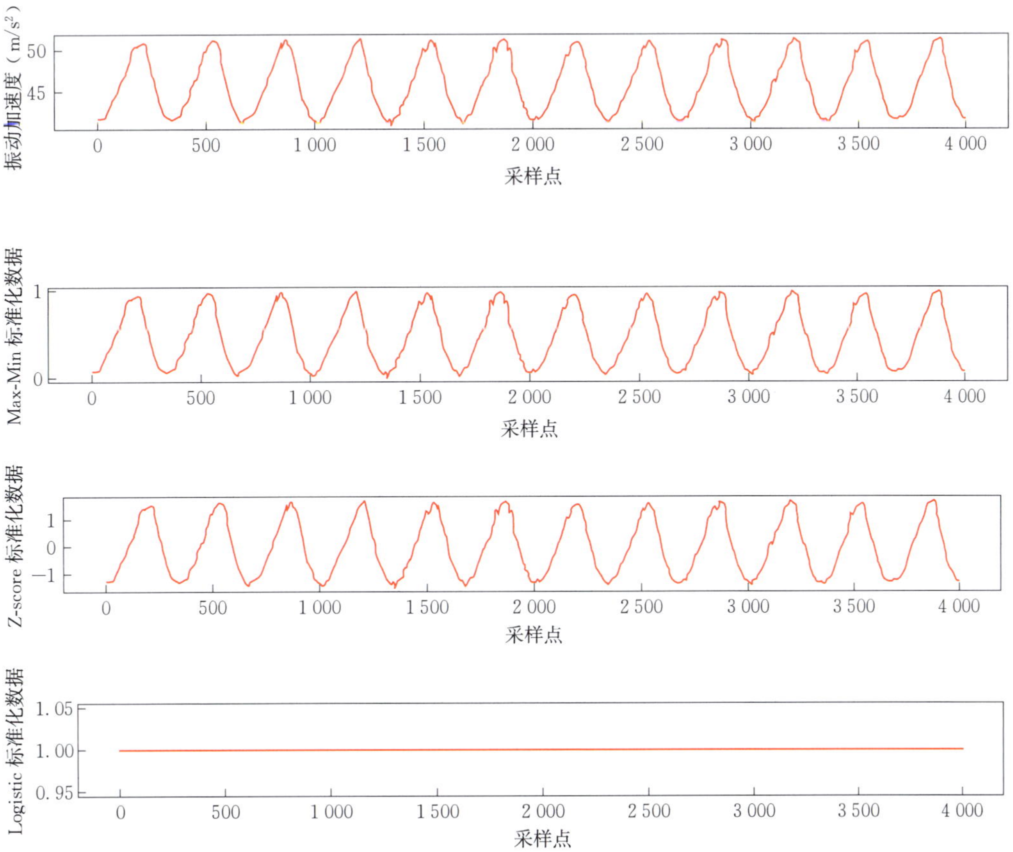

图 4-2　钢轨振动数据图

4.3.2.2 数据正态化

正态数据的分布是一个钟型分布，数据点的分布是中间高两边低的，如图 4-3 所示（其中 x 轴为数据的取值，y 轴为对应取值的频率）。例如一个学校里学生的身高，特别高和特别低的都少，高度居中的人较多。很多统计学的理论，如线性回归、假设检验和参数估计等，很多地方需要数据的分布为正态。而现实中的数据不一定服从正态或者是标准正态，因此需要对数据进行正态化，才可以使用已有的一些模型。有时模型的表现不好，可能跟数据的预处理有很大的关系。

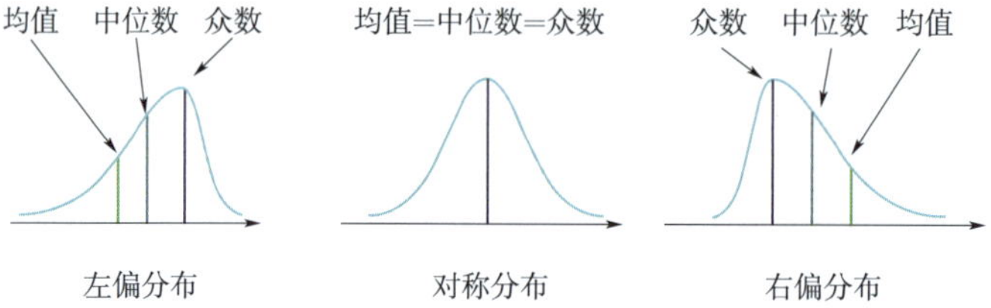

图 4-3　数据的偏态

数据一般有两个指标，样本均值和方差，一个是衡量数据分布的中心位置，另一个是衡量数据分布的离散程度。而正态分布也有两个指标，偏度和峰度，其中偏度和数据分布的对称性有关，峰度与数据分的高矮胖瘦有关。

数据不是标准正态分布，正是因为数据的偏度和峰度与标准正态分布的不同。因此，解决数据正态化的关键，即判定数据的偏度和峰度问题，用对应的方法进行正态化。

（1）偏态数据正态化（偏度）

偏态数据的正态化处理方式一般有指数变换、对数变换、Box-cox 变换等，需要根据数据的不同情况进行选择。

①左偏数据：又称为负偏态，数据的分布存在极端小值，数值较大的数据点比较集中。因此需要一种方法，缩小数值较小的点之间的距离，将数值较大的数据点的距离增大（或者是相对地缩小和放大）。因此，这个时候可以指数变换，或者是其他的凹函数，因为指数变换在数据点的值较大的时候，变化率更大（导数），能把数值较大的数据点的距离增大。指数变换公式为

$$x^*=e^x$$

例如，若数据点取值为 1、2、9、10，虽然数据的原始距离相等，即 $2-1=10-9$，但是变换后距离，数据取值较大的距离增加的更大，即 $e^2-e^1<e^{10}-e^9$。

②右偏数据：又称为正偏态，情况和左偏的恰好相反，有较大的数据点，处理方法也是恰好相反。因此可以考虑对数变换，或者是其他的凸函数，因为对数变换在数据点的值较大的时候，变化率更小（导数），能把数值较大的数据点的距离相对减小。对数变换的公式为

$$x^*=\ln(x)$$

例如，若数据点取值为 1、2、9、10，虽然数据的原始距离相等，即 $2-1=10-9$，但是变换后距离，数据取值较大的距离增加的更小，即 $\ln2-\ln1>\ln10-\ln9$。

使用 Box-cox 变换，它既可以处理左偏的情况，又可以处理右偏的情况。

$$y(\lambda)=\begin{cases}\dfrac{y^\lambda-1}{\lambda},\lambda\neq0\\ \ln y,\lambda=0\end{cases}$$

(2)正态数据标准化(峰度)

经常会听到数据标准化这个概念,即经过标准化后,数据就服从正态分布了,其实这种说法是不严谨的。数据标准化只能将一个正态分布变成标准正态分布,并不能将偏态数据变成正态分布,所以,数据标准化处理的是正态分布数据峰度不等于 3(标准正态分布)和正态数据的均值不为 0 的情况。

对序列 $x_1, x_2, \cdots, x_n$ 进行变换:

$$\overline{x} = \frac{1}{n}\sum_{i=1}^{n} x_i$$

$$y_i = \frac{x_i - \overline{x}}{s}$$

则

$$s = \sqrt{\frac{1}{n-1}\sum_{i=1}^{n}(x_i - \overline{x})^2}$$

变换后的新序列 $y_1, y_2, \cdots, y_n$ 的均值为 0,方差为 1,无量纲。数据标准化的意义主要是,在回归问题中可以使得各变量更具有可比性,同时分析结果更容易满足回归分析的残差假定。

4.4 数据可视化

4.4.1 数据可视化的基本概念

数据可视化(data visualization)旨在通过图形表示清晰有效地表达数据。数据可视化已经在许多应用领域广泛使用,例如编写报告、管理工商企业运转、跟踪任务进展等工作中。利用可视化技术的优点,可以帮助发现原始数据中不易观察到的数据联系。

4.4.2 少量属性的可视化

(1)茎叶图(stem and leaf plot)

茎叶图可以用来观测一维整型或连续数据的分布(开始,我们假定数据是整型的,然后解释如何将茎叶图用于连续数据)。对于最简单的一类茎叶图,将值分组,其中每组包含的值除最后一位数字外相同。每个组成为茎,而组中的最后一位数字成为叶。因此,如果值是两位整数(例如 35、36、42 和 51),则茎是高位数字(例如 3、4 和 5),而叶是低位数字(如 1、2、5 和 6)。通过垂直绘制茎,水平绘制叶,可以提供数据分布的可视表示,如图 4-4 所示。

(2)直方图(histogram)

直方图(图 4-5)通过将可能的值分散到箱中,并显示落入每个箱中的对象数,显示属性值的分布。对于分类属性,每个值在一个箱中。如果值过多,则使用某种方法将值合并。对于连续属性,将值域划分成箱(通常是等宽的,但不必是等宽的),并对每个箱中的值计数。一旦有了每个箱的计数,就可以构造条形图(bar plot),即每个箱用一个条形表示,并且每个条形的面积正比于落在对应区间的值(对象)的个数。如果所有的区间都是等宽的,则所有的条形的宽度相同,并且条形的高度正比于落在对应箱中值的个数。

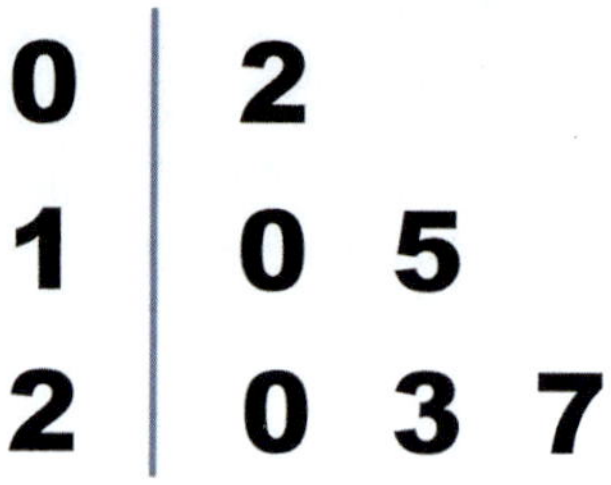

图 4-4　茎叶图

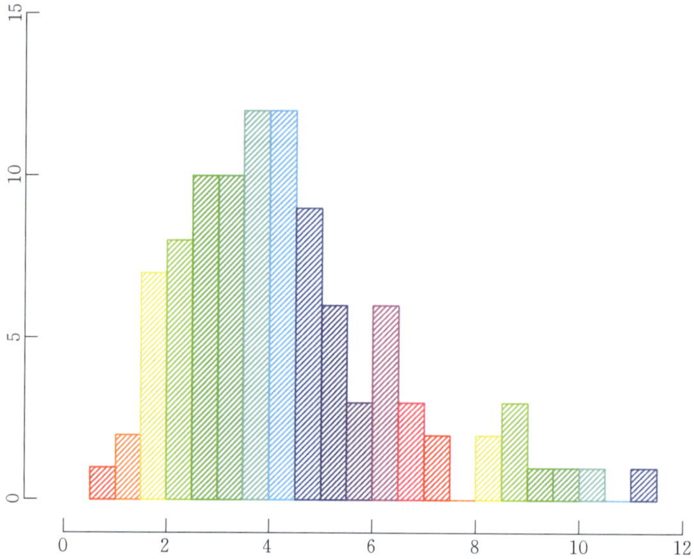

图 4-5　直方图

(3)盒状图

盒状图是一种用于展示数据分布的统计图表,通过呈现最小值、第一四分位数、中位数、第三四分位数和最大值等关键统计值,提供了对数据中心位置、离散程度和异常值的直观了解。盒状图在统计学、数据分析等领域广泛应用,有助于比较不同数据集的特征。

盒状图的主要组成部分包括:箱体(box):由第一四分位数(Q_1)到第三四分位数(Q_3)之间的区域构成,代表了数据的中间 50%的分布情况。箱体的长度即为数据的四分位距($IQR=Q_3-Q_1$)。中位数线(median Line):在箱体中间画一条线,代表数据的中位数。须(whisker):从箱体两端延伸出来的直线,代表数据的最大值和最小值。有时候,须的长度可以根据一定的规则来确定,例如,1.5 倍的四分位距。异常值(outliers):在须之外的个别数据点,被认为是相对较远离其他数据的值。

(4)饼图

饼图类似于直方图,但主要用于展示具有相对较少值的分类属性。它通过圆的相对面积展示不同值的相对频率,与直方图不同,直方图使用条形的面积或高度来表示数据分布。尽管饼图在一般文章中常见,但在技术性出版物中使用较少,因为难以准确确定相对面积的大小。在技术领域,直方图更为常见和可取,因为它能更清晰地呈现数据的分布情况。

(5)曲面图

曲面图(surface plot)是一种数据可视化图表,用于展示三维数据的分布情况。这种图表通过在三维坐标系中绘制数据点,连接它们并形成曲面,以展示数据在三个变量之间的关系,如图 4-6 所示。通常,横轴和纵轴表示两个自变量,而高度则表示因变量的值。曲面图可用于观察数据的整体趋势、峰谷和关联性,特别适用于研究多个因素对某一结果的影响。这种图表在科学、工程和数据分析领域经常被使用,例如在地质学中展示地形,物理学中表示电磁场分布,或在金融领域中用于呈现多个变量的复杂关系。

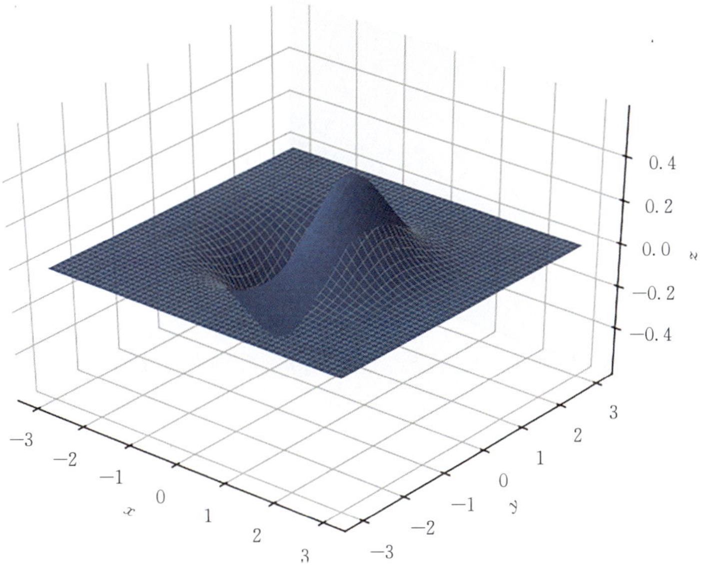

图 4-6　曲面图

4.4.3　高维数据的可视化

平行坐标图(parallel Coordinates Plot)是一种常用于可视化多维数据的图表类型,如图 4-7 所示。它使用垂直于坐标轴的平行线来表示数据的不同维度,通过连接这些线上的点来展示数据的关系和趋势。平行坐标图特别适用于具有多个特征或属性的数据集,因为它允许同时展示多个维度的信息。

(1)平行坐标图特性

①坐标轴:每个数据维度都在图上表示为一个垂直的坐标轴,这些坐标轴平行排列。每个坐标轴代表数据的一个特征或属性。

②数据点:每个数据项在平行坐标图中用一条连接所有坐标轴上对应值的线表示。这些线的交叉点形成数据点。

③连接线:数据点的连接线越平滑,表示数据在各个维度之间的关系越密切。断裂或弯曲的线可能表示该数据点在某个维度上的异常值。

④颜色和标记:可以使用颜色和标记来区分不同的数据集或者突出特定的数据点,有助于更清晰地理解图表中的信息。

⑤交互性:一些平行坐标图可提供交互性,允许用户选择特定的数据集、调整轴的顺序或

缩放范围，以更详细地探索数据。

（2）平行坐标图的优点

①多维度展示：能够同时展示多个维度的信息，使得用户可以更全面地理解数据集的特征。

②发现模式：通过观察连接线的形状和趋势，可以发现数据中的模式、趋势和异常。

③对比数据集：通过将不同数据集的平行坐标图叠加在一起，可以方便地比较它们之间的差异和相似性。

平行坐标图在处理大规模数据时可能会变得很复杂，且阅读和解释需要一定的经验。

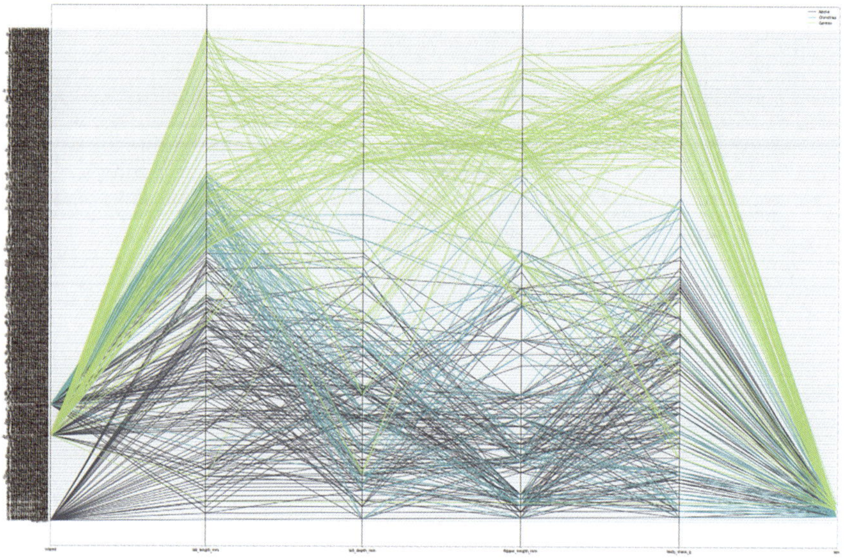

图 4-7　平行坐标图

4.5　模型的评估

机器学习模型评估是确定模型性能和泛化能力的过程。由于模型的泛化性能和它的复杂度是直接挂钩的，所以模型验证的任务就是确定模型的复杂度以避免过拟合的发生。

原则上，模型验证应该使用专门的验证数据集。可是当数据集的容量较小，不足以划分成三个部分时，验证集和测试集就可以合二为一，共同来完成对模型的选择和评价。估计泛化性能时，最重要的依据就是模型在训练数据集上的精度（accuracy）。常见的机器学习模型评估指标和方法包括以下几种。

4.5.1　混淆矩阵

混淆矩阵是监督学习中的一种可视化工具，主要用于模型的分类结果和实例的真实信息的比较。矩阵中的每一行代表实例的预测类别，每一列代表实例的真实类别。真实值是 positive，模型认为是 positive 的数量（true positive＝TP）；真实值是 positive，模型认为是 negative 的数量（false negative＝FN）：这就是统计学上的第一类错误（type Ⅰ error）；真实值是 negative，模型认为是 positive 的数量(false positive＝FP)：这就是统计学上的第二类错误(type Ⅱ error)；

真实值是 negative，模型认为是 negative 的数量(true negative＝TN)。

将这四个指标一起呈现在表格中，就能得到如图 4-8 所示的矩阵，称它为混淆矩阵(confusion matrix)。

		真实值	
		positive（1）	negative（0）
预测值	positive（1）	TP	FP
	negative（0）	FN	TN

图 4-8　混淆矩阵

4.5.2　准确率、精确率、召回率与 F1 指数

准确率是最常用的分类性能指标。accuracy＝(TP＋TN)/(TP＋FN＋FP＋TN)，用来预测正确的数占样本总数的比例，即正确预测的正反例数/总数。

精确率只是针对预测正确的正样本而不是所有预测正确的样本。表现为预测出是正的里面有多少真正是正的，可理解为查准率。precision＝TP/(TP＋FP)，即正确预测的正例数/预测正例总数。

召回率表现出在实际正样本中，分类器能预测出多少。与真正率相等，可理解为查全率，正确预测为正占全部正校本的比例。recall＝TP/(TP＋FN)，即正确预测的正例数/实际正例总数。

F1-score 主要用于评估模型的稳健性 F 值是精确率和召回率的调和值，更接近于两个数较小的那个，所以精确率和召回率接近时，F 值最大。很多推荐系统的评测指标就是用 F 值的。2/F1＝1/precision＋1/recall。

4.5.3　ROC 曲线与 AUC 指标

主要用于评估样本不均衡的情况逻辑回归里面，对于正负例的界定，通常会设一个阈值，大于阈值的为正类，小于阈值为负类。如果我们减小这个阈值，更多的样本会被识别为正类，提高正类的识别率，但同时也会使得更多的负类被错误识别为正类。为了直观表示这一现象，引入 ROC。根据分类结果计算得到 ROC 空间中相应的点，连接这些点就形成 ROC curve，横坐标为 false positive rate(FPR 假正率)，纵坐标为 true positive rate(TPR 真正率)。一般情况下，这个曲线都应该处于(0,0)和(1,1)连线的上方。

AUC(area under curve)被定义为 ROC 曲线下的面积(ROC 的积分)，通常大于 0.5 小于 1。随机挑选一个正样本以及一个负样本，分类器判定正样本的值高于负样本的概率就是 AUC 值。AUC 值(面积)越大的分类器，性能越好，如图 4-9 所示。

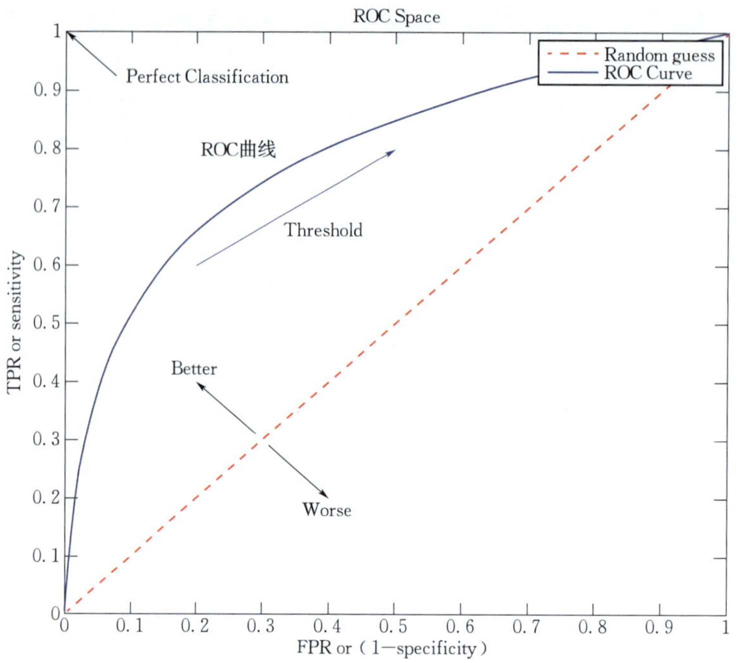

图 4-9 ROC 曲线

4.5.4 PR 曲线

图 4-10 为 PR 曲线，其中纵坐标是精确率 P，横坐标是召回率 R。评价标准和 ROC 一样，先看平滑不平滑。一般来说，在同一测试集，上面的比下面的好。当 P 和 R 的值接近时，F1 值最大，此时画连接(0,0)和(1,1)的线，线和 PRC 重合的地方的 F1 是这条线最大的 F1，此时的 F1 对于 PRC 就好像 AUC 对于 ROC 一样。一个数字比一条线更方便调型。

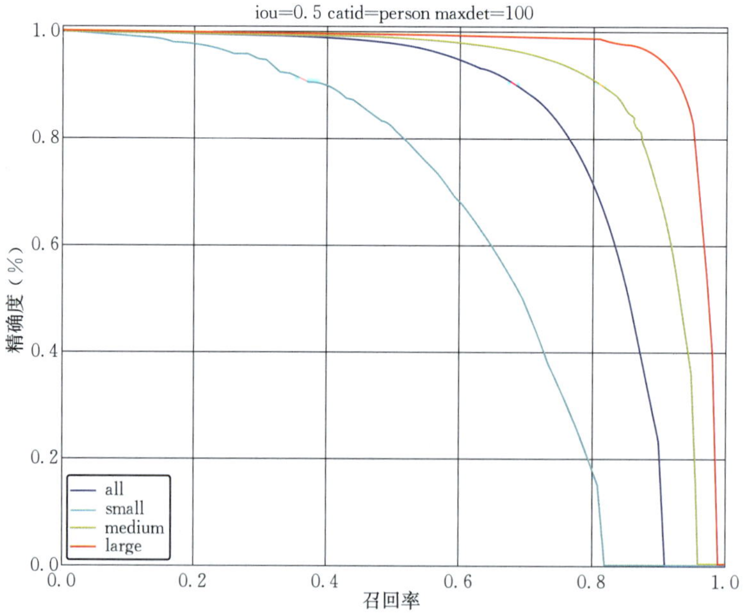

图 4-10 PR 曲线图

4.5.5　IoU 指标

在对图像数据进行的目标检测和语义分割任务中，经常使用 IoU 指标（intersection over union），IoU 用于衡量预测结果与真实值之间的重叠程度，其计算方法与示意如图 4-11 所示，需要计算预测结果和真实区域间重叠部分的面积以及预测结果和真实区域的并集部分的面积。

IoU 的取值范围在 0 到 1 之间，1 表示预测结果与实际标注完全一致，0 表示预测结果与实际标注完全不重叠。

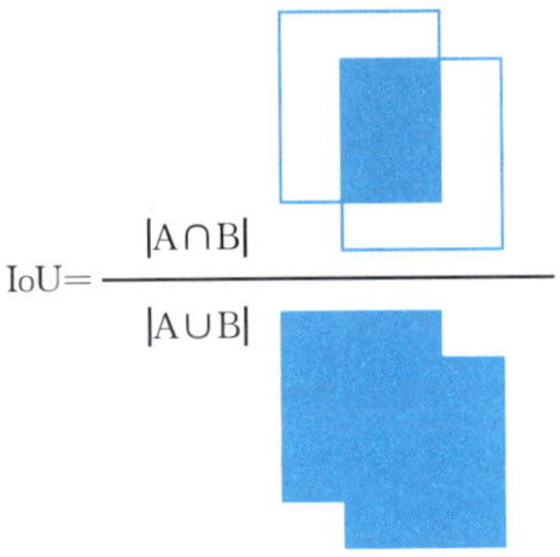

图 4-11　IoU 示意图

第5章 线性回归

5.1 线性回归概述

5.1.1 线性回归的定义

线性回归是一种对变量 y(标量)和表示为 x 的一个或多个解释性(预测器,自变量)变量之间关系建模的方法。仅有一个解释性变量的情况称为简单回归。一个以上自变量的情况就是多元线性回归。

只看定义的话,可能还不是很好理解,为了更好的理解它,可以将它拆开。首先来看什么是回归分析,回归分析这一概念出自于统计学,它是一种用于预测建模的方法,图 5-1 是一个散点图,虽然点的分布比较乱,但可以用一条曲线来大致描述它的变化趋势,然后用这条曲线来预测下一个点将出现哪个位置,当然这不可能十分地精确,曲线上的点和实际点的坐标肯定有差异,而回归分析的目的就是让这个差异最小化。

然后来理解什么是线性,线性意味着描述点变化趋势的线的函数表达式中的因变量和自变量之间的关系必须是线性关系,也就是最终要把线的表达式写成 $Y=aX+b$ 的形式,图像是一条直线,要注意的是,有可能原始数据用曲线拟合更为合适,在这种情况下仍要用线性回归怎么办呢? 如图 5-1 所示,我们通常会用 $Y=aX+b$ 来拟合 Y 和 X 的关系,而不用 $Y=X^c$ 来拟合,但如果用 $Y=X^c$ 来拟合更合适,可是一定要用线性回归怎么办呢? 可以左右取对数,变成 $\ln Y=c\ln X$,意思是将原始数据取对数,使经过取对数处理的数据大致呈线性分布,然后建立它的线性回归模型,经过该模型预测得到的点的坐标,只要去对数,就可以得到真正需要的预测值。

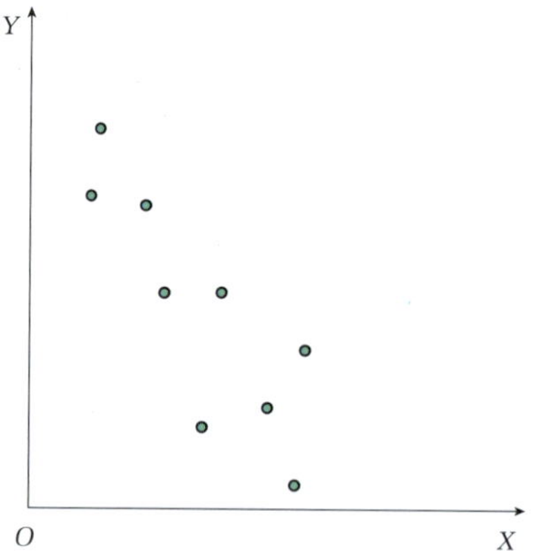

图 5-1 因变量与自变量

通过分析线性回归的定义,可以知道拟合、预测、解释(解释变量之间大致的关系)是线性回归模型的主要功能,事实上它也是目前各行各业应用比较广泛的模型,它简洁易解释,用起来非常地方便,具有很高的实用价值。

5.1.2 线性回归模型

理解了线性回归的定义,我们就能大致想象出线性回归模型的一般表达式,至少可以写出 $Y=\beta X+\varepsilon$。此时我们应该注意,定义中有些可以有一个以上的自变量,即一般模型应该既可表示一元回归,又可表示多元回归,并且建立线性回归模型的对象是一个数据集,它可以是一个样本,也可以是包含所有样本的总体,所以线性回归的一般理论模型应该有两个,注意,基于样本的模型是基于总体数据理论回归模型的近似。

基于总体的线性回归模型:

$$Y=\beta_0+\beta_1X_1+\beta_2X_2+\beta_3X_3+\cdots+\beta_nX_n+\varepsilon \tag{5-1}$$

基于样本的线性回归模型:

$$Y=b_0+b_1X_1+b_2X_2+b_3X_3+\cdots+b_nX_n+e \tag{5-2}$$

式中 β_n,b_n——待估计系数;

ε,e——随机误差项。

待估计参数和随机误差项是线性回归模型中非常重要的两个参数。建立线性回归模型的过程实际上就是确定待估计系数、随机误差项的过程,这两个参数直接关系到线性回归模型对原始数据拟合度的高低。随机误差项 ε 表示的是用线性回归模型预测的值与观测值之间的差异,也称为残差。

随机误差项的性质在线性回归的基本假设中进行了说明:

(1)线性、可加性

假设因变量为 Y,自变量为 X_1,X_2,X_3 则回归的默认假设为 $Y=b+a_1X_1+a_2X_2+a_3X_3+\varepsilon$。如果实际数据与此假设较大程度不相符,则模型无法很好地描述变量之间的关系,可能导致极大的泛化误差,泛化误差是真实情况下模型的误差。机器学习里的模型一般是针对一个问题设计的,这个问题会有一个数据总体,用数据总体之外的真实数据进行模型验证时产生的误差就是泛化误差。

(2)自变量之间相互独立

如果不满足这条假设,称模型具有多重共线性。如果自变量之间有一定的相关性,那么因变量与自变量之间的关系就会变得相对复杂,此时如果还用线性回归进行分析,那么模型值与实际值的差别就会很大,就可能出现置信区间变大,使预测变得无意义。置信区间是指当无法精确估计某一个变量的值时,可以用一个区间来估计,即给因变量的预测值设置一个区间,只要预测的值在这个区间,就认为它是合理的,当区间变大时,预测的成功率自然越高,可是这样的预测也就变得毫无意义。

(3)误差项之间应该相互独立

ε_i 和 ε_j 之间相互独立没有关联,因此它们之间的协方差应满足 $\mathrm{cov}[\varepsilon_i,\varepsilon_j]=0(i\neq j;i=1,\cdots,n)$。若不满足这一假设,称模型具有自相关性,模型值与实际值的差别就会很小,进而会导致置信区间变小,那么在进行系数估计时,OLS(最小二乘法,用于估计待估计系数,将会在第二节阐述)失效,即要用 OLS 估计系数,必须满足此假设,否则只能用其他方法估计系数。

(4)误差项的方差应该是常数

如果满足这一假设,称模型具有同方差性,否则称模型具有异方差性。异方差性通常出现在有异常值的数据集中,它会使 OLS 估计的系数值无效。

(5)误差项应该呈正态分布

如果误差项不呈正态分布,意味着置信区间会变得很不稳定,往往需要重点关注一些异常的点,来得到更好的模型,那么就很难进行线性回归分析,或者根本就不能进行线性回归分析。

待估计系数、误差项的确定都是在这五条假设的基础上进行的。确定待估计系数的方法有 OLS、MLE(最大似然估计)等,无论是 OLS 还是 MLE,都是求估计值的方法,即线性回归模型的参数都是估计值,本书主要介绍 OLS。

5.1.3 逻辑回归模型

逻辑回归模型是广义线性模型(generalized linear model,GLM)的一种,常用于处理二分类问题。它的目标是预测给定自变量下,因变量发生特定事件(例如分类为 1)的概率。逻辑回归通过使用逻辑函数(logistic function,又称 Sigmoid 函数)将线性回归的输出映射到(0,1)区间内,从而得到概率预测值。

基于样本的逻辑回归模型可以表示为

$$P=(Y=1|X=1)=\frac{1}{1+e^{-(b_0+b_1X_1+b_2X_2+\cdots+b_nX_n)}} \tag{5-3}$$

逻辑回归模型是广义线性模型家族中的重要一员,尤其在处理二分类问题时表现出色。其核心目标在于,给定一组自变量,预测因变量发生某一特定事件(如分类为 1)的概率。为实现这一目标,逻辑回归巧妙地引入了逻辑函数,亦称为 Sigmoid 函数,将线性回归的输出值映射至(0,1)区间,从而便捷地转化为概率预测值。

在构建逻辑回归模型时,我们需遵循几项基本假设。首先,假设自变量与事件发生的对数几率之间存在线性关系,这是逻辑回归模型的基础。其次,样本的观测值应相互独立,以确保模型的有效性和准确性。此外,因变量必须是二分类的,这是逻辑回归模型处理的特定问题类型。同时,为避免模型失真,自变量之间不应存在高度相关性,即无多重共线性现象。值得注意的是,与线性回归不同,逻辑回归并不假设误差项服从正态分布,因为它处理的是分类问题而非连续变量。

在参数估计方面,逻辑回归模型通常采用最大似然估计方法。通过构建最大似然函数并使其最大化,我们可以得到模型参数的估计值。这一过程旨在找到一组参数,使得在给定参数下观测到样本数据的概率最大化,从而确保模型与实际数据的契合度。

模型评估是逻辑回归分析中不可或缺的一环。我们常借助混淆矩阵来评估模型的准确性、召回率和精确率等指标,这些指标有助于全面了解模型的性能表现。此外,ROC 曲线及其下的面积(AUC)提供了模型区分两个分类能力的直观度量,是评估模型分类效果的重要工具。似然比检验则用于比较包含与不包含特定自变量的模型,以评估该变量在模型中的重要性。

综上所述,在应用逻辑回归模型时,我们应充分考虑模型的假设条件、参数估计方法和评估指标,以确保模型的可靠性、有效性和实用性。通过严谨的分析和评估,可以更加准确地揭示自变量与因变量之间的关系,为决策和预测提供有力支持。

5.2　OLS 计算

回归分析的目的是让误差项最小化，让建立的模型与观测值拟合的更好。

现要对图 5-2 进行模型拟合，根据前面的知识知道可以用 $Y=aX+b$ 来拟合，可是 a、b 的值该怎么确定才能使模型与观测值拟合的最优呢？这里“最优”可以有不同的理解。可以认为各观测点与模型上的点距离(同横坐标，纵坐标的差值)最小时，模型最优，也可以认为各观测点与模型上的点距离的绝对值之和最小时，模型最优。对最优的不同理解，会使得 a、b 有不同的估值，OLS 计算就是这不同的理解之一。OLS 认为各观测点与模型上的距离的平方和最小时，模型最优，即应满足条件：

$$Q_{\min}=\sum_{i=1}^{n}(y_i-\hat{y}_i)^2_{\min} \tag{5-4}$$

其中，$Q_{\min}$ 为各观测值与模型值偏差的平方和；$y_i-\hat{y}_i$ 为残差。

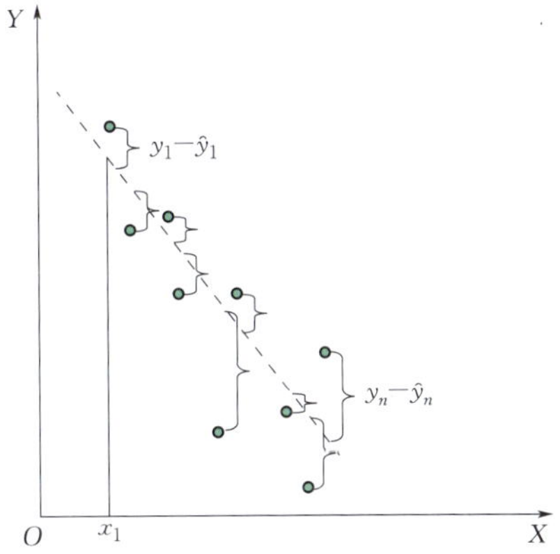

图 5-2　自变量与因变量的拟合

因为 $y_i-\hat{y}_i=y_i-(b_0+b_1x_{1,i}+b_2x_{2,i}+b_3x_{3,i}+\cdots+b_nx_{n,i})=e_i$，所以式(5-4)还可以写作：

$$Q_{\min}=\sum_{i=1}^{n}[y_i-(b_0+b_1x_{1,i}+\cdots+b_nx_{n,i})]^2_{\min} \tag{5-5}$$

$$Q_{\min}=\sum_{i=1}^{n}(e_i^2)_{\min} \tag{5-6}$$

对于一个给定的简单随机样本，使 Q 达到最小值时的 $b_0,b_1,\cdots,b_n$ 即为 $\beta_0,\beta_1,\cdots,\beta_n$ 的估计值。

接下来需要思考的问题是如何根据上述公式计算 $b_0,b_1,\cdots,b_n$。只需要分别对式(5-5)中的 $b_0,b_1,\cdots,b_n$ 求偏导，令每一个偏导等于 0，求解方程组即可。过程如下：

对 b_0 求偏导并令其等于 0：

$$\frac{\partial Q}{\partial b_0}=-2\sum_{i=1}^{n}[y_i-(b_0+b_1x_{1,i}+\cdots+b_nx_{n,i})]=0 \tag{5-7}$$

对 b_j 求偏导并令其等于 $0(j=1,\cdots,n)$：

$$\frac{\partial Q}{\partial b_j}=-2\sum_{i=1}^{n}x_{j,i}[y_i-(b_0+b_1x_{1,i}+\cdots+b_jx_{n,i})]=0 \tag{5-8}$$

注意每个点都有一个坐标，如果它有 1 个因变量和 n 个自变量，那么它的坐标应该表示为 $(x_{1,i},x_{2,i},\cdots,x_{n,i},y_i)$，$x_{n,i}$ 表示第 i 个点的第 n 个变量的值。$x_{2,5}$ 和 $x_{2,6}$ 表示的是同一个变量——第二个变量。

如果是一元线性回归分析，则有

$$\frac{\partial Q}{\partial b_0}=-2\sum_{i=1}^{n}[y_i-(b_0+b_1x_{1,i})]=0 \tag{5-9}$$

$$\frac{\partial Q}{\partial b_1}=-2\sum_{i=1}^{n}x_{1,i}[y_i-(b_0+b_1x_{1,i})]=0 \tag{5-10}$$

联立式(5-9)和式(5-10)解得：

$$b_1=\frac{\sum_{i=1}^{n}(x_{1,i}-\overline{x}_{1,i})(y_i-\overline{y}_i)}{\sum_{i=1}^{n}(x_{1,i}-\overline{x}_{1,i})^2} \tag{5-11}$$

$$b_0=\overline{y}_i-b_1\overline{x}_{1,i} \tag{5-12}$$

由式(5-11)、式(5-12)计算得到的 b_1、b_0 即为一元线性回归模型中 β_1、β_0 的估计值。

以上是一元线性回归模型的解析解，而通常情况下，做数据分析都是用计算机进行的，基本不可能使用解析法进行手工计算，但是解析过程是原理，必须掌握。使用计算机计算的话就需要对数据进行矩阵化，以下是一元线性回归模型的矩阵形式求解过程。

令 $Y=\begin{pmatrix}y_1\\ \vdots\\ y_n\end{pmatrix}$，$X=\begin{pmatrix}1 & x_{1,1}\\ \vdots & \vdots\\ 1 & x_{1,n}\end{pmatrix}$，$B=\begin{pmatrix}b_0\\ b_1\end{pmatrix}$，则式(5-4)可以写为

$$Q=(Y-XB)^{\mathrm{T}}(Y-XB) \tag{5-13}$$

式(5-9)与(5-10)中的偏导部分可以合写为

$$\frac{\partial Q}{\partial B}=2X^{\mathrm{T}}(XB-Y) \tag{5-14}$$

令式(5-13)等于 0，则有

$$2X^{\mathrm{T}}(XB-Y)=0$$

$$X^{\mathrm{T}}XB=X^{\mathrm{T}}Y$$

$$(X^{\mathrm{T}}X)^{-1}X^{\mathrm{T}}XB=(X^{\mathrm{T}}X)^{-1}X^{\mathrm{T}}Y$$

$$B=(X^{\mathrm{T}}X)^{-1}X^{\mathrm{T}}Y \tag{5-15}$$

式(5-15)即为一元线性回归方程的矩阵形式的解。

如果是多元线性回归分析，一般使用矩阵形式计算。与一元线性回归模型的求解大致相同，只需要对矩阵 X 进行扩充(因为多元线性回归的自变量个数大于 1，所以要对 X 进行扩充)，扩充为

$$X=\begin{pmatrix}1 & X_{1,1} & \cdots & X_{n,1}\\ \vdots & \vdots & \ddots & \vdots\\ 1 & X_{1,n} & \cdots & X_{n,n}\end{pmatrix}$$

然后执行相同的计算步骤直至得出式(5-15)。如果所给的数据比较理想，那么可直接用式(5-15)进行计算，但是由于多元线性回归的数据通常比较混乱，所以在矩阵求解的过程中，极易出现 $X^{\mathrm{T}}X$ 不可逆的情况，即 $(X^{\mathrm{T}}X)^{-1}$ 不存在。出现这种情况该怎么办呢？这时候可以采用正则化的方

法，使得 X^TX 满秩，即 X^TX 可逆，然后再进行计算。使用正则化方法后的式(5-15)应该写成：

$$B=(X^TX+\lambda I)^{-1}X^TY \tag{5-16}$$

其中，$\lambda>0$，正则项系数；I 为 $n+1$ 维单位矩阵。

λ 的选择通常依靠经验，即不断地调整 λ 的值，验证误差，直到找出误差最小的 λ 值。当然也存在一些正则项系数估计的理论可供参考，但也仅供参考。

到此，OLS 计算就介绍完了，需要注意的是以上计算是建立在满足线性回归的基本假设的基础上的，前文有说到参数估计的方法除了 OLS 还有 MLE(极大似然估计)，所以强调一下 MLE 和 OLS 的区别，以便读者合理选择参数估计的方法。区别如下：

(1)在误差服从正态分布的附加假设下，OLS 与极大似然估计完全相同；

(2)一般情况下，当误差项不是正态分布时，MLE 是首选的估计方法；

(3)在理想条件下进行回归时，OLS 是首选方法。

5.3 回归结果评定

现在模型建立起来了，可是要如何判断所建模型的优劣呢。判断模型的优劣实际上就是判断模型与数据的拟合到底好不好，而好与不好是相对的，即是要通过模型之间的比较来判断的，那么既然是比较，就需要一个比较的度量，根据度量的不同可以把模型的评价方法分为很多种，比如：

—均方误差法(MSE)、均方根误差法(RMSE)；

—确定系数(R^2)、调整确定系数(调整 R^2)；

—广义 F 检验。

本节主要介绍第一、二项中的方法。

首先看什么是模型误差，模型误差是指 Y 中未被 X 解释的异常部分，其实这句话和线性回归模型中随机误差项的定义是一个意思，就是实际数据与模型拟合出来的数据的差值。

在学习均方误差法之前，先了解残差平方和(SSE)，计算公式如下：

$$\sum_{i=1}^{n}(y_i-\hat{y}_i)^2=\sum_{i=1}^{n}e_i^2 \tag{5-17}$$

可见式(5-17)与最小二乘法中的目标函数式(5-4)一致，计算出的值越小，与散点图拟合的更好。可是评判一个模型的优劣，一般不用残差平方和，而用均方误差，均方误差的计算公式如下：

$$\text{MSE}=\frac{\sum_{i=1}^{n}(y_i-\hat{y}_i)^2}{N-P}=\frac{\sum_{i=1}^{n}e_i^2}{N-P} \tag{5-18}$$

其中，N 为观测值的数量(如果是矩阵形式 $Y=X\beta$，N 表示矩阵 X 的行数)；P 为模型参数的数量(即待定系数 β 的数量，如果是矩阵形式 $Y=X\beta$，P 表示矩阵 X 的列数)；$N-P$ 为自由度。

通过以上两式的比较，可以知道 MSE 比 SSE 用作模型拟合评判的方法更好的原因是：

(1)均方差提供了对回归线周围数据不确定性的度量。由于进行比较的模型具有相同的数据点的数量，所以 MSE 是比较模型的一个合适度量。

(2)MSE 在加入额外的解释变量后会变小，这对于较大的模型是更有利的。

均方根误差的计算公式为

$$\mathrm{RMSE}=\sqrt{\frac{\sum_{i=1}^{n}e_i^2}{N-P}} \tag{5-19}$$

确定系数法的测度用 R^2 来表示，计算公式如下：

$$R^2=1-\frac{\mathrm{SSE}}{\mathrm{SSTO}} \tag{5-20}$$

$$\mathrm{SSTO}=\sum_{i=1}^{n}(y_i-\overline{y})^2 \tag{5-21}$$

其中：SSTO 为总平方和；$\overline{y}$为观测数据的平均值。

R^2 的计算公式可表示为

$$R^2=1-\frac{\sum_{i=1}^{n}(y_i-\hat{y}_i)^2}{\sum_{i=1}^{n}(y_i-\overline{y})^2} \tag{5-22}$$

R^2 是衡量回归线逼近真实数据点的统计量，当 $R^2=1.0$ 时，回归线与数据点完美拟合。观察 R^2 的计算公式，R^2 有没有可能是负数呢？理论上有可能，现实不存在，R^2 最低值是 0。

调整确定系数法的测度用 R_{adj}^2 表示，计算公式为

$$R_{\mathrm{adj}}^2=1-\frac{\frac{\mathrm{SSE}}{N-P}}{\frac{\mathrm{SSTO}}{N-1}}=1-\frac{N-1}{N-P}\frac{\mathrm{SSE}}{\mathrm{SSTO}} \tag{5-23}$$

可见调整确定系数法是通过样本容量减 1 除以其自由度来调整常规的 R^2 测度，R_{adj}^2 比 R^2 更稳定。

5.4 线性回归案例实践

图 5-3 是 csv 格式的数据，令 tuition 为 y，其余为 $x_1,x_2,x_3,x_4,x_5,x_6,x_7,x_8,x_9,x_{10}$，分别对 y 与 x_1、……、y 与 x_{10} 做线性回归分析。其中 NA 为数据缺失，所以在做线性回归分析之前先要对数据进行预处理，去除含有 NA 的行。

在数据分析与统计建模中，线性回归是一种常用的预测技术，用于探索因变量与一个或多个自变量之间的线性关系。然而，在实际应用中，不是所有的自变量都与因变量有显著关系，将这些无关变量包含在模型中可能会导致模型的复杂性增加，降低预测精度，并可能引入不必要的噪声。

本次案例的处理旨在通过逐步回归的方法从多个潜在的自变量中筛选出与因变量有显著线性关系的变量，以构建一个更为精简和有效的线性回归模型。逐步回归是一种迭代优化算法，旨在通过不断添加或删除自变量，寻找最佳的模型结构。这种方法的核心思想是在保证模型预测能力的同时，控制模型的复杂度，从而避免过拟合现象的发生。

在逐步回归的实现过程中，首先需要对原始数据进行加载和预处理，确保数据的完整性和准确性。随后，定义一个函数来执行逐步回归的过程，该函数接受一个阈值参数作为自变量显著性水平的判断依据。在逐步回归的每一次迭代中，代码会遍历所有的自变量，并利用普通最

tuition	pcttop25	sf_ratio	fac_comp	accrate	graduat	pct_phd	fulltime	alumni	num_enrl	public/private
3400	NA	14.3	42300	0.682	40	53	92.85	NA	984	0
5600	27	32.8	NA	0.928	55	52	70.28	NA	179	1
4440	78	18.9	47700	0.66	51	72	87.81	8	570	0
3000	NA	18.7	NA	0.705	15	48	90.91	NA	1278	0
6300	57	16.7	54600	0.9	69	85	90.46	18	3070	0
2600	6	16.5	NA	1	36	64	47.02	NA	644	0
4104	46	25.3	54800	0.735	50	94	63.21	3	1686	0
11660	88	14	52300	0.73	72	74	86.92	34	287	1
2970	40	19.4	50300	0.646	76	62	78.49	5	625	0
8080	47	11.4	36600	0.855	44	63	81.02	9	127	1
2610	NA	20.1	49300	0.868	33	66	77.77	6	887	0
5780	30	17.9	NA	0.728	43	70	89.18	27	137	1
1740	NA	18.8	36300	0.794	36	58	92.5	4	444	0
9550	24	14.1	34200	0.981	58	64	58.35	18	222	1
4000	NA	16.7	NA	0.622	15	35	85.85	2	242	1
6550	NA	15.1	55400	NA	NA	58	26.92	13	1725	0

图 5-3　线性回归数据集

小二乘法(OLS)来拟合线性回归模型。OLS 方法通过最小化残差平方和来估计模型的系数，具有直观性和数学上的优良性质。通过 OLS 方法，我们可以得到每个自变量的系数估计值以及对应的 P 值。P 值是假设检验中常用的统计量，用于检验自变量与因变量之间线性关系的显著性。如果 P 值小于预定的显著性水平(如 0.05)，则拒绝原假设，认为该自变量与因变量之间存在显著的线性关系。在逐步回归中，P 值扮演着关键的角色，它帮助我们判断哪些自变量应该被保留在模型中，哪些应该被剔除。

然而需要注意的是，逐步回归的实现过程并非简单的单次迭代。逐步回归应该是一个循环迭代的过程，每次迭代中都需要检查所有剩余自变量的 P 值，并根据阈值条件删除最不显著的变量。然后，重新拟合模型，并继续迭代，直到所有剩余自变量的 P 值都满足显著性要求。这个过程确保了每一步都朝着优化模型的方向进行，最终得到一个精简且有效的线性回归模型。

逐步回归完成后，代码会输出最终线性回归模型的结果摘要。这个结果摘要包含了模型的统计量、系数估计值、置信区间以及 P 值等信息。这些信息为我们提供了评估模型拟合优度、变量显著性以及预测能力的依据。

另外，逐步回归方法虽然强大，但也可能受到多重共线性、异方差性等问题的影响。多重共线性会导致模型估计的不稳定性和系数的解释性降低，而异方差性则可能违反 OLS 方法的基本假设，导致系数估计的偏差。因此，在应用逐步回归方法时，我们需要谨慎解释模型结果，并结合实际情况进行进一步的分析和验证。

此外，通过散点图和拟合直线的展示，我们可以直观地观察自变量和因变量之间的关系，进一步加深对模型拟合效果的理解。

综上所述，通过逐步回归方法实现自变量筛选和线性回归模型的构建。逐步回归的原理和方法为我们提供了一种有效的工具，帮助我们更好地理解数据之间的关系，并为数据分析和统计建模提供有力的支持。在实际应用中，我们可以根据具体问题的需求，灵活运用逐步回归方法来解决实际问题。

虽然实现了线性回归系数的计算和图形的绘制，但在实际应用中可能还需要考虑其他因素，如异常值的处理、模型的假设检验以及回归诊断等。此外，为了提高代码的效率和可读性，可以考虑使用更高级的数据处理库和绘图工具来简化代码结构并实现更多功能。

最终生成拟合图如图 5-4 所示。

打印的 w 与 b 值如图 5-4 所示，$w=186.02$，$b=6\ 122.94$，即用来拟合的直线也就是图 5-4 中的红色直线的函数表达式为 $y=186.02x_8+6\ 122.94$。QQ 图打印的结果如图 5-5 所示。

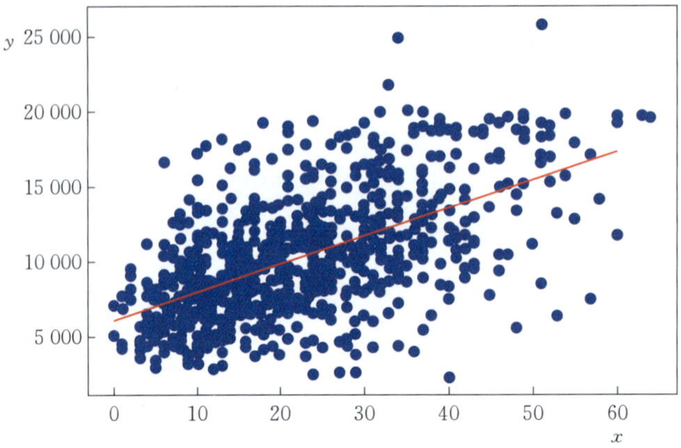

图 5-4　线性回归拟合图

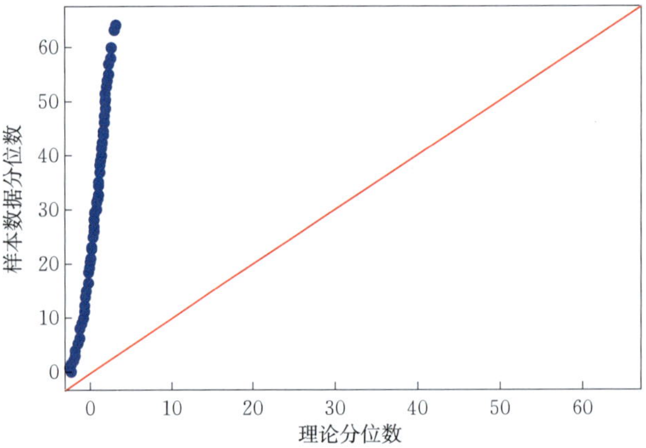

图 5-5　QQ 图

判断打印结果是否符合正态分布可参照图 5-6，如果散点的分布如图 5-6(a)所示，则该列数据基本服从正态分布，如果散点图如图 5-6(b)所示，则该列数据近似服从正态分布。显然图 5-5 并不服从正态分布，也不近似。

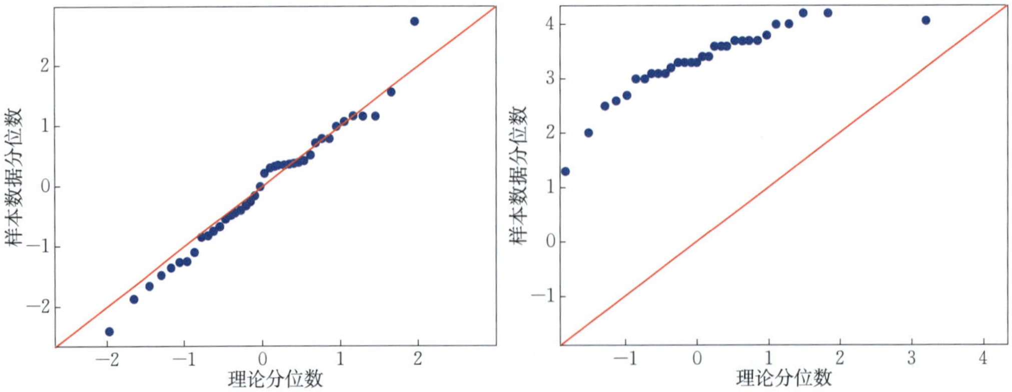

（a）参照图1　　（b）参照图2

图 5-6　正态分布 QQ 图与非正态分布 QQ 图

第 6 章　数据分类与聚类

前文介绍了数据挖掘的基础和线性回归，本章将介绍有关数据分类和聚类的内容。第一节将介绍有关分类和聚类的概念，第二节将介绍一种简单的分类算法——最邻近分类算法(KNN)，第三、第四节将介绍分类算法中常用的决策树和随机森林算法，第五节将介绍 k 均值算法，第六节将介绍 H-clustering 算法。

6.1　分类与聚类的概念

6.1.1　分类的基本概念

分类任务就是通过学习得到一个目标函数 f，把每个属性集 x 映射到一个预先定义的类标号 y 中。分类的过程是找出描述和区分数据类或概念的模型或函数，以便能够使用模型预测一批未知类标号样本的类标号。

具体的，给定数据集 $D=\{x_1,x_2,\cdots,x_n\}$，其中 x_i 为元组，是数据集 D 的真子集。给定类标签的集合 $C=\{y_1,y_2,y_3,\cdots,y_m\}$，分类的过程定义如下：

寻找一个映射 f，若其满足：

对于 $\forall x_1 \in D$，$\exists y_1=\{x_1 \mid f(x_i)=y_i, 1\leqslant i\leqslant n, 1\leqslant j\leqslant m, x_i\in D, y_j\in C\}$，则 f 是满足分类要求的目标函数。

分类是数据分析中的重要方法，其可以应用在诸如邮件过滤，人脸识别等问题上。一些常见的分类算法有：k 最邻近算法(KNN)、决策树算法、随机森林、支持向量机、朴素贝叶斯等。可以看出的是，分类要求明确各个类标签 y 的信息，并确定对于每一个需要被分类的数据集，类标签集合中有且仅有一个与之对应的类标签。在一些情况下，以上条件难以得到满足。当无法通过预处理使数据满足分类要求，或代价过大时，则可以考虑聚类算法。

6.1.2　聚类的基本概念

聚类分析(cluster analysis)简称聚类(clustering)，是一个把数据对象(或观测)划分成子集的过程。每个子集是一个簇(cluster)，使得簇中的对象彼此相似，但与其他簇中的对象不相似。由聚类分析产生的簇的集合称作一个聚类。在这种语境下，在相同的数据集上，不同的聚类方法可能产生不同的聚类。划分不是通过人，而是通过聚类算法进行。聚类的有用之处在于它可能发现数据内事先未知的群组模式。

聚类分析已经广泛地用于许多应用领域，包括商务智能、图像模式识别、Web 搜索、生物学和安全。在商务智能应用中，聚类可以用来把大量客户分组，其中组内的客户具有非常类似的特征。这有利于开发加强客户关系管理的商务策略。此外，考虑具有大量项目的咨询公司。为了改善项目管理，可以基于相似性把项目划分成类别，使得项目审计和诊断(改善项目提交和结果)可以更有效地实施。

作为统计学的一个分支,聚类分析已经被广泛地研究了许多年,主要集中在基于距离的聚类分析。基于 k-均值(k-means)、k-中心点(k-medoids)和其他一些方法的聚类分析工具已经被加入到许多统计分析软件包或系统中,例如 S-Plus、SPSS 以及 SAS。在机器学习领域,分类称作监督学习,因为给定了类标号信息,即学习算法是监督的,因为它被告知每个训练元组的类隶属关系。聚类被称作无监督学习(unsupervised learning),因为没有提供类标号信息。由于这种原因,聚类是通过观察学习,而不是通过示例学习。在数据挖掘领域,研究工作一直集中在为大型数据库的有效聚类分析寻找合适的方法上。活跃的研究主题包括聚类方法的可伸缩性,对复杂形状(如非凸形)和各种数据类型(例如,文本、图形和图像)聚类的有效性,高维聚类技术(例如,对具有数千特征的对象聚类),以及针对大型数据库中数值和标称混合数据的聚类方法。

6.2 K 最近邻算法(KNN)

6.2.1 KNN 算法的基本概念

KNN(k-Nearest Neighbor)最近邻分类算法是一种基本分类与回归方法。是数据挖掘技术中原理最简单的算法之一,其核心功能是解决有监督的分类问题。最近邻法采用向量空间模型来分类,认为相同类别的案例,彼此的相似度高,而可以借由计算与已知类别案例之相似度,来评估未知类别案例可能的分类。

KNN 算法的工作原理:以判断未知样本的类别为目标,以所有已知类别的样本为参照,计算未知样本与所有已知样本的距离,选取 k 个与未知样本距离最近的已知样本,最后根据少数服从多数的原则,将未知样本与 k 个最邻近样本中所属类别较多的已知样本归为一类。需要注意的是,尽管 KNN 能够快速高效地解决建立在特殊数据集上的预测分类问题,但其不产生模型,因此算法并不具备强可推广性。

6.2.2 KNN 算法的基本原理

在 KNN 分类算法中,其输出是一个分类集合。待分类集合中的一个样本的分类是由其“邻居”(即相邻样本)的“多数表决”确定的,k 个最近邻居中最常见的分类决定了赋予该对象的类别。若 $k=1$,则该对象的类别直接由最近的一个节点赋予。

具体地,算法可以进一步描述为:

给定训练数据集 $D=\{(x_1,y_1),(x_2,y_2),\cdots,(x_n,y_n)\}$,其中 $x_i,0<i\leqslant n$ 是样本的特征向量,$y_i,0<i\leqslant n$ 是对应样本的类别标签。对于一个未知标签的输入实例,已知其特征向量为 X,根据 k 个相邻样本的“多数表决”,得到该实例的类别标签 Y。详细的过程请参考图 6-1。

相邻样本的“多数表决”过程如下:根据给定的距离度量,确定在训练数据集中距离实例特征向量 X 最邻近的 k 个样本,涵盖这 k 个样本点的 X 邻域记作 $N_k(x)$。根据样本的类别标签,依照多数决策规则,确定实例的类别标签,即 Y 为该领域中出现频率最高的类标签。具体可参考图 6-1,其中红色方形代表待分类的实例,实线圆和虚线圆分别表示 $k=3$ 和 $k=7$ 的 X 邻域。当 $k=3$ 时,Y 为黄色圆形代表的类标签,因为在实线圆形所表示的邻域中黄色圆形出现的频率高。当 $k=7$ 时，Y 为蓝色三角形所代表的类标签，因为虚线圆形所表示的邻域中蓝色三角形出现的频率高。图 6-2 为 k 邻近算法案例。

```
Algorithm 1: KNN 算法
Data: 训练数据集 X = {(x1, y1), (x2, y2), (x3, y3), ..., (xj, yj)}，输入实
      例特征 X，邻近数 k
Result: 实例类别标签 Y
给定如下:D(X, n) 计算 n 维下欧式距离；Order(X, D) 对 D 进行从小
  到大排序，并基于此对 X 进行排序；L(x) 返回 x 的长度;;
MaxY ← 0;
for i ← 1 to ← j do
| D ←D(xi, L(xi))
end
OrderData ← Order(X, D);
for i ← 1 to ← k do
| Ndk(i) ← OrderData(i)
end
for i ← 1 to ← k do
| for j ← 1 to ← k do
| | if y(i) = y(j) then
| | | Num(i) ← Num(i) + 1
| | end
| end
end
Y ← y(Max(Num));
return Y
```

图 6-1　KNN 算法伪代码

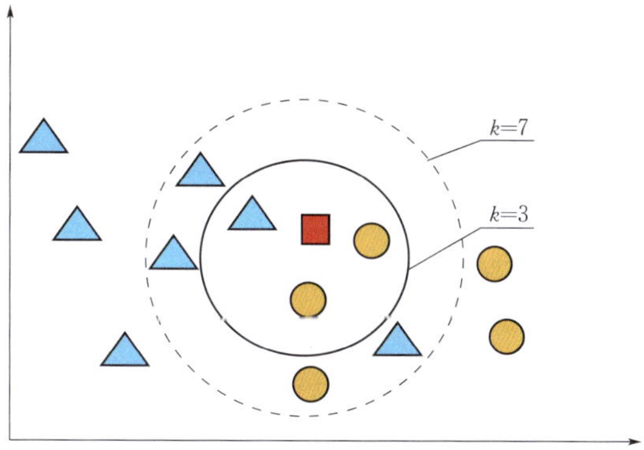

图 6-2　K 邻近算法案例

距离度量是确定 X 邻域的判断标准，其反映了特征空间中两个实例点的距离的相似程度。常见的距离度量有欧几里得距离、曼哈顿距离、闵可夫斯基距离、切比雪夫距离等。常用的距离度量为欧式距离，其在 n 维空间的计算公式如下：

$$d(X,Y)=\sqrt{\sum_{i=1}^{n}(x_i-y_i)^2} \tag{6-1}$$

对于文本类离散变量，可采用重叠度量（或海明距离）来进行度量，其表示将一个字符串变换成另外一个字符串所需要替换的字符个数。本章对此不做赘述。

6.3 决策树算法

6.3.1 决策树概念

决策树(decision tree)是一种用于分类和回归的非参数监督学习方法。其目标是创建一个模型,通过探索一系列带有特征和标签的数据,学习其中的简单决策规则,并使用树状结构来呈现这些规则,从而预测目标变量的值,解决分类和回归问题。

决策树算法的本质是一种图结构,通过一系列问询就可以实现对数据的分类。决策树是一种类似流程图的树结构,其中:根节点表示决策树的起始点,包含整个数据集;内部节点表示根据某个属性的测试条件进行分裂的节点;分支表示该测试的一个输出。

以下是一个简单的例子,对于一个给定的数据集(表 6-1),包含一系列已知出行条件以及所选出行方式的数据,若要将出行方式划分为步行、骑车、的士、地铁四类,则图 6-3 是一种可能的决策树图。

表 6-1 决策树案例

距离	时间	天气	交通状况	出行方式
≤1 km	≤15 min	晴	拥挤	步行
≤1 km	≤10 min	晴	畅通	骑行
≥1 km	≤15 min	雨	畅通	的士
≥1 km	≤15 min	雨	拥挤	地铁

决策树通过分裂将数据集从根节点分阶段地划分到多个不同的叶节点中。对于一个未知类标签的实例,根据不同内部节点的属性测试,通过分支连接到下一节点。跟踪一条由根节点到叶节点的路径,就能得到该实例的类标签以及分类逻辑,实现数据的分类。

由于决策树的构建不需要任何领域知识和参数设置,并且其对高维数据的处理是可行且直观的,容易被人理解,因此决策树分类器是数据分类领域流行的算法之一。

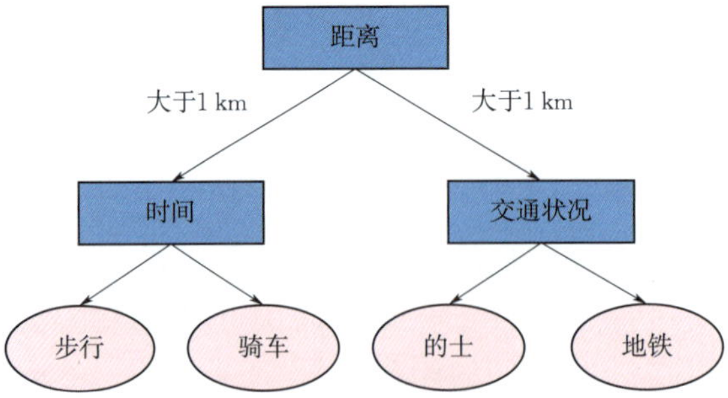

图 6-3 决策树示例

6.3.2 决策树算法原理

决策树的概念并不复杂,人们更关心的是决策树如何进行属性测试,如何进行最优分裂且如何判断是否停止分裂,防止过拟合现象。这取决于以下两个方面,一是属性选择度量,或者称为最优特征选取，即如何把已知类标签的训练数据 D 最优地划分成单独类的方法。从理想情况出发，最佳的分类应当是落在同一个分区的元组都属于相同的类，可采用的方法有信息增益、增益率和基尼指数等；二是树剪枝，其用于处理由于数据中的噪声和离群点导致的分支反映的数据异常。

6.3.2.1　信息增益

信息增益是决策树算法中用于选择特征的重要概念，特别是在 ID3 和一些其他变种算法中。信息增益基于熵的概念，它是衡量数据不确定性的一种方式。通过使用信息增益，算法试图选择能够最有效地减少数据集不确定性的特征。

在决策树构建过程中，信息增益用于评估每个特征对于目标变量的分类能力。假设根据某个特征 A 分割数据集 D，将其分为若干个子集。若分割后每个子集的熵小于原始数据集的熵，则可以计算信息增益，即这种分割减少了多少不确定性。

要理解信息增益，首先要了解熵的概念。熵是度量数据集中随机变量不确定性的指标。在信息论中，熵可由以下公式计算：

$$H=-\sum_{i=1}^{N}p(x_i)\log_2 p(x_i) \tag{6-2}$$

其中对数的底数可以看作是编码信息的进制数，采用以 2 为底的对数是因为信息采用的二进制编码，而相应的 H 则为编译信息所需要的最少的进制位个数。对于数据集 D 来说，H 表示对 D 中的元组进行分类所需要的期望信息，H 越小，表示分区的纯度越高。

现假设 A 属性根据训练数据训练，具有 v 个不同的离散值 $\{a_1,a_2,\cdots,a_v\}$，则数据集 D 经过属性 A 的测试分割后，将被划分为 v 个子分区或子集 $\{D_1,D_2,\cdots,D_v\}$。理想情况下子集 $D_i(D_J\in D)$ 应当为单一类别的集合，但实际情况大多不是，对 D_j 中的元组进行准确分类所需要的期望信息为

$$H'=\sum_{j=1}^{v}\frac{|D_j|}{|D|}\times H_j=\sum_{i=1}^{M}\frac{|D_j|}{|D|}\times\left[-\sum_{j=1}^{M}p(x_j)\log_2 p(x_j)\right] \tag{6-3}$$

其中，$\frac{|D_j|}{|D|}$ 项表示第 j 个分区的权重；H_j 表示按照属性 A 划分 D_j 所需要的期望信息。则期望信息可定义为原信息需求 H，与分类后的信息需求 H' 之间的差值，即

$$G=H-H' \tag{6-4}$$

G 的值代表了通过属性 A 划分导致信息需求期望减少的值。在构建决策树的每一步中，算法会计算每个未使用过的特征的信息增益，选择具有最高信息增益的特征进行分割。选择信息增益最高的特征作为节点，意味着这个特征在当前条件下对输出结果的预测提供了最多的信息，即最大程度减少了不确定性，提高了分区的纯度。

6.3.2.2　增益率

增益率对信息增益做了进一步的优化，以解决信息增益倾向于选择取值较多的特征的问题。即对于具有较多唯一值的特征，如 ID 号等，这种特征可能会被错误地优先选择，因为它们可以完美地分类训练样本，但这种分类对新的、未见过的数据不具有泛化能力。增益率通过引入一个“分裂信息”的概念，其定义如下：

$$\mathrm{SI}=-\sum_{j=1}^{v}\frac{|D_j|}{|D|}\times\log_2\left(\frac{|D_j|}{|D|}\right) \tag{6-5}$$

该值代表通过属性 A 测试的训练数据集 D 后划分成 v 个分区产生的信息，分裂信息量度的是根据某特征分割数据时，子集分布的均匀程度。分裂信息越大，说明结果子集的大小差异越大。这个概念考量了分割所产生的子集的大小和数量，从而对有着大量值的属性给予较小的权重。

增益率定义为信息增益与分裂信息的比值，其定义为

$$G'=\frac{G}{\mathrm{SI}} \tag{6-6}$$

增益率考虑每个特征的分裂信息来减少信息增益倾向于选择取值多的特征的偏好，进而在某种程度上提升了决策树模型选择特征的公平性和准确性。

6.3.2.3 基尼指数

基尼指数或基尼不纯度是决策树算法中用于数据分裂的一个重要指标，尤其在 CART 算法中广泛使用。基尼指数是一种测量数据集分割后不纯度的方法，旨在通过最佳的方式分割数据，提高决策树对数据的分类准确性。其定义为

$$\mathrm{Gini}=1-\sum_{i=1}^{m} p_i^2 \tag{6-7}$$

其中，p_i 指的是 D 中元组属于 C_i 类标签的概率。考虑二元划分时，需要计算每个结果分区的不纯度加权和。若数据集 D 通过属性 A 测试划分为 D_1，D_2 两个分区，则 D 的基尼指数定义为

$$\mathrm{Gini}_{\mathrm{A}}(D)=\frac{|D_1|}{|D|}\mathrm{Gini}(D_1)+\frac{|D_1|}{|D|}\mathrm{Gini}(D_2) \tag{6-8}$$

其值代表了分区的不纯度，其值越大，代表该划分方法纯度越低。在构建决策树时，需要考虑多个特征，并计算以每个特征进行分裂时的基尼指数。选择基尼指数最小的特征进行分裂，这样的分裂可以最大化子节点的纯度，即在各个子节点中，同一类别的样本比例更高。

6.3.2.4 树剪枝

树剪枝是决策树的一个重要过程，用于减少过拟合并提高模型的泛化能力。决策树在训练数据上生成树结构的过程中，容易受训练数据中的噪声和离群点的影响，生成不可靠的分支，导致在新的、未见过的数据上表现不佳。树剪枝可以去掉决策树中不必要的分支，从而简化模型，使之更简明，易于理解。常见的剪枝方法有两种：先剪枝和后剪枝。

(1)先剪枝：是在构建决策树的过程中提前停止树的增长的做法。具体来说，它在决策树的构建过程中，每次增加一个节点前都会评估这个增加是否会导致验证集上的性能改善；如果不会，则停止增长，并将当前节点变为叶节点。常用评估方法有前文提到的诸如信息增益、基尼指数等。

(2)后剪枝：是在树构建完成后进行的剪枝方法。它首先会生成一个完整的树，然后从底部开始检查是否有子树可以替换为叶节点而不影响验证集上的性能。后剪枝通常可以得到比预剪枝更优的模型，因为它考虑了更多的候选子树。但是，后剪枝的计算成本比预剪枝要高，因为它需要首先构建一个完整的树。

6.3.3 决策树生成—CART 分类回归树算法

CART 算法是一种完整的分类回归树算法。CART 算法能够从数据集中学习出一个二

叉决策树模型，是一种决策树学习算法。该算法的特点是它在每一步分裂时都会生成两个子节点（二叉树），尽可能地将数据集分割成纯净的子集，直到满足停止条件。

分类树分裂准则：CART 分类树使用“基尼指数”选择最优特征并决定该特征的最优二值切分点。对于给定的样本集 D 和某一特征 A，基于 A 的某个取值 t 将 D 划分为两部分 D_1 和 D_2，计算基尼指数的减少量，选择使基尼指数减少量最大的特征以及其对应的切分点作为最优选择。

回归树分裂准则：CART 回归树使用“最小二乘回归树生成算法”。选择特征及其切分点，使得分割后的两个区域内各自的样本最接近其平均值，即最小化每个区域内样本的平方误差总和。其算法详情可参考图 6-4。

```
Algorithm 2: 决策树算法 RegressorTree(D)
Data: 数据集 D = {(x_1, y_1), (x_2, y_2), (x_3, y_3), ..., (x_j, y_j)}, 总均方差下
      降阈值 𝒦, 最大树深度 ℋ, 节点数阈值 𝒩
Result: 决策树 T{[R_11, R_12], [R_21, R_22, R_23, R_24], ...[R_m1, R_m2, ...R_mn]}
给定如下: 数据集按照 R^i 进行排序 OrderByR(RNow, R^i); 数据集按
  照划分点 s 对特征 R^i 划分, 分为两部分 R_1,R_2 SplitR, R^i, s;
N ← 1;
d ← 0;
K ←;
Row ← 1;
RNow ← D;
while (N < 𝒩) and (K < 𝒦) and (d < ℋ) do
    for i ← 1 to ← j do
        RNow ← OrderByR^i(RNow);
        for t ← 1 to ← RNow(t) do
            for s ← 1 to ← |R^i| do
                [R_1, R_2] = Split(RNow, R^i, k);
                c_1 = Σ_{n=1}^{|R_1|} y_n/|R_1|,c_2 = Σ_{n=1}^{|R_2|} y_n/|R_2|;
                Find Mining:
                Min Σ_{n=1}^{|R_1|} +Min Σ_{n=1}^{|R_2|}
            end
        end
        RSave ← [R_1, R_2]
    end
    T(Row) ← RSave;
end
return T
```

图 6-4　回归决策树算法伪代码

6.4　随机森林算法

随机森林是一个集成学习方法，它通过构建多个决策树并汇总预测结果来工作，旨在提高预测的准确性和鲁棒性。因此在了解随机森林前需要先了解什么是集成算法。

6.4.1　集成算法概念

集成方法的目标是使用给定的学习算法构建多个基评估器，将其预测结果集成。与单个评估器相比，其泛化能力、稳健性都有良好的提升。集成算法会考虑多个评估器的建模结果，汇总之后得到一个综合的结果，以此来获取比单个模型更好的回归或分类表现。多个模型集成而得到的模型叫作集成评估器，组成集成评估器的每个模型都叫作基评估器。通常来说，有

两类集成算法:装袋法和提升法。

装袋法的核心思想是独立地建立多个评估器,然后对其预测结果进行平均处理或按照多数表决原则来决定集成评估器的结果,如图 6-5 所示。一般而言,因为方差减少,集成评估器的结果通常比任一基评估器的结果都要好。装袋法的代表模型就是随机森林。

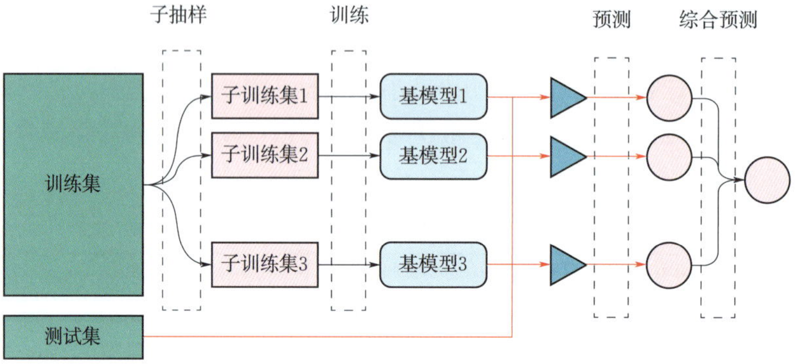

图 6-5 袋装法

提升法中,基评估器是按顺序建立的,每一个评估器都试图减少最终预测结果的误差,因此基评估器之间不具备独立性,如图 6-6 所示。这样做的目的是将几个弱模型组合成一个强大的整体。提升法的代表模型有 Adaboost 和梯度提升树。

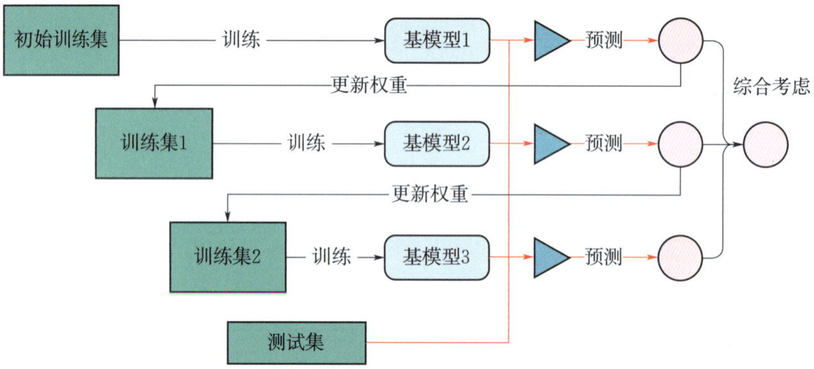

图 6-6 提升法

6.4.2 随机森林概念

随机森林(图 6-7)是一种监督学习算法,是极具代表性的 Bagging 集成算法。随机森林的本质是将集成学习中的基评估器都设置为决策树模型,因此基评估器的集合就叫做随机森林模型。由于随机森林易于实现,算力成本小,并且在分类和回归问题上皆表现出极佳的性能,因此,随机森林被誉为“代表集成学习技术水平的方法”。

6.4.3 随机森林算法原理

随机森林通过袋装和随机选取待选特征两种方式结合来构建。对于训练集 $D=\{a_1, a_2, \cdots, a_n\}$,通过自助法生成 k 个子训练集。在每次迭代过程中,$i=1,2,\cdots,k$,通过有放回

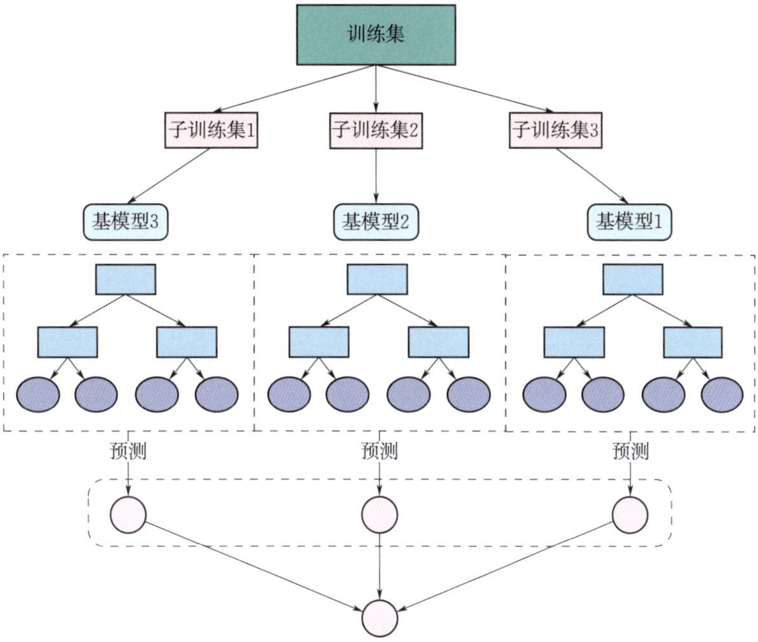

图 6-7　随机森林

的抽样，选取 n 个样本，形成一个新的数据集作为子训练集。原始数据集中约有 1/3 的样本不会出现在新的数据集中，这部分未被抽中的样本通常用于作为“袋外数据”来评估模型的性能。

与数据集的随机选取类似，随机森林中的子树的每一个分裂过程并未用到所有的待选特征，而是从所有的待选特征中随机选取一定的特征，之后再在随机选取的特征中选取最优的特征。

随机森林中的每个基模型使用训练数据的随机子集和所选特征或其随机子集来构建一系列决策树。基模型的预测结果取平均后得到整体预测结果。这种随机过程可以减少模型预测值的方差。单个决策树模型通常表现出高方差并倾向于过度拟合，而通过随机森林的随机性产生的决策树可以在某种程度上降低预测误差。

6.5　K-means 算法

假设数据集 D 包含 n 个欧氏空间中的对象。划分方法把 D 中的对象分配到 k 个簇 $C_l, \cdots, C_k$ 中，使得对于 $1 \leqslant i, j \leqslant k$，$C_i \subset D$ 且 $C_i \cap C_j = \varnothing$。一个目标函数用来评估划分的质量，使得簇内对象相互相似，而与其他簇中的对象相异。也就是说，该目标函数以簇内高相似性和簇间低相似性为目标。

基于形心的划分技术使用簇 C_i 的形心代表该簇。从概念上讲，簇的形心是它的中心点。形心可以用多种方法定义，例如用分配给该簇的对象（或点）的均值或中心点定义。对象 $P \in C_i$ 与该簇的代表 c_i 之差用 $\mathrm{dist}(p, c_i)$ 度量，其中 $\mathrm{dist}(x, y)$ 是两个点 x 和 y 之间的欧氏距离。簇 C_i 的质量可以用簇内变差度量，它是 C_i 中所有对象和形心 c_i 之间的误差的平方和，

定义为

$$E=\sum_{i=1}^{k}\sum_{p\in C_i}\text{dist}(p,c_i)^2 \tag{6-9}$$

其中，E 是数据集中所有对象的误差的平方和；p 是空间中的点，表示给定的数据对象；c_i 是簇 C_i 的形心（p 和 c_i 都是多维的）。换言之，对于每个簇中的每个对象，求对象到其簇中心距离的平方，然后求和。这个目标函数试图使生成的结果簇尽可能紧凑和独立。

优化簇内变差是一项具有挑战性的计算任务。在最坏情况下，必须枚举大量可能的划分（是簇数的指数），并检查簇内变差值。业已证明，在一般的欧式空间中，即便对于两个簇（即 $k=2$），该问题也是 NP一困难的。此外，即便在二维欧氏空间中，对于一般的簇个数 k，该问题也是 NP一困难的。如果簇个数 k 和空间维度 d 固定，则该问题可以在 $O(n^{dk+1}\log n)$ 时间内求解，其中 n 是对象的个数。为了克服求精确解的巨大计算开销，实践中通常需要使用贪心方法。一个基本例子是 K-means 算法，它简单并且经常使用。

K-means 算法把簇的形心定义为簇内点的均值。它的处理流程如下。首先，在 D 中随机地选择 k 个对象，每个对象代表一个簇的初始均值或中心。对剩下的每个对象，根据其与各个簇中心的欧氏距离，将它分配到最相似的簇。然后，K-means 算法迭代地改善簇内变差。对于每个簇，它使用上次迭代分配到该簇的对象，计算新的均值。然后，使用更新后的均值作为新的簇中心，重新分配所有对象。迭代继续，直到分配稳定，即本轮形成的簇与前一轮形成的簇相同。K-means 过程概括如图 6-8 所示。

算法：*k*-均值。用于划分的*k*-均值算法，其中每个簇的中心都用簇中所有对象的均值来表示。

输入：

- ***k*：簇的数目；**
- ***D*：包含*n*个对象的数据集。**

输出：*k*个簇的集合。

方法：

（1）从*D*中任意选择*k*个对象作为初始簇中心；
（2）repeat
（3）　　根据簇中对象的均值，将每个对象分配到最相似的簇；
（4）　　更新簇均值，即重新计算每个簇中对象的均值；
（5）until不再发生变化。

图 6-8　K-means 算法

考虑二维空间的对象集合，如图 6-9(a)所示。令 $k=3$，即用户要求将这些对象划分成 3 个簇。

根据 K-means 算法，任意选择 3 个对象作为 3 个初始的簇中心，其中簇中心用“＋”标记。根据与簇中心的距离，每个对象被分配到最近的一个簇。这种分配形成了图 6-9(a)中虚线所描绘的轮廓。

下一步，更新簇中心。也就是说，根据簇中的当前对象，重新计算每个簇的均值。使用这些新的簇中心，把对象重新分布到离簇中心最近的簇中。这样的重新分布形成了图 6-9(b)中虚线所描绘的轮廓。

重复这一过程，形成图 6-9(c)所示结果。这种迭代地将对象重新分配到各个簇，以改进划分的过程被称为迭代的重定位(iterative relocation)。最终，对象的重新分配不再发生，处理过程结束，聚类过程返回结果簇。

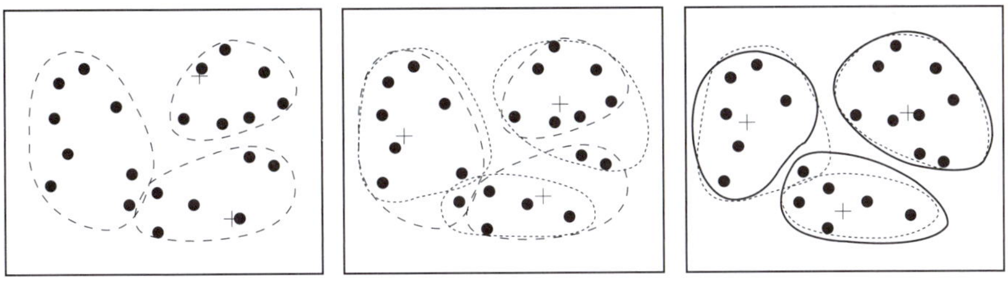

图 6-9　使用 K-means 算法聚类对象集；更新簇中心，并重新分配诸对象

不能保证 K-means 方法收敛于全局最优解，并且它常常终止于一个局部最优解。结果可能依赖于初始簇中心的随机选择。实践中，为了得到好的结果，通常以不同的初始簇中心，多次运行 K-means 算法。

K-means 算法的复杂度是 O(nkt)，其中 n 是对象总数，k 是簇数，t 是迭代次数。通常，$k \ll n$ 并且 $i \ll n$。因此，对于处理大数据集，该算法是相对可伸缩的和有效的。

K-means 算法有一些变种。它们可能在初始 k 个均值的选择、相异度的计算、簇均值的计算策略上有所不同。

仅当簇的均值有定义时才能使用 K-means 算法。在某些应用中，例如当涉及具有标称属性的数据时，均值可能无定义。K-众数（K-modes）方法是 K-means 算法的一个变体，它扩展了 K-means 算法范例，用簇众数取代簇均值来聚类标称数据。它采用新的相异性度量来处理标称对象，采用基于频率的方法来更新簇的众数。可以集成 K-means 算法和 K-众数方法，对混合了数值和标称值的数据进行聚类。

要求用户必须事先给出要生成的簇数 k 可以算是该方法的一个缺点。然而，针对如何克服这一缺点已经有一些研究，如提供 k 值的近似范围，然后使用分析技术，通过比较由不同 k 得到的聚类结果，确定最佳的 k 值。K-means 算法方法不适合于发现非凸形状的簇，或者大小差别很大的簇。此外，它对噪声和离群点敏感，因为少量的这类数据能够对均值产生极大的影响。

6.6　H-clustering 算法

尽管划分方法满足把对象集划分成一些互斥的组群的基本聚类要求，但是在某些情况下，想把数据划分成不同层上的组群，如层次。层次聚类方法（hierarchical clustering method）将数据对象组成层次结构或簇的“树”。

对于数据汇总和可视化，用层次结构的形式表示数据对象是有用的。例如，作为 All Electronics的人力资源部经理，可以把雇员组织成较大的组群，如主管、经理和职员。可以把这些组进一步划分为较小的子组群。例如，一般的职员组可以进一步划分成子组群：高级职员、职员和实习人员。所有这些组群形成了一个层次结构。可以很容易地对组织在层次结构中的数据进行汇总或特征化。这样的数据组织可以用来发现诸如经理的平均工资和职员的平均工资。

作为另一个例子，考虑手写字符识别。手写字符样本集可以先划分成一般的组群，其中每个群组对应于一个唯一的字符。某些组群可以进一步划分成子组群,因为一个字符可能有多种显著不同的写法。如果需要,层次划分可以递归继续,直到达到期望的粒度。

尽管层次地划分数据,但是并未假定数据具有层次结构(例如,在 all electronics 的层次结构中,经理与职员在相同的层)。这里,使用层次结构只是以压缩的形式汇总和提供底层数据。这种层次结构对于数据可视化特别有用。

另外,在某些应用中也可能相信数据具有一个想要发现的基本层次结构。例如,层次聚类可能揭示 all electronics 雇员在收入上的分层结构。在进化研究中,层次聚类可以按动物的生物学特征对它们分组,发现进化路径,即物种的分层结构。再如,用层次方法对战略游戏(如国际象棋和西洋跳棋)进行布局聚类可以帮助开发用于训练棋手的游戏战略。

层次聚类方法可以是凝聚的或分裂的,取决于层次分解是以自底向上(合并)还是以自顶向下(分裂)方式形成。

凝聚的层次聚类方法使用自底向上的策略。典型地,它从令每个对象形成自己的簇开始,并且迭代地把簇合并成越来越大的簇,直到所有的对象都在一个簇中,或者满足某个终止条件。该单个簇成为层次结构的根。在合并步骤,它找出两个最接近的簇(根据某种相似性度量),并且合并它们,形成一个簇。因为每次迭代合并两个簇,其中每个簇至少包含一个对象,因此凝聚方法最多需要次迭代。

分裂的层次聚类方法使用自顶向下的策略。它从把所有对象置于一个簇中开始,该簇是层次结构的根。然后,它把根上的簇划分成多个较小的子簇,并且递归地把这些簇划分成更小的簇。划分过程继续,直到最底层的簇都足够凝聚一或者仅包含一个对象,或者簇内的对象彼此都充分相似。

图 6-10 显示了一种凝聚的层次聚类算法 AGNES(agglomerative nesting)和一种分裂的层次聚类算法 DIANA(divisive analysis)在一个包含五个对象的数据集$\{a,b,c,d,e\}$上的处理过程。初始,凝聚方法 AGNES 将每个对象自成一簇,然后这些簇根据某种准则逐步合并。例如,如果簇 C_l 中的一个对象和簇 C_2 中的一个对象之间的距离是所有属于不同簇的对象间欧氏距离中最小的,则 C_l 和 C_2 可能被合并。这是一种单链接(single-linkoge)方法,因为每个簇都用簇中所有对象代表,而两个簇之间的相似度用不同簇中最近的数据点对的相似度来度量。簇合并过程反复进行,直到所有的对象最终合并形成一个簇。

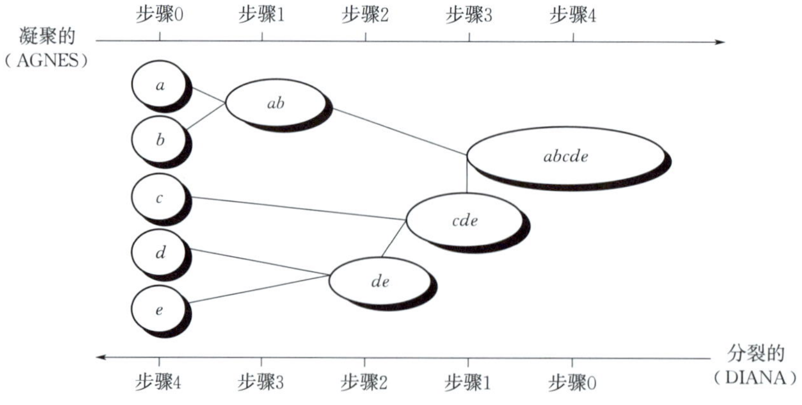

图 6-10 数据对象$\{a,b,c,d,e\}$的凝聚和分裂层次聚类

分裂方法 DIANA 以相反的方法处理。所有的对象形成一个初始簇，根据某种原则(如簇中最近的相邻对象的最大欧氏距离)，将该簇分裂。簇的分裂过程反复进行，直到最终每个新的簇只包含一个对象。

通常，使用一种称作树状图(dendrogram)的树形结构来表示层次聚类的过程。它展示对象是如何一步一步被分组聚集(在凝聚方法中)或划分(在分裂方法中)。图 6-11 中显示 5 个对象的树状图，其中，$l=0$ 显示在第 0 层 5 个对象都作为单元素簇。在 $l=0$，对象 a 和 b 被聚在一起形成第一个簇，并且它们在后续各层一直在一起。还可以用一个垂直的数轴来显示簇间的相似尺度。例如，当两组对象$\{a,b\}$和$\{c,d,e\}$的相似度大约为 0.16 时，它们被合并形成一个簇。

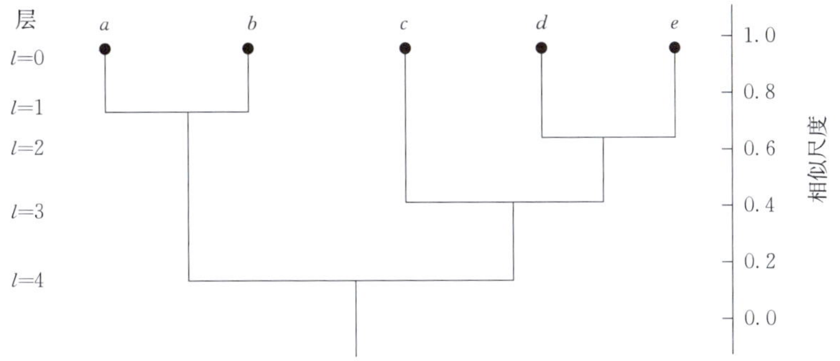

图 6-11 数据对象$\{a,b,c,d,e\}$的层次聚类的树状图表示

分裂方法的一个挑战是如何把一个大簇划分成几个较小的簇。例如，把 n 个对象的集合划分成两个互斥的子集有 $2^{n-l}-1$ 种可能的方法，其中 n 是对象数。当 n 很大时，考察所有的可能性的计算量是令人望而却步的。因此，分裂方法通常使用启发式方法进行划分，但可能导致不精确的结果。为了效率，分裂方法通常不对已经做出的划分决策回溯。一旦一个簇被划分，该簇的任何可供选择其他划分都不再考虑。由于分裂方法的这一特点，凝聚方法远比分裂方法多。

6.7 模型的调参

模型调参(hyperparameter tuning)是机器学习中一个重要的过程，它涉及选择一组最优的超参数(hyperparameters)，从而使模型能够在特定任务上达到最佳性能。超参数不同于模型参数，后者是在训练过程中学习得到的，例如神经网络的权重。而超参数是在开始训练前就需要设定好的，比如学习率、神经网络的层数和每层的节点数等。

1. 常见的模型调参方法

(1)网格搜索：最简单的调参方法之一，它会遍历所有可能的超参数组合。虽然这种方法可以找到相对较好的参数组合，但它既计算量大又耗时。

(2)随机搜索：在超参数空间中随机选择配置，有时候比网格搜索更有效，因为它可以在更广泛的范围内探索超参数，并且计算量相对较小。

(3)贝叶斯优化：一种更为高级的方法，它会尝试建立一个代理模型(通常是高斯过程)，以预测在超参数空间中不同点的性能。然后，它使用代理模型来指导超参数的搜索，从而更有效地找到最优解。

(4)梯度搜索：当超参数是连续的，且模型是可微分的时候，可以使用基于梯度的搜索方法。

2. 调参过程步骤

(1)确定模型的目标和评价指标。

(2)确定要调整哪些超参数以及可能值的范围。

(3)选择一种或多种上述调参方法。

(4)使用比如 k-fold 交叉验证来评估超参数的性能，确保模型具有泛化能力。

(5)检查不同超参数组合的性能，确定是否有过拟合或欠拟合的迹象。

(6)根据上一轮的结果，可能需要调整搜索范围和训练更多模型。

第 7 章　神经网络与深度学习

7.1　BP 神经网络

7.1.1　神经网络与神经元

人工神经网络(artificial neural network,ANN)是 20 世纪 80 年代以来人工智能领域兴起的研究热点。它从信息处理角度对人脑神经元网络进行抽象,建立某种简单模型,按不同的连接方式组成不同的网络,常直接简称为神经网络。

神经网络由大量的神经元相互联接构成,每个神经元代表一种特定的输出函数,称为激励函数(activation function)。每两个节点间的连接都代表一个对于通过该连接信号的加权值,称之为权重。神经网络通常都是对自然界某种算法或者函数的逼近,也可能是对一种逻辑策略的表达,其输出依网络的连接方式、权重值和激励函数的不同而不同。

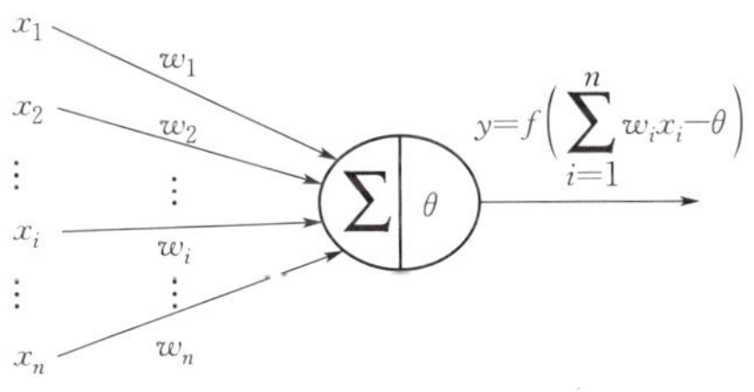

图 7-1　M-P 神经元模型

神经网络中的神经元可以抽象为如图 7-1 所示的 M-P 神经元模型,在这个模型中,神经元接收来自其他 n 个神经元传递过来的输入信号,这些输入信号通过带权重的连接进行传递,神经元接收到的总输入值将与神经元的阈值进行比较,然后通过激活函数 f 处理以产生神经元的输出。

理想中的激活函数 f 是图 7-2 中实线所示的阶跃函数,它将输入值映射为输出值为 0 的抑制状态和输出值为 1 的激活状态,但是阶跃函数不连续、不光滑,在实际的神经网络中一般采取其他类似形式的激活函数,一种常见的激活函数是图 7-2 中虚线所示的 sigmoid 函数。

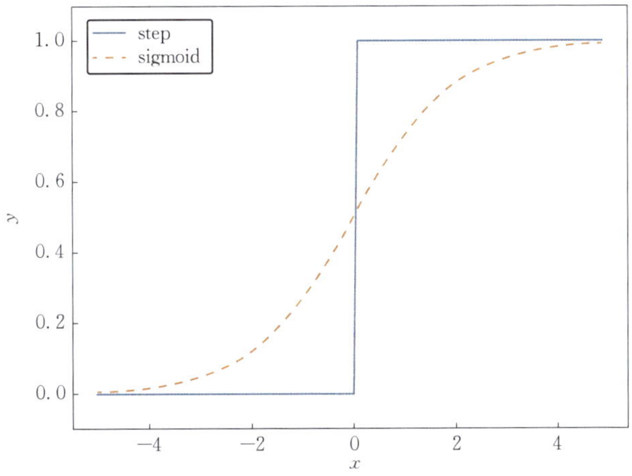

图 7-2　典型的神经元激活函数

7.1.2 多层感知机

感知机是一种最简单的神经网络，它由两层神经元组成，如图 7-3 所示，输入层接收外接输入信号后传递给输出层，输出层是 M-P 神经元。

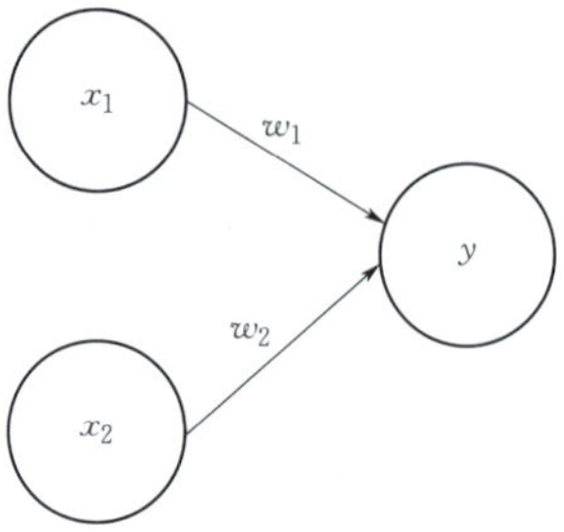

图 7-3 两个输入神经元的感知机网络

给定训练数据集，感知机的权重 $\omega_i(i=1,2,\cdots,n)$ 和阈值 θ 可通过学习得到，实际上，只需将阈值看作一个输入固定为−1.0 的结点的权重，阈值便可统一为权重的学习。对训练样例，若当前感知机的输出为，则感知机权重将这样调整：

$$\omega_i \leftarrow \omega_i + \Delta\omega_i \tag{7-1}$$

$$\Delta\omega_i = \eta(y-\hat{y})x_i \tag{7-2}$$

显然，若感知机对训练样例 (x,y) 预测正确，即 $\hat{y}=y$，则感知机不发生变化，否则将根据错误的程度进行权重调整。

感知机只有输出层神经元进行激活函数处理，其学习能力非常有限，只能处理线性可分问题，若要处理非线性可分问题，需要使用多层包含激活函数的功能神经元。更一般的，常见的神经网络每层神经元与下一层神经元全互连，神经元之间不存在同层连接，这样的神经网络结构称为“多层前馈神经网络”，或者称为“多层感知机”。多层感知机的结构如图 7-4 所示，其中输入层神经元接收外界输入，隐层与输出层神经元对信号进行加工，最终结果由输出层神经元输出。事实上可以证明，只需一个包含足够多神经元的隐层，多层感知机就能以任意精度逼近任意复杂度的连续函数。

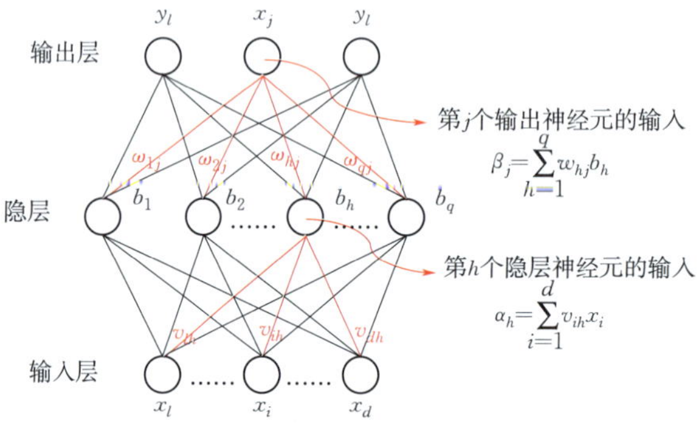

图 7-4 多层感知机网络结构示意图

7.1.3 误差逆传播算法

对于多层感知机，式(7-1)和式(7-2)所示的学习规则不再适用了，需要更强大的学习算法，误差逆传播算法(errorbackpropagation，BP)是目前最通用的算法，BP 算法也被广泛用于其他神经网络中，提到 BP 神经网络时，一般特指用 BP 算法训练的多层前馈神经网络。误差逆传播算法十分重要，是神经网络训练的基石，这里以图 7-4 所示的网络结构为例，给出 BP 算法的详细过程，该网络结构的隐层和输出层神经元都使用 sigmoid 函数作为激活函数。

给定训练集 $D=\{(x_1,y_1),(x_2,y_2),\cdots,(x_m,y_m)\}$，$x_i\in R^d$，$y_i\in R^l$，即输入由 d 个属性描述，输出 l 维实值向量。对训练集中的一个训练例 (x_k,y_k)，假定神经网络的输出为 $\hat{y}_k=(\hat{y}_1^k,\hat{y}_2^k,\cdots,\hat{y}_l^k)$，即

$$\hat{y}_j^k=f(\beta_j-\theta_j) \tag{7-3}$$

则网络在 (x_k,y_k) 上的均方误差为

$$E_k=\frac{1}{2}\sum_{j=1}^{l}(\hat{y}_j^k-y_j^k)^2 \tag{7-4}$$

该神经网络中以下参数需要确定：输入层到隐层的 $d\times q$ 个权值、隐层到输出层的 $q\times l$ 个权值、q 个隐层神经元的阈值、l 个输出层神经元的阈值。BP 是一个迭代学习算法，在迭代的每一轮中对参数进行更新估计。

BP 算法基于梯度下降策略，以目标的负梯度方向对参数进行调整，对式(7-4)中的误差 E_k，给定学习率 η，有

$$\Delta\omega_{hj}=-\eta\frac{\partial E_k}{\partial\omega_{hj}} \tag{7-5}$$

由于 ω_{hj} 先影响到第 j 个输出层神经元的输入值 β_j，再影响到其输出值 $\hat{y}_j^k$，最后影响到 E_k，根据链式法则有

$$\frac{\partial E_k}{\partial\omega_{hj}}=\frac{\partial E_k}{\partial\hat{y}_j^k}\cdot\frac{\partial\hat{y}_j^k}{\partial\beta_j}\cdot\frac{\partial\beta_j}{\partial\omega_{hj}} \tag{7-6}$$

接下来，由于 sigmoid 函数有性质 $f'(x)=f(s)[1-f(x)]$，再根据式(7-3)和式(7-4)，令

$$\begin{aligned}g_j&=-\frac{\partial E_k}{\partial\hat{y}_j^k}\cdot\frac{\partial\hat{y}_j^k}{\partial\beta_j}\\&=-(\hat{y}_j^k-y_j^k)f'(\beta_j-\theta_j)\\&=\hat{y}_j^k(1-\hat{y}_j^k)(y_j^k-\hat{y}_j^k)\end{aligned} \tag{7-7}$$

根据 β_j 的定义，显然有

$$\frac{\partial\beta_j}{\partial\omega_{hj}}=b_h \tag{7-8}$$

将式(7-7)和式(7-8)代入式(7-6)，再代入式(7-5)，就得到了 BP 算法中关于 ω_{hj} 的更新公式，类似的也可得到其他参数的更新公式：

$$\Delta\omega_{hj}=\eta g_j b_h \tag{7-9}$$

$$\Delta\theta_j=-\eta g_j \tag{7-10}$$

$$\Delta v_{ih}=\eta e_h x_i \tag{7-11}$$

$$\Delta\gamma_h=-\eta e_h \tag{7-12}$$

其中

$$\begin{aligned}e_h&=-\frac{\partial E_k}{\partial b_h}\cdot\frac{\partial b_h}{\partial\alpha_h}\\&=-\sum_{j=1}^{l}\frac{\partial E_k}{\partial\beta_j}\cdot\frac{\partial\beta_j}{\partial b_h}f'(\alpha_h-\gamma_h)\\&=\sum_{j=1}^{l}\omega_{hj}g_j f'(\alpha_h-\gamma_h)\\&=b_h(1-b_h)\sum_{j=1}^{l}\omega_{hj}g_j\end{aligned} \tag{7-13}$$

学习率 $\eta \in (0,1)$ 控制着算法每一轮迭代中的更新步长，若太大容易产生振荡，无法收敛到最优的解；太小则会导致收敛速度过慢。

总体上来说，对于每个训练样例，BP 算法执行以下操作：

(1)将输入示例提供给输入层神经元，然后产生输出层的结果。

(2)计算输出层的误差再将误差逆向传播至隐层神经元。

(3)最后根据隐层神经元的误差来对连接权重和阈值进行调整。该迭代过程循环进行，直到达到某些停止条件为止。

上面介绍的标准 BP 算法每次只针对一个训练样本对参数做更新，这样会导致参数更新过于频繁，进而导致迭代次数过多。累积 BP 算法直接针对累积误差最小化，在读取整个训练集一遍后才对参数进行更新，其参数更新频率低得多，往往可以更快地得到较好的解，但其累计误差下降到一定程度后，进一步下降会很困难，这时标准算法容易得到更好的解。

7.1.4 全局最小与局部极小

在算法的迭代过程中，会遇到两种情况，分别是局部极小解和全局最小解(图 7-5)，直观地看，局部极小解是参数空间中的某个点，其邻域点的误差函数值均不小于该点的值；全局最小解则是指参数空间中的所有点的误差函数值均不小于该点的值。

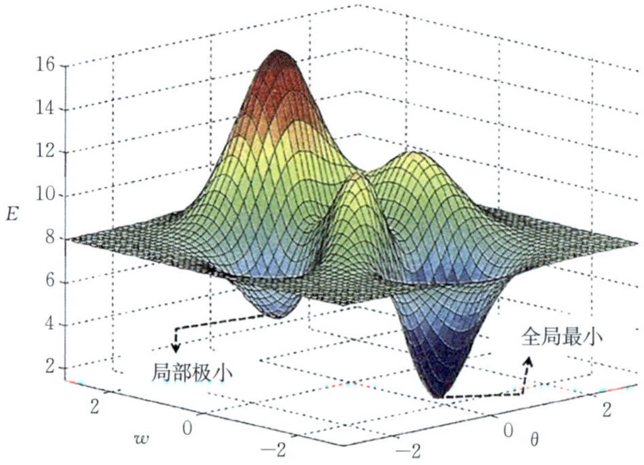

图 7-5 局部极小与全局最小

显然，当陷入局部极小解后，算法将无法根据误差变化进一步寻找全局最小解，故应该设法避免陷入局部极小或者跳出局部极小，常用的方法有以下几种：

(1)以多组不同参数值初始化多个神经网络，按标准方法训练后，取其中误差最小的解作为最终参数。

(2)使用模拟退火技术，模拟退火在每一步都以一定的概率接受比当前解更差的结果，从而有助于跳出局部极小。

(3)使用随机梯度下降，与标准梯度下降法精确计算梯度不同，随机梯度下降法在计算梯度时加入了随机因素，于是即便陷入局部极小点，它计算出的梯度仍可能不为 0。

7.2　卷积神经网络

卷积神经网络(convolutional neural network,CNN)是一种专门用来处理具有类似网格结构的数据的神经网络。例如时间序列数据(在时间轴上采样形成的一维网格)和图像数据(二维的像素网格)。卷积运算是一种特殊的线性运算(需要指出,CNN 中用到的卷积运算和其他领域并不一致),卷积网络是指那些至少在网络的一层中使用卷积运算来替代一般的矩阵乘法运算的神经网络。

7.2.1　卷积运算

假设使用激光传感器追踪一辆汽车的位置,激光传感器给出一个单独的输出 $x(t)$,表示汽车在时刻 t 的位置。假设传感器受到干扰,为了去除这个干扰,需要对得到的测量结果进行平均,显然时间上越近的测量结果越相关,所以可以采用一种加权平均的方法,对更近的测量结果赋予更高的权重。设置一个加权函数 $w(a)$,其中 a 表示测量结果距当前时刻的时间间隔,对任意时刻都采用这种加权平均的操作,就得到了一个新的对于汽车位置的估计函数 s。

$$s(t)=\int x(a)w(t-a)\mathrm{d}a \tag{7-14}$$

这种运算就叫作卷积,卷积运算通常用星号表示。

$$s(t)=(x*w)(t) \tag{7-15}$$

在卷积网络的术语中,卷积的第一个参数(函数 x),通常叫作输入,第二个参数(函数 w)叫作核函数,输出有时被称作特征映射。

基于卷积运算的神经网络在图像处理相关的任务上取得了很好的效果,所以接下来以图像数据为例,展示在图像上进行卷积运算的过程。

图 7-6 中左侧的输入可以看作一个 6 像素×6 像素的图像数据,每个像素中的值代表了该像素的灰度,中间则是用于卷积操作的一个 3×3 的卷积核。在执行卷积操作时,首先将卷积核放在输入图像的左上角,在卷积核覆盖的输入图像区域和卷积核之间执行点积运算,即将卷积核中的每个元素与输入图像中对应位置的元素相乘,然后将所有乘积相加得到一个单一的输出值,该例中卷积核在输入图像的左上角时:

$$3\times1+0\times0+1\times(-1)+1\times1+5\times0+8\times(-1)+2\times1+7\times0+2\times(-1)=-5 \tag{7-16}$$

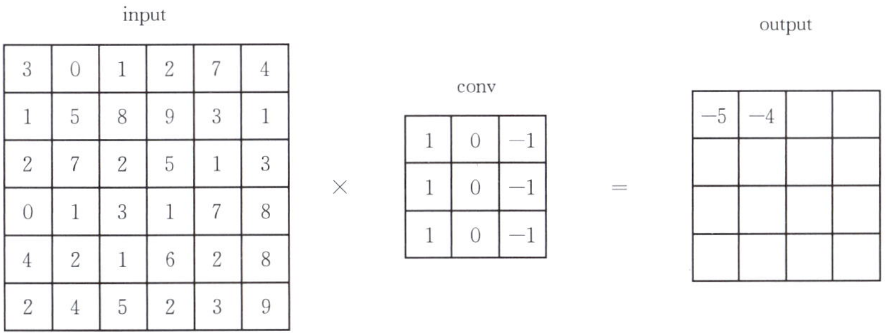

图 7-6　卷积运算示意图

之后按一定的步长(stride,本例中为 1)在输入图像上滑动卷积核,每次滑动到一个新的位置,都会执行一次点积运算。随着卷积核在输入图像上的滑动,每次点积运算的结果将形成一个新的二维矩阵,称为该卷积的特征图(Feature Map),这个特征图反映了输入图像中相邻像素点之间的关系,可以表示输入图像中特定特征的分布情况。

7.2.2 填充与池化

在上一小节中用 3×3 的卷积核对 6×6 的图像做卷积后得到了一个 4×4 的特征图,这样做带来了两个问题。第一个问题是每做一次卷积图像就会在一定程度上地缩小,而有的时候需要保留图像原有的尺寸,第二个问题是图像边缘的像素点只参与了一次卷积,这会导致边缘位置信息的丢失。为了解决这两个问题,可以在卷积操作前在原来输入的图像周围填充一层像素值(常用 0 进行填充)。

在连续的卷积层之间通常会周期性地插入一个池化(Pooling)层,池化层的作用是逐渐降低数据体的空间尺寸,以减少网络中参数的数量,进而减少计算资源的耗费,也能有效控制过拟合,此外还可用于处理不同大小的输入,通过池化可以让分类层总是能接收到相同数量的特征。

池化的操作比较简单,常见的池化操作有最大池化(Max Pooling)和平均池化(Mean Pooling),最常用的是最大池化,最常见的形式是使用尺寸 2×2 的滤波器,以步长为 2 来对每个通道切片进行降采样,实践证明这样设置的效果往往较好。图 7-8 展示了使用尺寸为 2×2、步长为 2 的最大池化层对一个 4×4 的特征图进行操作的结果。

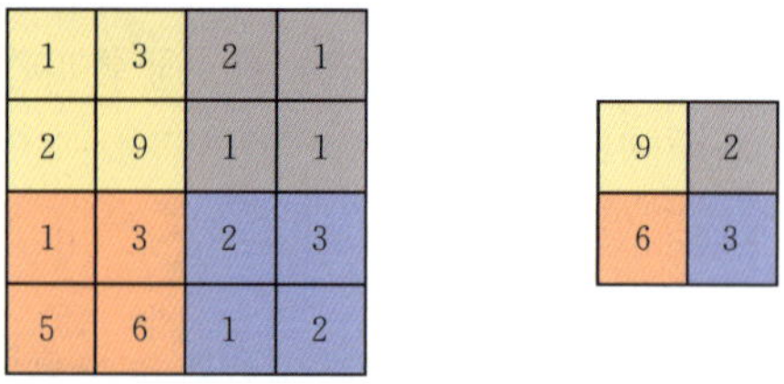

图 7-8 最大池化操作

7.2.3 CNN 蕴含的重要思想

卷积神经网络中体现了三个重要的特性:稀疏交互(sparse interactions)、参数共享(parameter sharing)和等变表示(equivariant representations)。

卷积神经网络的稀疏交互特性是使核的大小远小于输入的大小来达到的,举个例子,当处理一张图像时,输入的图像可能包含上万个像素点,但卷积神经网络使用只有几十个像素点的核来检测一些小的有意义的特征。这意味着需要存储的参数更少,这减少了模型的存储需求,提高了模型的统计效率,也意味着减少了模型的计算量。

参数共享是指在一个模型的多个函数中使用相同的参数。在传统的神经网络中,当计算一层的输出时,权重矩阵的每一个元素只使用一次,当权重乘过输入的一个元素后就再也不会用到了。在卷积神经网络中,卷积核的每一个元素会作用在输入的不同一位置上,这保证了只需要学习一个参数集合,而不是对于每一个位置都需要学习一个单独的参数集合,这虽然没有改变逆向传播训练的时间,但是显著降低了模型训练的存储需求。

参数共享也使得卷积神经网络层具有平移等变的性质,简单来说就是输入改变时,输出也以同样的方式改变。在图像中，卷积产生了一个二维映射来表明某些特征在输入中出现的位置，如果移动输入中的对象，它的表示也会在输出中移动同样的量。这意味着如果神经网络学习到了某一种物体的特征，即使这个物体在图像中的位置发生改变，神经网络仍然可以提取到它的特征。

7.2.4　构建 CNN 网络的常见技巧

7.2.4.1　ReLU 激活函数

第一节提到的 sigmoid 函数计算量大，反向传播求误差梯度时求导涉及除法，反向传播时很容易出现梯度消失的情况，导致无法完成深层网络的训练。所以在深度神经网络中，常使用如图 7-9 所示的修正线性单元函数（rectified linear unit，ReLU），相比较于 sigmoid 函数，ReLU 函数有以下特点：

(1)在正区间上梯度为常数 1，在负区间上为 0，没有出现梯度消失问题，更不容易出现梯度爆炸问题。

(2)ReLU 函数的计算简单，只需比较输入值和 0 的大小即可确定输出值，因此计算效率高。

(3)ReLU 函数的赋值规则使得一部分神经元处于未激活状态，促使模型学习到稀疏的特征表示，有助于提高模型的泛化能力和表达能力。

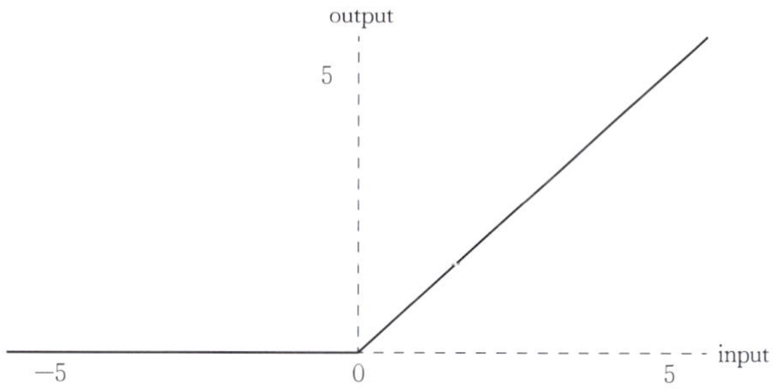

图 7-9　ReLU 激活函数

7.2.4.2　dropout

dropout 操作是在每一次训练迭代中以一定的概率 p（称为 dropout 概率）随机将神经元的输出置零，而在测试时则保持所有的神经元输出不变。这样做的效果相当于在每次迭代中训练不同的子网络，即训练了多个子模型，最后将它们的预测结果取平均值。这样一来，模型在训练过程中无法依赖于任何一个神经元，从而减少了神经元之间的相互依赖，有助于防止过拟合，增强模型的泛化能力。

7.2.4.3　batch normalization

批量归一化（batch normalization）的主要思想是在训练过程中对每个批次的数据进行归一化处理，使得网络的输入保持在一个相对稳定的范围内，有助于缓解模型训练中的梯度消失或梯度爆炸问题，并且有助于加速收敛。

具体来说，批量归一化操作在神经网络中的每一层的激活函数之前，对每个特征的维度进行归一化。其过程包括以下几个步骤：

(1)计算每个特征维度的均值和方差。对于每个 mini-batch 的输入，计算该 mini-batch 在每个特征维度上的均值和方差。

(2)根据计算出的均值和方差，对 mini-batch 的每个特征维度进行归一化。对于第 i 个特征，其归一化后的数值计算公式如下：

$$\hat{x}_i = \frac{x_i - \mu}{\sqrt{\sigma^2 + \varepsilon}} \tag{7-17}$$

(3)对归一化后的特征进行缩放和平移。引入两个可学习的 γ 和 β，对归一化后的特征进行线性变换：

$$y_i = \gamma \hat{x}_i + \beta \tag{7-18}$$

其中，γ 和 β 是可学习的参数，通过反向传播算法和梯度下降等优化方法进行更新。

(4)将缩放和平移后的特征作为激活函数的输入。批量归一化后的特征 y_i 作为激活函数的输入，传递给下一层神经网络进行计算。

批量归一化操作可以使得网络的每一层的输入分布相对稳定，此外还具有一定的正则化效果，有助于减少过拟合，已经成为训练深度神经网络时的常用技术之一。

7.3 循环神经网络

前文提到的 BP 神经网络和卷积神经网络能很好地适配独立分布的数据以及图像数据，然而，实际的数据往往并非如此。例如，文章中的单词是按顺序写的，如果顺序被随机地重排，就很难理解文章原始的意思。在铁道工程中，轨道的平顺性遵循时间和空间顺序，如果打乱平顺性数据的时空顺序，就失去了工程意义。同时，在很多时候人们不仅希望将序列作为模型的输入，更希望预测序列的后续。例如在轨道工程中通过往期的平顺性数据预测轨道的劣化趋势，从而进行轨道状态的预防修。

简言之，如果说卷积神经网络可以有效地处理空间信息，那么本节的循环神经网络(recurrent neural network，RNN)则可以更好地处理序列信息。循环神经网络通过引入状态变量存储过去的信息和当前的输入，从而确定当前的输出。

本节内容将从序列模型出发，对序列数据进行简单的介绍，并且引出对循环神经网络的介绍。在这之后，将介绍两个广泛使用的网络，即门控循环单元(gated recurrent units，GRU)和长短期记忆网络(long short-term memory，LSTM)。

7.3.1 序列模型

对于序列数据 X 来说，其可以描述为在时间 t 观察到 x_t，得到的 T 个不独立的随机变量，即 $X=\{x_1, x_1, \cdots, x_t\} \sim p(x)$。通过条件展开 $p(a,b)=p(a)p(b|a)=p(b)p(a|b)$可以得到如下两种展开结果：

$$\begin{cases} p(x)=p(x_1)\cdot p(x_2|x_1)\cdot p(x_3|x_1,x_2)\cdots p(x_T|x_1,\cdots,x_{T-1}) \\ p(x)=p(x_T)\cdot p(x_{T-1}|x_T)\cdot p(x_{T-2}|x_{T-1},x_T)\cdots p(x_1|x_2,\cdots,x_T) \end{cases} \tag{7-19}$$

其中第一行公式表示的是通过前序列推测后序列，第二行公式表示的是通过后序列推测前序列。一般情况下，前者更具有实际意义。对条件概率进行建模，通过以下方法预测 x_t。

$$p(x_t|x_1,\cdots,x_{t-1})=p[x_t|f(x_1,\cdots,x_{t-1})] \tag{7-20}$$

其中，$f(x_1,\cdots x_{t-1})$为自回归模型，即利用预测目标的历史时间数列在不同时期取值之间存在的依存关系(即自身相关),建立起回归方程进行预测。然而,该模型存在一个问题,输入数据的数量这个数字将会随着遇到的数据量的增加而增加,因此需要一个近似方法来使这个计算变得容易处理。本小节介绍两种策略:马尔可夫假设和潜变量模型。

7.3.1.1　马尔可夫假设

当一个随机过程在给定现在状态及所有过去状态情况下,其未来状态的条件概率分布仅依赖于当前状态;换句话说,在给定现在状态时,它与过去状态(即该过程的历史路径)是条件独立的,那么此随机过程即具有马尔可夫性质。在对自回归模型进行近似的过程中,可以通过 $\{x_{t-1},\cdots,x_{t-\tau}\}$ 而不是 $\{x_{t-1},\cdots,x_1\}$ 来估计 x_t。则展开公式可以近似为

$$p(x_t|x_1,\cdots,x_{t-1})=p[x_t|f(x_{t-\tau},\cdots,x_{t-1})] \tag{7-21}$$

特别的,当 $\tau=1$ 时,可以得到一个一阶马尔可夫模型,$p(x)$ 由以下公式给出:

$$p(x_1,\cdots,x_T)=\prod_{t=1}^{T}p(x_t|x_{t-1}),p(x_1|x_0)=p(x_1) \tag{7-22}$$

当 x_t 是离散值时,可以通过以下公式高效地计算 $p(x_{t+1}|x_{t-1})$:

$$\begin{aligned}p(x_{t+1}|x_{t-1})&=\frac{\sum x_t p(x_{t+1},x_t,x_{t-1})}{p(x_{t-1})}\\&=\frac{\sum x_t p(x_{t+1}|x_t,,x_{t-1})p(x_t,x_{t-1})}{p(x_{t-1})}\\&=\sum x_t p(x_{t+1}|x_t)p(x_t|x_{t-1})\end{aligned} \tag{7-23}$$

7.3.1.2　潜变量模型

潜变量模型就是基于简单分布构建复杂的概率模型的框架。如果概率模型 $p(x|\theta)$ 对随机变量 x 进行分布建模,且具有以下性质之一,则该模型被称为潜变量模型。

$$\begin{aligned}p(x;\theta)&=\sum_z p(x,z;\theta)=\sum_z p(z;\theta)p(x|z;\theta)\\p(x;\theta)&=\int p(x,z;\theta)\mathrm{d}z=\int p(z;\theta)p(x|z;\theta)\mathrm{d}z\end{aligned} \tag{7-24}$$

其中,z 为潜变量,x 为观测变量。当 z 为离散随机变量时,称为离散型潜变量模型,当 z 为连续随机变量时,称为连续型潜变量模型。潜变量模型是通过对某个联合分布进行边缘化得到的一个概率模型。被边缘化的随机变量(或向量)就是潜变量。因此,潜变量模型是一种基于简单的分布构建复杂的分布的方法,具有更高的复杂度,表示能力更强。

将自回归模型通过变量 h 来表示,则分布模型可以通过式(7-25)表示,模型示意图如图 7-10所示。

$$\begin{aligned}h_t&=f(x_1,\cdots,x_{t-1})\\x_t&=p(x_t|h_t)\end{aligned} \tag{7-25}$$

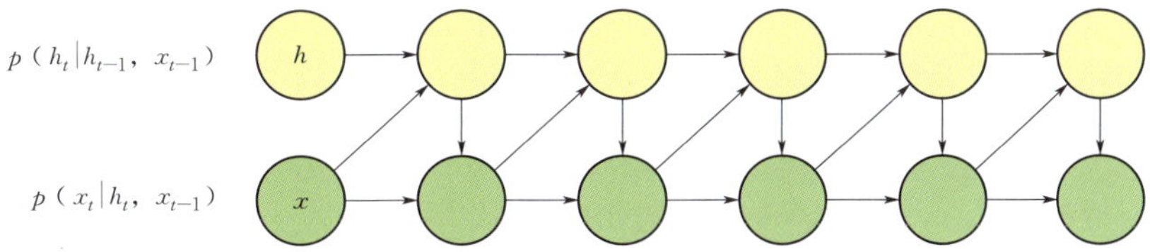

图 7-10　潜变量自回归模型示意图

7.3.2 循环神经网络(RNN)

RNN是具有隐状态的神经网络。假设在时间步 t 时存在小批量输入 $X_t \in \mathbb{R}^{n\times h}$，即对于 n 个序列样本的小批量 X_t，其每一行对应序列时间 t 处的一个样本。通过 $H_t \in \mathbb{R}^{n\times h}$ 表示时间步 t 的隐藏变量，并且保留前一个时间步的隐藏变量 H_{t-1}，引入新的权重参数 $W_{hh} \in \mathbb{R}^{n\times h}$ 来计算当前时间步的隐藏变量，即当前时间步的隐藏变量是通过前一时间步的隐藏变量加当前时间步的输入得到的。

$$H_t = \phi(X_t W_x + H_{t-1} W_h + b_h) \tag{7-26}$$

循环神经网络在普通多层BP神经网络的架构基础上，通过增加隐含层各单元之间的横向连接，将神经网络上一时间步的值传递到当前时间步中，使神经网络具有记忆功能，就形成了循环神经网络(RNN)。RNN结构如图7-11所示。

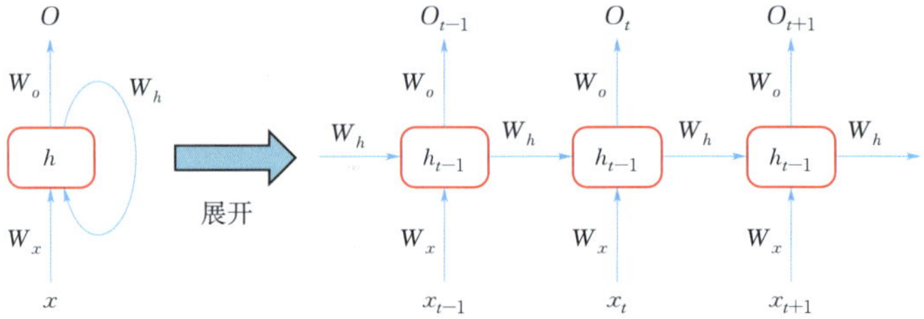

图 7-11 RNN结构

从相邻时间步的隐藏变量 H_t 和 H_{t-1} 之间的关系可知，这些变量捕获并保留了序列直到其当前时间步的历史信息，就如当前时间步下神经网络的状态或记忆，因此这样的隐藏变量被称为隐状态。由于在当前时间步中，隐状态使用的定义与前一个时间步中使用的定义相同，因此式(7-26)所表示的计算是循环的。基于循环计算的隐状态神经网络被称为循环神经网络。在循环神经网络中执行式(7-26)计算的层被称为循环层。

对于输出层，循环神经网络与多层感知机的输出相似。

$$O_t = H_t W_o + b_o \tag{7-27}$$

由图7-11可知，循环神经网络的参数包括隐藏层的权重 $W_x \in \mathbb{R}^{d\times h}$，$W_h \in \mathbb{R}^{d\times h}$ 和偏置 $b_h \in \mathbb{R}^{1\times h}$，以及输出层权重参数 $W_o \in \mathbb{R}^{h\times q}$ 和偏置 $b_o \in \mathbb{R}^{1\times q}$。由于这些参数在不同时间步保持相同，因此网络的参数存储不会随着时间步的增加而增加。

7.3.3 门控循环单元(GRU)

由于循环神经网络在训练过程中存在“梯度消失”或“梯度爆炸”的问题，这使RNN无法捕捉到长周期的影响。为了解决这个问题，相关领域学者提出了许多方法，接下来两节将介绍两种RNN变体：门控循环单元(GRU)和长短期记忆网络(LSTM)。GRU的核心是引入了专门的机制来确定何时更新隐状态(更新门)以及合适重置隐状态(重置门)，从而更好地捕捉序列中的短期依赖关系以及长期依赖关系。

7.3.3.1 重置门和更新门

对于给定的时间步 t，设定上一个时间步的隐状态是 $H_{t-1} \in \mathbb{R}^{n\times h}$，输入为小批量 $X_t \in \mathbb{R}^{n\times h}$，则重置门 $R_t \in \mathbb{R}^{n\times h}$ 和更新门 $Z_t \in \mathbb{R}^{n\times h}$ 的计算如下：

$$R_t = \sigma(X_t W_{xr} + H_{t-1} W_{hr} + b_r)$$
$$Z_t = \sigma(X_t W_{xz} + H_{t-1} W_{hz} + b_z) \tag{7-28}$$

可以看出和式(7-26)相比，GRU 将输入和隐状态连结后进行了一次复制，然后分别通过激活函数计算了R_t和Z_t。图 7-12 描述了门控循环单元中的重置门和更新门。其输入由当前时间步的输入和前一时间步的隐状态加权计算得到。输出由包含 sigmoid 激活函数的两个全连接层给出。

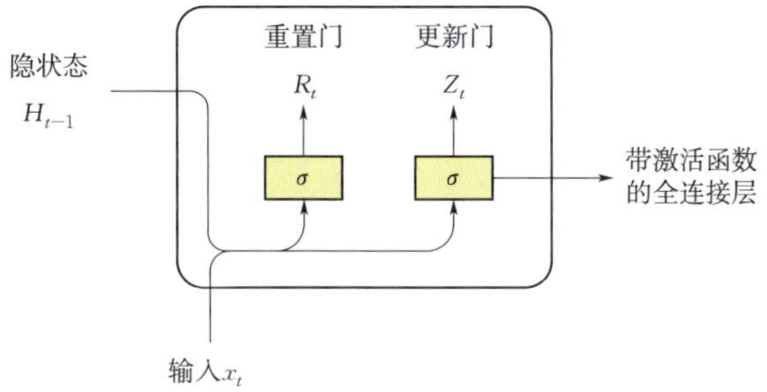

图 7-12　门控循环单元模型中的重置门和更新门

7.3.3.2　候选隐状态

将上文提到的重置门R_t和常规隐状态更新机制集成，则得到了在时间步 t 的候选隐状态$\tilde{H}_t \in \mathbb{R}^{n\times h}$。候选隐藏状态并非最终的隐状态，而是计算真正隐状态的中间变量，计算公式如下所示：

$$\tilde{H}_t = \tanh[X_t W_x + (R_t \odot H_{t-1}) W_h + b_h] \tag{7-29}$$

其中，$W_x \in \mathbb{R}^{d\times h}$ 和$W_h \in \mathbb{R}^{h\times h}$是权重参数，$b_h \in \mathbb{R}^{1\times h}$ 是偏置项。可以看出和 RNN 计算隐状态流程不同的地方在于：GRU 将重置门和前一时间步的隐状态进行了哈达玛积（按元素乘积）操作。这样操作的意义在于：由于 sigmoid 操作，重置门中的元素都落在区间[0,1]中。当重置门中的项接近 1 时，式(7-29)恢复成常规的 RNN 隐状态计算公式；当重置门中的项接近 0 时，式(7-29)的输入相当于 X_t，这样预先存在的隐状态将被重置为默认值。图 7-13 展示了候选隐状态的计算过程。

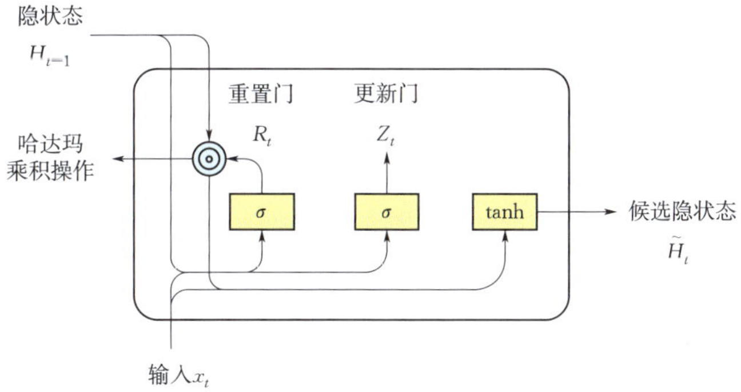

图 7-13　候选隐状态计算流程

7.3.3.3　隐状态

在计算候选隐状态后，需要结合更新门Z_t计算最终的隐状态。门控循环单元隐状态计算公式如下所示：

$$H_t = Z_t \odot H_{t-1} + (1 - Z_t) \odot \tilde{H}_t \tag{7-30}$$

结合图 7-14 和式(7-30)可以直观地看出 GRU 隐状态的工作原理：当更新门Z_t接近 1 时，表示前一时间步的信息更为重要，因此模型倾向保留旧状态。此时，来自 X_t 的信息基本上被忽略，从而有效地跳过了依赖链条中的时间步 t。当更新门Z_t接近 0 时，新的隐藏状态会接近候选隐藏状态 H_t。这种设计很好地解决了循环神经网络中的梯度消失问题，并更好地捕获时间步距离很长的序列的依赖关系。

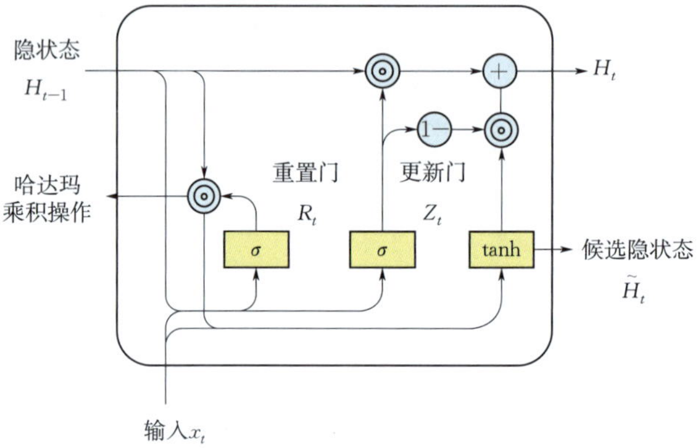

图 7-14 隐状态计算流程

第 8 章　不平顺时空数据分析

铁路轨道的作用是确保车辆运行在固定的铁路线形上。理想的铁路线路是完全平滑的，不存在任何变形。然而，由于承受荷载作用，以及复杂的地理、自然环境作用，实际的铁路线路不可避免地会产生各种病害和变形，线路或多或少与设计的铁路线形之间存在偏差，称之为轨道不平顺。轨道不平顺是指轨道的几何形状、尺寸和空间位置相对其设计状态的偏差。轨道不平顺包括：直线轨道不平、不直，相对轨道中心线位置和高度、宽度正确尺寸存在偏差；曲线轨道不圆顺，偏离正确的曲线中心线位置或正确的超高、轨距及顺坡变化数值等。高速铁路为满足高速行车和繁重运输任务的要求，除改进和加强轨道结构外，更应重视轨道状态的检测、监视和养护维修工作，以更好地识别和消除影响较大的轨道不平顺，保证线路质量和行车安全、平稳，降低轮轨动荷载。

本章将简要介绍不平顺的分类、不平顺数据的分析方法以及如何实现不平顺正向预测车体响应。

8.1　轨道不平顺的类型

8.1.1　按激扰方向分类

根据对机车车辆激扰作用的方向，轨道不平顺可分为垂向、横向以及复合三类。

8.1.1.1　垂向轨道不平顺

垂向轨道不平顺又分为高低不平顺、水平不平顺和扭曲不平顺。

(1)高低不平顺

高低不平顺是指轨道沿钢轨长度方向，在垂向上凹凸不平。轨道高低不平顺左、右两股钢轨高低起伏的变化并不相同，因此，高低不平顺又可分为左轨、右轨和轨道中心线高低不平顺。其中，轨道中心线高低不平顺等于左、右轨不平顺的平均值。

高低不平顺包括钢轨表面不平、轨道弹性变形和残余变形不均匀、部件间隙不一致、路基不均匀下沉等形成的垂向不平顺。轨道高低不平顺会激起车辆垂向振动，致使轮轨间垂向动作用力效应加剧，反过来进一步加剧轨道的不平顺。高低不平顺是激起车辆产生垂向振动的主要原因，车体因此产生浮沉和点头振动，并可使轮轨间产生过大的垂向作用力。

(2)水平不平顺

水平不平顺是轨道各个横截面上左右两轨顶面高差的波动变化。水平不平顺的幅值，在曲线上是指扣除正常超高值后的偏差部分，在直线上是指扣除一侧钢轨均匀抬高值后的偏差部分。轨道水平不平顺是由轨道高低不平顺所派生的。轨道水平不平顺引起机车车辆横向滚摆耦合振动、左右股钢轨不均匀受力和磨耗。

(3)扭曲不平顺

轨道扭曲不平顺(通常称为三角坑)为左、右两轨顶面相对于轨道平面的扭曲,具体指的是相隔一定间距的两组横截面水平幅值的代数差。扭曲不平顺反映轨道平面性的好坏。扭曲不平顺严重时,会导致车辆轮对三点支承、一点悬空,对转向架造成破坏;当偏差足够大时还有可能导致脱轨。

8.1.1.2 横向轨道不平顺

横向轨道不平顺包括轨道方向不平顺和轨距不平顺。

(1)轨道方向不平顺

轨道方向不平顺(常简称轨向不平顺或方向不平顺)指轨头内侧面沿长度方向的横向凹凸不平顺,即指两根钢轨横向偏移引起线路中心线的横向偏差。轨道方向不平顺包括轨道中心线偏差、轨排横向不均匀残余变形累积、轨头侧面不均匀磨耗、轨道横向弹性不一致等形成的横向不平顺。

轨向不平顺分为左轨向和右轨向不平顺。因为左、右两股钢轨方向的变化往往不同,尤其在轨枕和扣件薄弱的曲线区段差异更大,所以需要区别左、右轨,并将左、右轨方向不平顺的平均值作为轨道的中心线方向偏差。

轨向不平顺通常由铺轨施工、整道作业、钢轨横向残余变形累积、钢轨不均匀磨耗等原因造成。方向不平顺主要引起车辆的横向振动及摇头,增大轮轨横向力。

(2)轨距不平顺

轨距不平顺(或偏差)是在轨道同一横截面、钢轨顶面以下 16 mm 处、左右两股钢轨之间的最小内侧距离相对于标准轨距的偏差。轨距不平顺对车辆的横向稳定性有重要影响。

8.1.1.3 轨道复合不平顺

在轨道同一位置上,垂向和横向不平顺共同存在形成的双向不平顺称为轨道复合不平顺。危害较大的复合不平顺包括方向水平逆向复合不平顺和曲线头尾的几何偏差。

8.1.2 按波长特征分类

随机性轨道不平顺包含许多不同的波长成分,波长范围很宽,0.01～200 m 波长的不平顺均较常见。根据波长特征,可以将轨道不平顺分为三类,即短波不平顺、中波不平顺及长波不平顺。世界各国划分的波长范围不完全相同,我国的划分情况见表 8-1。

表 8-1 我国不同波长下的轨道不平顺分类

波长类型	波长范围	幅值范围	常见不平顺
短波不平顺	几毫米至几十毫米	1 mm 以内	轨面擦伤、轨面剥离、钢轨焊缝、波浪形磨耗
	几百毫米	2 mm 以内	钢轨波磨、轨枕间距不均匀
中波不平顺	1～3.5 m	0.1～1 mm	钢轨初始不平直
	3～30 m	1～35 mm	高低、水平、扭曲、轨向、轨距不平顺
长波不平顺	30～150 m	1～60 mm	高低、轨向不平顺

短波不平顺的波长在 1 m 以下,通常幅值很小,多在 0.1～2 mm,主要由钢轨接头焊缝、不均匀磨耗、轨头擦伤、剥离掉块、波浪和波纹磨耗以及轨枕间距不均匀等因素形成。

中波不平顺的波长范围在1～30 m。其中,1～3.5 m范围的波长成分,主要是钢轨在轧制过程中形成的周期性成分和波浪形磨耗;3～30 m波段主要由道床路基的残余变形不均匀,道床弹性、密实度不均,各部件间隙不等,接头或焊头形成的以轨长为基波的复杂周期波成分,以及桥涵、道口等轨道刚度变化和中、小跨度桥梁的动挠度等构成。

长波不平顺的波长范围在30～150 m,包括路基不均匀沉降,30 m以上跨度桥梁的挠曲变形,桥梁、隧道头尾刚度差异,测量误差形成的长波不平顺。多跨等距桥梁挠度形成的不平顺,具有周期性的特征。而更长的长波多由于地形起伏、线路坡度变化等形成。

8.1.3　按显现时有无轮载作用分类

按显现时有无轮载作用,轨道不平顺可分为静态不平顺和动态不平顺。

8.1.3.1　静态不平顺

静态不平顺是指用人工拉弦方法测量或利用测量小车测得的轨道不平顺。此时轨道无轮载作用,在较短范围内钢轨、轨枕不会跟随轨下基础结构的变形和缺陷等产生弯曲,因此静态不平顺不能真实反映轨下基础结构的实际情况,如存在轨枕空吊、暗坑等,只能反映轨道不均匀残余变形长时间积累形成的不平顺。

8.1.3.2　动态不平顺

动态不平顺是指当列车以一定速度通过时轨道显现出来的不平顺。当轨道承受车辆荷载和轮轨力作用时,若轨下基础结构存在缺陷,则钢轨会产生与正常区段不同的位移。即使静态不平顺相同的轨道,不同车辆通过时也会产生不同的动态不平顺。由于动态不平顺真实地反映了列车运行时的轨道状态,因此,目前各国轨道不平顺的各种控制及维修管理标准,尤其是安全管理标准,大多是控制动态不平顺值。

为了研究静态和动态不平顺之间的关系,中国铁道科学研究院和日本原国铁研究所都进行了大量的对比测量和分析,得到了类似的结论。对于3～30 m波长范围的轨道不平顺,已查明:

(1)对于相同线路,轨下基础结构缺陷越多,如存在扣件松脱、轨枕空吊、暗坑的情况越多,动态不平顺与静态不平顺之间的差异就越大。

(2)动态不平顺幅值越大,其与静态不平顺之间的差异就越大。

(3)新线刚完成钢轨铺设或大修、维修作业刚完工时,若作业质量较高,则动、静态不平顺间的差异较小。

(4)高平顺的高速轨道、无砟轨道,动、静态不平顺之间的差异较一般轨道上的差异小。不同轨道结构、不同种类的轨道不平顺,动、静态不平顺幅值之间的差异和相互关系各不相同。

8.1.4　轨道刚度不平顺

轨道刚度不平顺是指由于轨下基础结构发生变化或存在缺陷所引起的轨道沿纵向的弹性不均匀现象。刚度不平顺是产生动力激扰的主要因素,在无荷载作用时不易感知,但当车辆通过时,将出现不同于正常区段的轨道变形与冲击。长时间的这种作用将导致轨道的局部永久变形,从而可能造成轨道几何不平顺恶化,反过来又会加剧轮轨动力作用效应。

轨道刚度不平顺包括轨道过渡段刚度不平顺、道岔区轨道刚度不平顺以及轨下基础结构缺陷(包括轨枕失效或扣件松脱、道床暗坑或空吊板、道床板结或松散)等方面。

8.1.4.1　轨道过渡段刚度不平顺

当轨下基础支撑条件发生变化时,轨道刚度就会出现纵向不均匀现象,形成轨道刚度不平顺。此类刚度不平顺存在于路桥过渡段、路涵过渡段、隧道洞口、道岔头尾、有砟轨道与无砟轨道过渡段等,其中路桥过渡段最为典型。由于柔性路基与刚性桥台刚度差别很大,这种差别必将引起列车通过时轨面位移的响应不一致。同时,路基与桥台的沉降也不均匀,在桥路过渡点附近极易产生变形差而导致轨面发生弯折。当列车高速通过时,弯折将增加列车与线路的振动,引起轮轨动力作用增大,影响线路结构的稳定,加速线路状态的恶化,增加线路的养护维修费用,严重时甚至危及行车安全。因此,在路桥间设置一定长度的过渡段,可使轨道刚度逐渐变化,并最大限度地减小路桥间的变形差,以达到保证列车安全、平稳、舒适运行的目的。

8.1.4.2　道岔区轨道刚度不平顺

道岔的特殊结构决定了道岔区轨道的刚度要大于区间线路的轨道刚度。造成道岔区刚度增大且变化不均匀的原因有:岔枕长度不一致造成的轨枕支撑面积不一致;道岔区轨线多且轨头变化复杂,钢轨抗弯刚度变化较大;道岔区道床捣固不均匀等。

8.1.4.3　轨下基础结构缺陷

轨下基础结构缺陷可分为三种情况:

(1)轨枕失效或扣件松脱。

(2)道床暗坑或空吊板:路基沉陷、轨道变形及捣固作业等因素可使轨枕出现空吊现象,从而使该处的道床丧失正常的工作能力。

(3)道床板结或松散:由于道床铺设、维修及自然条件等方面的因素影响,道床会在一定区段内出现结构松散或道床板结现象,导致道床弹性、阻尼系数发生较大变化。

8.2　小波时频分析

轨道不平顺检测数据不是通过对固定测点长期连续检测而获得的,而是通过累积的各次区段检测数据形成的。每次的检测数据构成一组时间序列数据,多次检测数据则构成多组时间序列数据。由于轨道不平顺数据是沿线路方向,以一定的距离间隔进行采样的,因此轨道不平顺数据是一种典型的时间与空间序列。

常用的轨道不平顺统计描述方法包括时域范围内针对局部不平顺峰值的峰值管理法以及针对区段不平顺的均值管理法,在频域范围内的针对全局不平顺响应的功率谱密度法等。本节将介绍在时频分析中常用的小波变换。

8.2.1　小波变换概念

在了解小波变换前,需要先了解什么是时频分析。实际上,大多数信号都是时域原始格式的信号,也就是说信号是时间的函数。绘制时域信号时,通常获得的是信号的时间幅度表示。然而,在大多数与信号处理相关的应用上,该表示并不总是信号的最佳表示。在许多情况下,最杰出的信息隐藏在信号的频率内容中。时频分析便是一项获取信号的时域和频域信息的工具。一般常用的时频分析方法有傅里叶变换、小波变换等。

小波变换能够同时提供时间和频率信息，给出信号的时频表示。其本质是一种常见的时频分析方法，能够同时提供时域和频域的信息。相比于短时傅里叶变换，连续小波变换将正弦函数替换成小波函数作为基函数，通过计算母小波函数在不同尺度下缩放、平移后的结果得到一簇小波函数，将不同尺度下的小波函数对原始信号作卷积实现对任意信号的逼近。其中压缩后的小波可以用于识别原始信号中的高频成分，而拉伸后的小波可以用于识别原始信号中的低频成分。最终得到不同时刻、不同尺度下的小波系数。由于小波系数为复数，对其取平方可以得到小波能量。根据连续小波变换的数学性质，小波能量越大，代表该位置处的频率成分越明显。连续小波变换弥补了短时傅里叶变换中窗长固定的缺陷，使时频分析结果在低频部分具有较高的频率分辨率，在高频部分具有较高的时间分辨率，能够有效地运用于非平稳时间序列的研究，因此被誉为“数学显微镜”，在各领域的学术研究中得到了广泛的运用。

8.3.2　小波变换原理

对于任意能量有限信号 $f(t)$，其连续小波变换（CWT）定义为

$$W_f(a,b)=\frac{1}{\sqrt{a}}\int_{-\infty}^{+\infty} f(t)\,\psi^*\left(\frac{t-b}{a}\right)\mathrm{d}t \tag{8-1}$$

式中，$W_f(a,b)$为小波系数，a 和 b 分别为尺度因子和平移因子；$f(t)$为原始时域信号；$*$ 为复数运算；$1/\sqrt{a}$ 为归一化因子，用来确保小波与尺度因子相互独立；$\psi(t)$是基函数，其需满足以下条件：

$$\begin{cases}\psi(\pm\infty)=0\\ \psi(0)=0\\ \int_{-\infty}^{+\infty}\psi(t)\mathrm{d}t=0\end{cases} \tag{8-2}$$

常见的小波基函数有 Meyer，Morlet 等。其中 Morlet 小波基函数的表达式为

$$\psi(t)=\exp(i\,w_0 t)\exp\left(-\frac{t^2}{2}\right) \tag{8-3}$$

频率为 5 Hz 的 Morlet 小波基函数图像如图 8-1 所示。

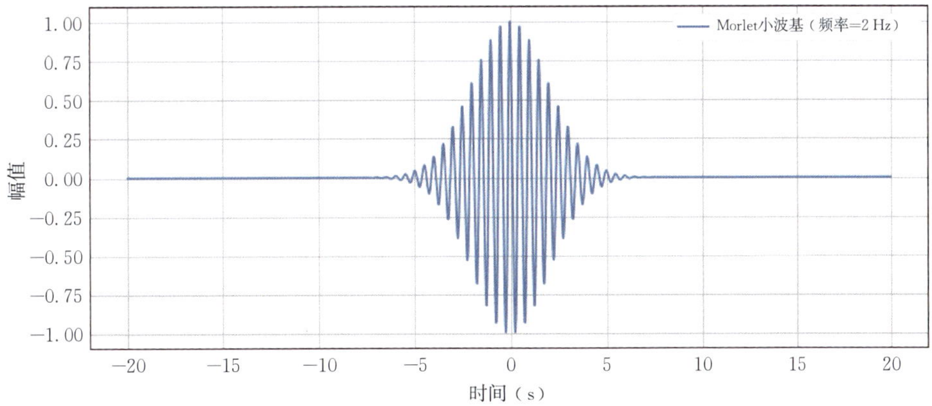

图 8-1　Morlet 小波基

小波能量的计算公式如下：

$$E=W_n^2(a,b) \tag{8-4}$$

一般情况下，对时间序列进行分析时希望得到平稳连续变化的小波振幅，通常将非正交的Morlet函数作为小波基函数，该小波基函数为一个对数衰减的复三角函数，其计算公式见式(8-4)。小波能量尺度与频率之间存在一定的换算关系，其换算公式见式(8-5)。

$$a_f=\omega_0\left(\frac{f_s}{f_w}\right)w_{tar} \tag{8-5}$$

式中，a_f为尺度因子；f_s和f_w分别为采样频率和分析小波频率；w_{tar}为目标波长；ω_0为小波基函数中心频率。

8.3 轨道谱分析

8.3.1 轨道谱概念

实际线路的几何状态受众多因素的影响往往表现出明显的随机性，这些影响因素包括：钢轨初始弯曲，钢轨磨耗、伤损，轨枕间距不均、质量不一，道床级配和强度不均、松动、脏污、板结，路基下沉不均匀、刚度变化等。它们综合作用，构成了轨道不平顺的随机特征。一般而言，功率谱密度函数是表述作为平稳随机过程的轨道不平顺的最重要和最常用的统计函数，由此而得轨道谱。工程中常采用功率谱图来描述谱密度对频率的函数变化。轨道不平顺的功率谱图是以谱密度为纵坐标、以频率或波长为横坐标的连续变化曲线，它可以清楚地表示不平顺的大小随频率的变化关系。轨道随机不平顺的统计特征只能依靠线路实地测量获得。国内外较典型的轨道谱有：美国轨道谱、德国轨道谱、中国普通干线铁路轨道谱、中国高速铁路无砟轨道谱等，本章只简单介绍美国轨道谱以及中国高速铁路无砟轨道谱，读者有兴趣请自行查询其余轨道谱。

8.3.1.1 美国轨道谱

美国联邦铁路管理局根据大量实测资料得到线路不平顺功率谱密度，拟合成一个以截断频率和粗糙度常数表示的偶次函数，其波长范围为1.524～304.8 m，轨道级别分为6级。

(1)轨道高低不平顺：

$$S_v(\phi)=\frac{A_v\phi_{v2}^2(\phi^2+\phi_{v1}^2)}{\phi^4(\phi^2+\phi_{v2}^2)} \tag{8-6}$$

(2)轨道轨向不平顺：

$$S_a(\phi)=\frac{A_a\phi_{a2}^2(\phi^2+\phi_{a1}^2)}{\phi^4(\phi^2+\phi_{a2}^2)} \tag{8-7}$$

(3)轨道水平不平顺：

$$S_c(\phi)=\frac{A_c\phi_{c2}^2}{(\phi^2+\phi_{c1}^2)(\phi^2+\phi_{c2}^2)} \tag{8-8}$$

(4)轨道轨距不平顺：

$$S_g(\phi)=\frac{A_g\phi_{g2}^2}{(\phi^2+\phi_{g1}^2)(\phi^2+\phi_{g2}^2)} \tag{8-9}$$

式中，$S(\phi)$为轨道不平顺功率谱密度[$\mathrm{m}^2/(1/\mathrm{m})$]；$S(\phi)$为不平顺空间频率(1/m)；$A$是粗糙度常数(m)；$\phi_1$、$\phi_2$是截断频率(1/m)。

美国铁路所有级别的粗糙度参数和截断频率见表 8-2。

表 8-2 美国标准轨道谱参数

类型	参数	线路等级					
		一级	二级	三级	四级	五级	六级
高低	$A_a/(10^{-7}\mathrm{m})$	16.721 7	9.525 0	5.291 7	2.963 3	1.672 2	0.952 5
	$\phi_{a1}/(1/\mathrm{m})$	0.023 3	0.023 3	0.023 3	0.023 3	0.023 3	0.023 3
	$\phi_{a2}/(1/\mathrm{m})$	0.131 2	0.131 2	0.131 2	0.131 2	0.131 2	0.131 2
轨向	$A_v/(10^{-7}\mathrm{m})$	10.583 3	5.926 7	3.386 7	1.883 8	1.058 3	0.592 7
	$\phi_{a1}/(1/\mathrm{m})$	0.032 8	0.032 8	0.032 8	0.032 8	0.032 8	0.032 8
	$\phi_{a2}/(1/\mathrm{m})$	0.183 7	0.183 7	0.183 7	0.183 7	0.183 7	0.183 7
水平	$A_c/(10^{-7}\mathrm{m})$	4.868 3	3.386 7	2.328 3	1.566 3	1.058 3	0.719 7
	$\phi_{c1}/(1/\mathrm{m})$	0.023 3	0.023 3	0.023 3	0.023 3	0.023 3	0.023 3
	$\phi_{c2}/(1/\mathrm{m})$	0.131 2	0.131 2	0.131 2	0.131 2	0.131 2	0.131 2
轨距	$A_g/(10^{-7}\mathrm{m})$	10.583 3	5.926 7	3.386 7	1.883 8	1.058 3	0.592 7
	$\phi_{g1}/(1/\mathrm{m})$	0.029 2	0.029 2	0.029 2	0.029 2	0.029 2	0.029 2
	$\phi_{g2}/(1/\mathrm{m})$	0.232 9	0.232 9	0.232 9	0.232 9	0.232 9	0.232 9

8.3.1.2 中国高速铁路无砟轨道谱

中国速度为 300～350 km/h 的高速铁路大规模采用无砟轨道，不平顺谱采用幂函数分段拟合，各波长区域的轨道谱均采用统一表达式：

$$S(f)=\frac{A}{f^n} \tag{8-10}$$

式中，$S(f)$的单位为 $\mathrm{mm}^2/\mathrm{m}^{-1}$；$f$ 为空间频率 m^{-1}。表 8-3、表 8-4 给出了拟合系数以及各分段点的空间频率对应波长，适用于速度为 300 km/h～350 km/h 的无砟线路。

表 8-3 中国高速铁路无砟轨道不平顺的平均谱拟合系数

类型	第一段		第二段		第三段		第四段	
高低	A	n	A	n	A	n	A	n
轨向	1.054 4	10	3.389 1	3.558 8	10	1.927 1	1.978 4	10
水平	3.951 3	10	1.867 0	1.104 7	10	1.535 4	7.563 3	10
轨距	3.614 8	10	1.727 8	4.368 5	10	1.046 1	4.586 7	10

表 8-4 中国高速铁路无砟轨道不平顺谱各分段点的空间频率及对应波长

类型	第一、二段之分段点		第二、三段之分段点		第三、四段之分段点	
	空间频率/m^{-1}	空间波长/m	空间频率/m^{-1}	空间波长/m	空间频率/m^{-1}	空间波长/m
高低	0.018 7	53.5	0.047 4	21.1	0.153 3	6.5
轨向	0.045 0	22.2	0.123 4	8.1	—	—
水平	0.025 8	38.8	0.116 3	8.6	—	—
轨距	0.109 0	9.2	0.293 8	3.4	—	—

8.3.2 基于 Welch 谱估计方法的分析过程

利用 Welch 法计算轨道谱的过程如下：

(1)选取 3 条轨道中桥梁段、路基段、隧道段大于 1 km 区段的左右高低不平顺和 3 条轨道中直线段、曲线段大于 1 km 区段的左轨向、右轨向、水平、三角坑不平顺作为轨道不平顺谱输入数据。

(2)采用海明窗将轨道不平顺采样数据按 4 096 点(计算长度为 1 024 m)划分为子段，且相邻各段数据间有 50%的点重叠。

(3)对划分好的每段数据进行谱分析，计算每一段数据的功率谱。

(4)将求得的每段数据的功率谱相加除以子段数求得功率谱的平均值，就得到了整个信号的功率谱。

在轨道不平顺谱中包含了轨道不平顺随机波形的大量信息，图 8-2 为一个简化的轨道谱图。

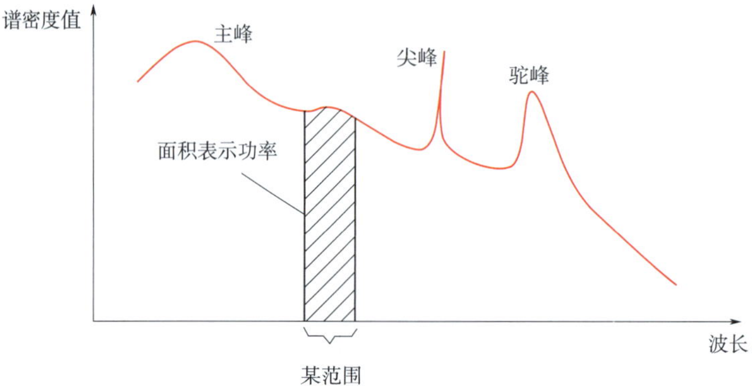

图 8-2 简化轨道谱

从图 8-2 中可以得到：

①图中横坐标表示波长，纵坐标表示谱密度值，任意两波长与轨道不平顺谱曲线和横轴之间围成的面积(图中阴影部分)表示功率，该面积越小，表示该波段范围的波长的幅值越小，均方值也越小，即代表该段轨道的平顺性越好。

②谱密度值最大处为主峰，表示频谱中信号的主能量。

③图中出现的尖峰代表轨道不平顺数据存在周期性波长成分，且该波长成分是尖峰值所对应的横坐标值。

④图中出现的驼峰表示原始轨道不平顺数据中存在幅值随机变化的窄带随机性波长成分。

8.4 不平顺正向预测车体响应实践

高速铁路列车运行速度的不断提升，对轨道质量的评估也提出了更精确、更快速的要求。既有的评价方法普遍采用实测轨检数据计算轨道质量指数，以此评估轨道几何状态并指导线路养护维修。然而，车辆实际的振动状态在现有评价方法中极少被考虑，这可能导致依据现有的轨道状态评价标准进行评估时，难以对一些可能造成车辆发生运行事故的潜在轨道缺陷实现精确识别。车辆振动加速度既是轨道不平顺输入激励和车辆动力学响应特征的综合反映，也是车辆乘坐舒适性的直观体现，结合轨道不平顺与车体响应的轨道质量评价能进一步对轨道缺陷进行有效识别,这就需要建立一个能够有效将轨道几何状态和车体振动响应联系起来的预测模型。

本节将介绍基于数据模型对车体响应和轨道不平顺的研究现状,重点关注深度学习在不平顺正向预测车体响应方面的应用和发展,介绍基于深度学习的车体加速度估计。

8.4.1　基于数据模型对车体响应和轨道不平顺的研究现状

利用轨道几何并基于数据模型预测车体响应是一种可行的方法,其中数据模型又可进一步分为基于信号处理的模型和基于机器学习的模型。杨怀志、牛留斌等基于系统辨识理论,以实测轨道不平顺和车体垂向加速度为基础,计算轨检数据功率谱密度及其相干函数,用状态空间方法构建了轨道不平顺和车体加速度之间的传递模型,并对车体加速度进行了估计;Li 等通过快速傅里叶变换在频域上求解,或者通过基于系统辨识构造的滤波函数在时域上求解,提出了一种基于轨道－车辆交互仿真的动态垂向轨道不平顺评估方法;Odashima 等基于卡尔曼滤波,使用车体加速度实现对轨道垂向不平顺的预测,预测结果表明,该算法对轨道垂向不平顺的预测具有较好的精确性;Shafiullah 等利用回归算法对车体垂向加速度进行了预测,并利用快速傅里叶变换从预测数据中生成车体垂向加速度的频谱分析,用于评估轨道几何状态;Berggren 等提出了一种将车辆－轨道耦合模型与系统辨识理论相结合的方法,用于计算长大轨道区段不同行驶速度下多种类型车辆的轮轨力。

以上研究都是基于信号处理,建立的模型计算效率高,计算概念清晰,但其本质上是线性模型,只适用于列车匀速运行条件。近些年来,随着人工智能的快速发展,深度学习算法也被应用到工程的各个方面。基于机器学习的模型主要是利用人工神经网络和支持向量机等智能模型进行构建的,其能够对工程中的问题进行自我学习,掌握相应问题的客观规则,从而实现自动解决问题。国内外专家学者也将深度学习相关的算法用于识别轨道几何形状与车辆响应之间的复杂模型和非线性关系。牛留斌使用相干函数对车体振动和轨道不平顺之间的相干性进行了深入分析,确定了对车体加速度影响较大的波动频段,构建了一个 3 层的 BP 神经网络关联模型,使用轨道不平顺对车体加速度进行预测;Kraft 等基于循环神经网络(RNN)神经网络建立黑箱模型,实现了利用轨道不平顺预测加速度;裴国史对车辆－轨道多体动力学模型在谐波型不平顺激扰作用下产生的车体振动响应特征进行了分析,探究了不同动力学响应指标因为不同的几何不平顺的波长、幅值、波数变化而产生变化的相应规律,建立了时间序列预测模型、神经网络模式识别预测模型、BP 神经网络预测模型以及径向基网络预测模型,将其用于识别谐波型轨道不平顺,并对比不同预测模型的识别效果;耿松通过将轨道不平顺定义为输入变量,将车体振动加速度设置为输出,建立了车辆系统的 BP、RBF、NARX 等神经网络模型;杨晓以深度学习理论为基础,搭建了轨道不平顺估计模型,并使用相干性分析方法确定了估计模型的关联变量。

8.4.2　CNN、LSTM 神经网络模型介绍

第 7 章做了关于深度学习的介绍,本章不做过多赘述。本章主要对 CNN 和 LSTM 两种深度学习神经网络模型的研究现状作一个简要介绍。

RNN 是一种随时间展开的模型,每个时刻都有输入和输出,每个时刻的输出都受到之前时刻的影响,同时,当前时刻的状态也对下一时刻的行为造成影响。最早的 RNN 是 Hopfield

在 1982 年提出的霍普菲尔网络(Hopfield network,HN);随后,Elman 在 1990 年提出了一种对时间序列数据进行处理的网络结构。然而,简单的 RNN 在训练的过程中存在梯度消失和梯度爆炸的问题,使其无法对较长时间的序列保持记忆。为了解决这一问题,Hochreiter 等在 1997 年提出了一种名为长短时记忆神经网络的训练模型(long short-term memory,LSTM),在 RNN 模型的基础上增添了一个记忆状态单元,使其能够保存长期的信息,随后 LSTM 被广泛应用于各个领域中直到今日。

8.4.3 CNN-LSTM 组合模型搭建及优化

本节将介绍一种 CNN-LSTM 组合模型,其主要由两部分组成,其中,CNN 模型负责波形特征提取,LSTM 负责时间序列上信息的传递。CNN 模型部分参考二维卷积处理方式,使用宽为轨道不平顺种类数、长为输入序列长的卷积核,体现车体同时受轨道上不同种类的轨道不平顺激励作用。卷积层采用线性整流函数(ReLu)激活,增加非线性。CNN 通过不同的卷积核提取数据的不同波形特征,将提取出的特征向量与当前时刻的列车运行速度以时序序列方式构造并作为 LSTM 的输入数据。之后,LSTM 整合当前以及之前时刻的轨道不平顺特征与速度信息,输出当前时刻车体状态信息。这一过程体现了车辆振动不仅受当前时刻轨道不平顺与列车速度的影响,同时也受之前时刻车体本身振动的影响这一事实。再通过全连接层,得到当前时刻的车体加速度。考虑到车辆振动是一个连续的状态,车辆所受到的轨道不平顺也是连续的,将其步长设为 1。由于车体垂向加速度和横向加速度的估计是分开研究的,因此,分别建立了垂向 CNN-LSTM 组合模型和横向 CNN-LSTM 组合模型,两个模型的结构基本相同。

在训练过程中,为避免 CNN 网络中提取的特征过多出现过拟合,在 CNN 和 LSTM 的连接层放置一个 dropout 随机阻塞层间节点之间的连接。本节采用 Adam 优化方法训练 CNN-LSTM,学习率设置为 0.001。

8.4.3.1 垂向 CNN-LSTM 组合模型

垂向 CNN-LSTM 组合模型以实测轨道左右高低不平顺和列车运行速度作为输入数据,将轨道左右高低不平顺按时间序列特征展开,表征为空间维度上左右两根钢轨的垂向波动信息。使用宽为 2、长为输入序列长的卷积核,体现车体同时受左右轨道不平顺的影响而产生车体振动。垂向 CNN-LSTM 模型如图 8-3 所示。

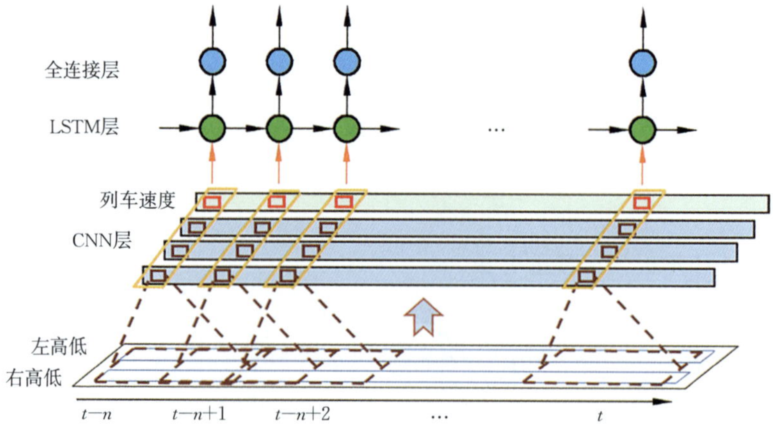

图 8-3 垂向 CNN-LSTM 组合模型

对 CNN-LSTM 组合模型来说，输入序列长度、卷积核数以及 LSTM 网络深度的大小都会对模型估计结果造成一定的影响。本节采用试验法在一定范围内对上述这些参数的值进行选定，使模型尽量达到最优。当研究一个参数时，所有其他的参数都固定在一个适当的范围内保持不变，使用 RMSE 评价指标对模型性能进行评价。经过试验确定了垂向 CNN-LSTM 的模型参数和模型结构，模型细节见表 8-5。

表 8-5　垂向 CNN-LSTM 模型细节

连接层	输出数据的尺寸	细　节
输入层	$2\times t$	左右高低不平顺组成的二维数据，t 根据研究线路的长短而定
CNN	48×1	1 层卷积层，卷积核数目设为 48，卷积核尺寸设为 2×256，ReLu 激活函数
LSTM	48×1	5 层 LSTM 层，输入数据为 CNN 层的输出数据加上当前采样点列车运行速度，droupout 率为 0.2
全连接层	32×1	tanh 激活函数
全连接层	16×1	tanh 激活函数
全连接层	1×1	tanh 激活函数
输出层	1×1	当前采样点垂向车体加速度

8.4.3.2　横向 CNN-LSTM 组合模型

在 3～200 m 的波段范围内，左右轨向和水平与车体横向加速度的相干系数较高；在大于 200 m 的波段范围，横向车体加速度与超高、水平的相干性较高。由于车体横向加速度在曲线段会呈现一个超长波长，这个超长波长主要受列车运行速度和超高的影响，曲线波动比较平缓，更多的是一种因超高和列车运行速度导致的波动趋势。考虑到车体横向加速度在曲线段处的这一特殊性，CNN 网络部分只对左右轨向和水平不平顺的波长特征进行提取，将超高和列车运行速度作为 LSTM 层的输入数据。CNN-LSTM 模型使用宽为 3、长为输入序列长的卷积核。横向 CNN-LSTM 模型如图 8-4 所示，模型细节见表 8-6。

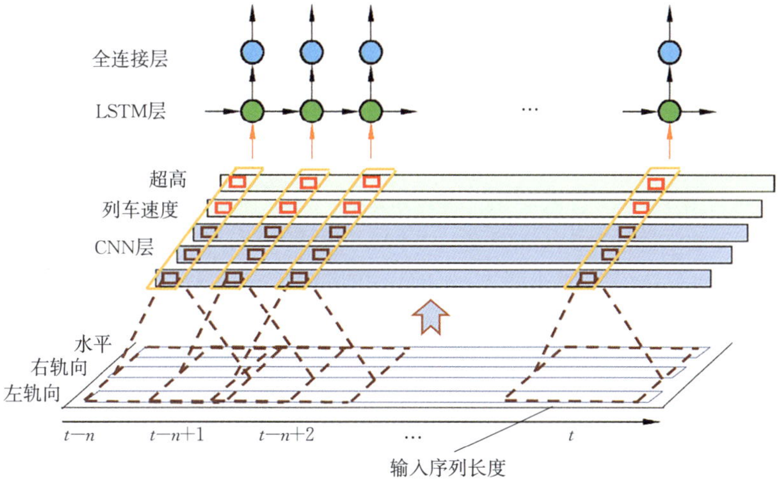

图 8-4　横向 CNN-LSTM 组合模型

表 8-6 横向 CNN-LSTM 模型细节

连接层	输出数据的尺寸	细　节
输入层	$3\times t$	左右高低不平顺组成的二维数据，t 根据研究线路的长短而定
CNN	48×1	1 层卷积层，卷积核数目设为 48，卷积核尺寸设为 3×256，ReLu 激活函数
LSTM	48×1	5 层 LSTM 层，输入数据为 CNN 层的输出数据加上当前采样点列车运行速度，droupout 率为 0.2
全连接层	32×1	tanh 激活函数
全连接层	16×1	tanh 激活函数
全连接层	1×1	tanh 激活函数
输出层	1×1	当前采样点垂向车体加速度

8.4.3.3 结果对比分析

对垂向 CNN-LSTM 模型进行训练和验证时，将数据按照 80%、10%和 10%的比例分为训练数据集、验证数据集和测试数据集。为使模型能够充分训练且减少无用的训练次数，在训练模型时引入了早停机制，即当损失函数在连续 N 个迭代周期内都没有降低时停止训练，按照经验取 $N=10$。CNN-LSTM 模型的训练及验证损失函数如图 8-5 所示。CNN-LSTM 组合模型迭代训练 40 次时，均方误差(MSE 误差)已经趋于平缓。验证集误差随着训练集误差下降而下降，且均收敛到一个较小的差错值，表明模型拟合能力较好。

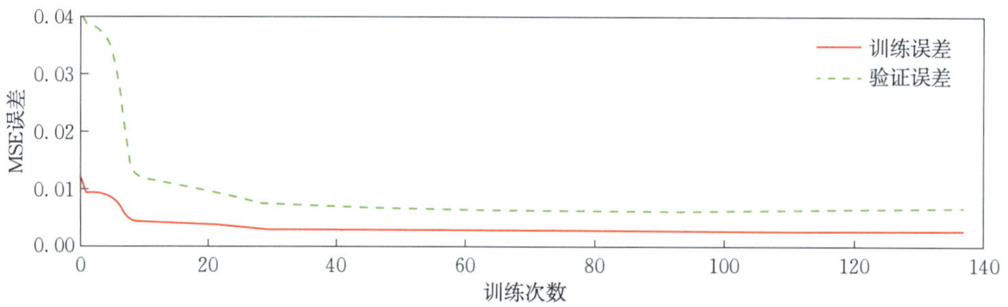

图 8-5 垂向 CNN-LSTM 训练损失 MSE 误差

横向 CNN-LSTM 模型的训练及验证损失函数如图 8-6 所示。横向 CNN-LSTM 组合模型迭代训练 40 次时，MSE 误差已经趋于平缓；验证集误差随着训练集误差下降而下降，且均收敛到一个较小的差错值，表明模型拟合能力较好。为了验证横向 CNN-LSTM 模型对不同工况的适应性，本节分别使用动力学仿真、LSTM 模型和横向 CNN-LSTM 模型对不同轨道类型和不同路线线形的车体横向加速度进行估计，并将估计结果和实测车体横向加速度进行对比，计算相应的 RMSE 指标。

为了验证模型的高效性，分别使用动力学仿真模型、LSTM 模型、CNN-LSTM 模型对一段长为 3km 的路段进行计算，计算结果见表 8-7，其中 T 为 3 种模型计算花费的时间。

表 8-7 显示，计算一段长为 3 km 路段的车体垂向加速度时，动力学仿真模型花费的时间为 53.047 s，而 CNN-LSTM 网络模型花费的时间为 1.653 s，预测效率提升了 32 倍。为更合理地验证所建立模型相对于动力学仿真模型的高效性，对模型的训练时间也进行了考虑。完

成训练的神经网络模型可重复使用，因此只需考虑模型完成一次训练的时间。对于1 000 km的线路，建立的 CNN-LSTM 网络模型在训练迭代次数为 40 次时，花费时间约为 60 min，预测时间约为 9 min，总共花费 69 min。而动力学仿真模型的单次计算时间约为 295 min。可以明显看出，随着所分析线路长度的增加，CNN-LSTM 模型的高效性愈发显著。

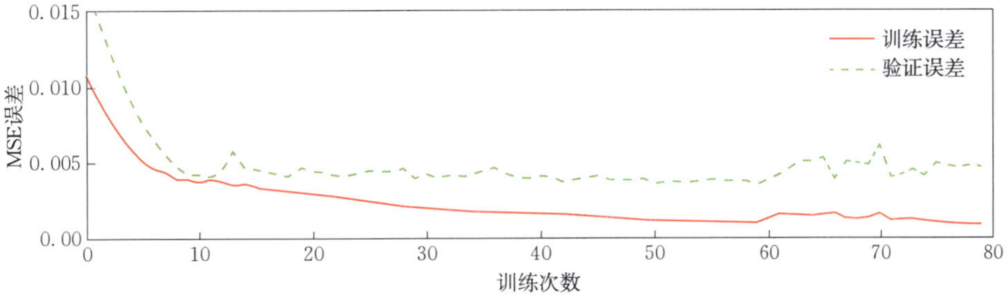

图 8-6　横向 CNN-LSTM 训练损失 MSE 误差

表 8-7　模型预测时间

模　　型	T(s)
动力学仿真模型	53. 047
LSTM 网络模型	1. 755
CNN-LSTM 网络模型	1. 653

第 9 章　巡检图像数据分析

9.1　传统图像处理技术

在使用机器学习和深度学习处理图像的方法获得大发展之前，曾广泛使用图像滤波、边缘检测和特征提取等基于数字和信号处理原理的传统图像处理技术。即使在现在，由于计算需求小、使用方便等原因，这些传统技术仍常用于图像预处理等场合。

9.1.1　图像滤波

图像滤波是图像处理中用于改善图像质量、去除噪声、突出或模糊图像中的特定特征的方法。图像滤波通常涉及在图像的每个像素周围应用一个滤波器或核，以改变该像素的值。以下是一些常见的图像滤波方法。

(1)均值滤波:一种简单的滤波方法，它将每个像素的值替换为其周围像素值的平均值。这种方法通常用于去除图像中的轻微噪声，但可能会导致图像边缘变得模糊。

(2)高斯滤波:使用高斯函数作为权重函数，对周围像素进行加权平均。与均值滤波相比，高斯滤波考虑了距离中心像素更远的像素的权重较小，因此能够更好地保留图像的细节。

(3)中值滤波:一种非线性滤波方法，它将每个像素的值替换为其周围像素值的中值。中值滤波对于椒盐噪声等形式的脉冲噪声非常有效，因为它不依赖于像素值的平均值。

(4)双边滤波:考虑了像素之间的空间距离和像素值之间的差异，以更好地保留图像的边缘信息。它使用两个高斯滤波器，一个用于像素值，另一个用于空间距离。

(5)导向滤波:一种基于图像的梯度信息来导向滤波过程的技术。它能够更好地保留图像中的细节信息，并且在去除噪声的同时保持图像的清晰度。

(6)小波变换:一种基于频域的滤波方法，它将图像分解成不同频率的子带，并对每个子带进行滤波。小波变换能够同时提供时域和频域的信息，因此对于多尺度分析和去噪非常有效。

9.1.2　边缘检测

边缘检测旨在识别图像中物体之间的边界或不连续性，通常表现为图像中像素强度的突变。边缘检测对于物体检测、图像分割、目标识别等应用具有重要意义。以下是一些常见的边缘检测方法。

(1)Sobel 算子:一种常用的边缘检测算子，它使用一系列的卷积核来检测图像中的水平和垂直边缘。Sobel 算子对于不同方向的边缘具有不同的响应，可以通过对水平和垂直边缘的响应进行组合来得到总体的边缘响应。

(2)Canny 边缘检测:一种经典的边缘检测算法，它具有高灵敏度和低误差率的特点。Canny 边缘检测算法包括图像滤波、梯度计算、非极大值抑制、双阈值检测和边缘跟踪等步骤。

(3)Laplacian 边缘检测:一种基于二阶导数的边缘检测方法,它在图像中寻找像素强度的二阶变化来检测边缘。

9.1.3　特征提取

特征提取的目标是从原始数据中提取出具有代表性的特征,也就是图像的局部结构、纹理、颜色、边缘、形状等信息以便进行后续的分析、分类、识别等任务。特征提取可以帮助减少数据的维度、减少计算复杂度、增强模式的可分性,并且能够保留图像中最具有代表性的信息。在使用神经网络方法进行特征提取前,曾广泛使用以下几种特征提取方法。

9.1.3.1　尺度不变特征变换

尺度不变特征变换(scale-invariant feature transform,SIFT)是一种局部特征描述符,能够在图像中检测出具有尺度不变性的关键点,并计算这些关键点的特征描述符。SIFT 特征对于图像的缩放、旋转和视角变化具有较好的不变性。SIFT 包括以下步骤:

(1)尺度空间极值检测:通过高斯差分函数寻找图像中的尺度不变极值点。

(2)关键点定位:在尺度空间中定位关键点,通过局部极值的曲率判断来筛选稳定的关键点。

(3)方向分配:为每个关键点分配主方向,以提高特征的旋转不变性。

(4)特征描述:基于关键点周围的图像区域计算特征向量,用于描述关键点的局部外观特征。

9.1.3.2　方向梯度直方图

方向梯度直方图(histogram of oriented gradients,HOG)是一种用于物体检测和图像分类的特征描述符,其基本思想是将图像分成小的局部区域,并计算每个区域的梯度方向直方图。HOG 特征提取包括以下步骤:

(1)图像梯度计算:使用 Sobel 算子等方法计算图像中每个像素点的梯度幅值和方向。

(2)单元格划分:将图像划分成多个单元格,并将每个单元格内的梯度方向进行统计。

(3)细胞块归一化:将邻近的若干个单元格组成一个块,并对每个块内的梯度进行归一化。

(4)特征向量拼接:将每个块的特征向量拼接成一个全局的特征向量,用于描述整个图像。

9.1.3.3　灰度共生矩阵

灰度共生矩阵(gray-level co-occurrence matrix,GLCM)是用于描述图像纹理特征的一种统计方法,其通过分析图像中像素的空间关系来计算共生矩阵。GLCM 特征提取过程包括以下步骤:

(1)确定邻距和灰度级:选择相邻像素的距离和角度,并确定图像的灰度级别。

(2)计算共生矩阵:统计图像中每对相邻像素的共生关系,并构建共生矩阵。

(3)特征提取:从共生矩阵中提取出一些统计特征,例如对比度、能量、均匀度等,用于描述图像的纹理特征。

9.2　YOLO 网络

在使用神经网络进行图像处理任务时,通常把图像处理任务分为三类——图像分类、目标检测和语义分割(图 9-1),这三种任务的复杂度是逐渐增加的。图像分类(classification)任务是将图像分配到预定义的类别中的一种任务。它通常不关心图像中对象的具体位置,而只关注图像所包含的主要内容。目标检测(object detection)旨在识别图像中存在的对象,并确定它们的位置和边界框。这个任务对于许多应用非常重要,比如自动驾驶、视频监控、物体跟踪等。语义分割(semantic segmentation)旨在将图像中的每个像素分类到预定义的类别中,从而实现对图像的像素级别理解,获得图像中不同区域的语义信息。如果能进一步将像素区分为具体的个体,则称为实例分割(instance segmentation),图 9-1 中实际上就是实例分割。

图 9-1 三种神经网络图像处理任务

9.2.1 YOLO 网络结构

YOLO(you only look once)是一种用于实现目标检测任务的神经网络,在 YOLO 提出之前,在目标检测任务上运行速度最快的结构是 R-CNN,R-CNN 提出了候选区的概念,先从图片中搜索出可能存在对象的候选区,然后对每个候选区进行目标分类,而 YOLO 则将候选区和目标分类合二为一,只看一次便确定有哪些对象以及它们的位置。

由此,YOLO 模型大大加快了目标检测算法的运行速度,降低了实时目标检测的算力需求。而且 YOLO 不像之前的目标检测算法由于使用了滑窗或者候选区,分类器只能得到图像的局部信息,YOLO 可以看到一整张图片的信息,因此可以很好地利用周围信息,极大地降低背景错误的概率。

YOLO 网络借鉴了 GoogLeNet 网络的结构,整个网络包括 24 个卷积层和两个全连接层,如图 9-2 所示,其中卷积层用来提取图像特征,全连接层用来预测图像位置和类别概率值。基础 YOLO 的检测流程如下:

(1)将图片缩放到 448×448 的固定尺寸。

(2)YOLO 将输入图像划分为 7×7 的栅格,每个栅格负责检测中心落在该栅格中的物体。

(3)每个栅格预测 2 个边界框(bounding box),每个边界框包含五个值,分别是边界框的中心坐标 x/y 值,边界框的宽高 w/h,以及这些边界框的 confidence score(边界框与实际物体所在框的 IOU 值)。

(4)每个网格还要预测 n 个类的条件概率,这是一个 n 维向量,表示某个物体在这个网格中,且该物体分别属于各个类别的概率。

(5)最后采用非极大值抑制算法从输出结果中提取最有可能的对象和其对应的边界框。

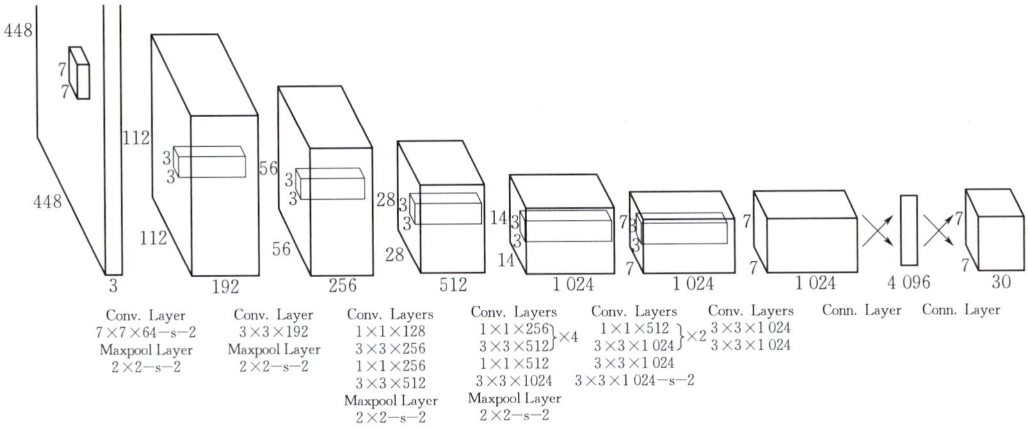

图 9-2　YOLOv1 网络结构

9.2.2　YOLO 网络的改进

基于最初的 YOLO 网络，已经发展出了多种改进版本的 YOLO 网络，第一个改进网络是 YOLOv2 网络（图 9-3），为了提升定位准确度，改善召回率。YOLOv2 在 YOLOv1 的基础上提出了以下几种主要改进策略。

（1）YOLOv2 使用了新的 Darknet-19 网络来进行特征提取，其网络结构包括 19 个卷积层和 5 个最大池化层，并使用了 1×1 卷积以压缩特征图通道数以降低模型计算量和参数。

（2）YOLOv2 中在每个卷积层后都增加了 Batch Normalization 层，可以起到一定的正则化效果，能提升模型收敛速度，防止模型过拟合。

（3）YOLOv2 使用锚框（anchor box）进行卷积，YOLOv1 利用全连接层直接对边界框进行预测，导致不能充分考虑空间信息，定位不准。YOLOv2 通过缩减网络，使用 416×416 的输入，模型下采样的总步长为 32，最后得到 13×13 的特征图，然后对 13×13 的特征图中的每个点预测 5 个锚框，对每个锚框预测边界框的位置信息、置信度和一套分类概率值。

（4）YOLOv2 借鉴了 SSD 网络联合使用多尺度的特征图做检测，使用 pass through 层将高分辨率特征图与低分辨率特征图联系在一起。YOLOv2 提取 Darknet-19 最后一个 max pool 层的输入，得到 26×26×512 的特征图。经过 1×1×64 卷积降低维度得到 26×26×64 的特征图，然后抽取原特征图每个 2×2 的局部区域组成新的 channel，变成 13×13×256 的特征图，再与 13×13×1 024 大小的特征图连接成 13×13×1 280 的特征图，最后在该特征图上做预测。

YOLO 网络提出的第二年，何恺明等人在 Resnet 网络中提出了残差结构（见 9.3.2），Resnet 网络提出的第二年，研究人员使用残差结构提出了 YOLOv3 网络（图 9-4），相比较于 YOLOv2，YOLOv3 做出了以下三点主要改进。

（1）使用了新的网络结构 Darknet-53 进行特征提取，该网络使用了残差结构，并且表现出了比 Resnet 更快的计算速度。

（2）相比 YOLOv2，YOLOv3 提取最后 3 层特征图，不仅在每个特征图上分别独立做预测，而且对小特征图做上采样，使其与大特征图相同大小，然后与大特征图拼接做进一步预测。

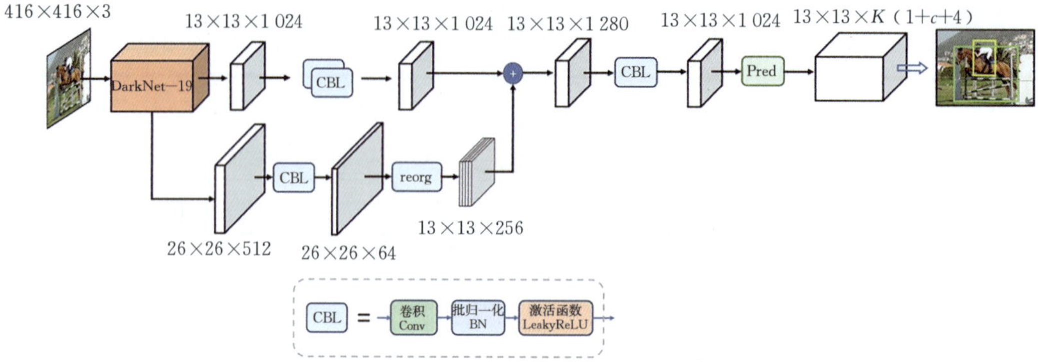

图 9-3 YOLOv2 神经网络结构

(3)在实际应用中,一个物体可能同时属于多个类别,单标签分类在实际场景中存在一定的限制。因此 YOLOv3 在网络结构中把原先的 softmax 层换成了逻辑回归层,从而实现了多标签分类。

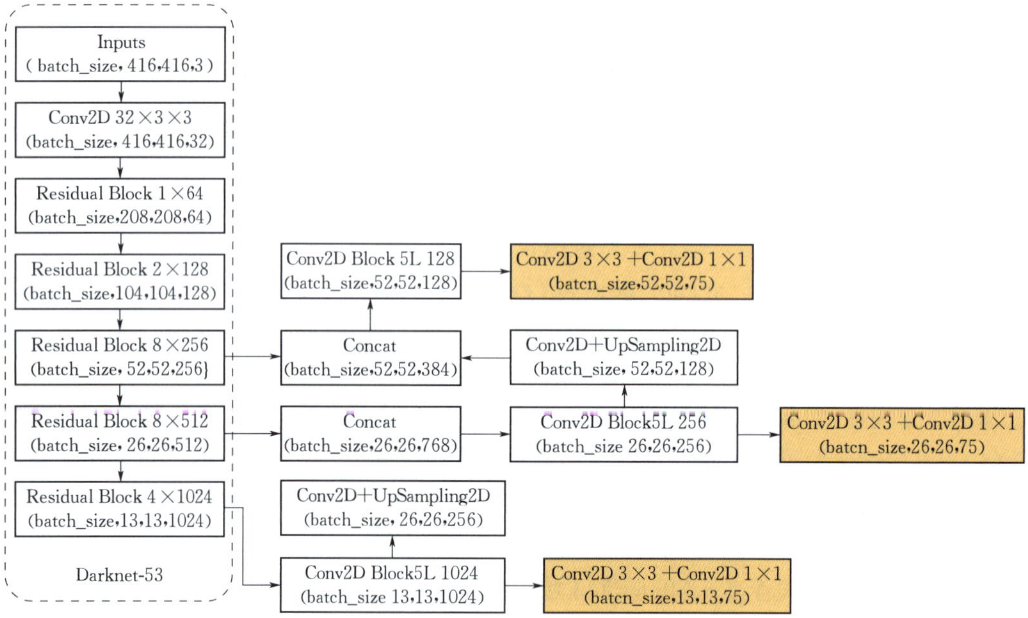

图 9-4 YOLOv3 神经网络结构

9.2.3 铁道工程应用示例

本节通过改进 YOLOv3 模型对钢轨伤损 B 显图像进行检测,以期为钢轨超声探伤设备提供快速高效的伤损智能检测功能。钢轨伤损 B 显图像(图 9-5)由双轨式钢轨超声波探伤仪采集。数据类型主要包括:核伤、轨底伤损、表面伤损、异常螺孔四类异常数据和断面、接头、螺孔、焊缝四类正常数据。双轨式探伤仪在每侧钢轨处设置有 1 个超声波探轮,每个超声波探轮有 9 个超声波探头,共 18 个超声波通道。每个超声波通道输出一个 B 显数据组,最终每张 B

显图片可以看作由 18 个通道的 B 显数据叠加而成。

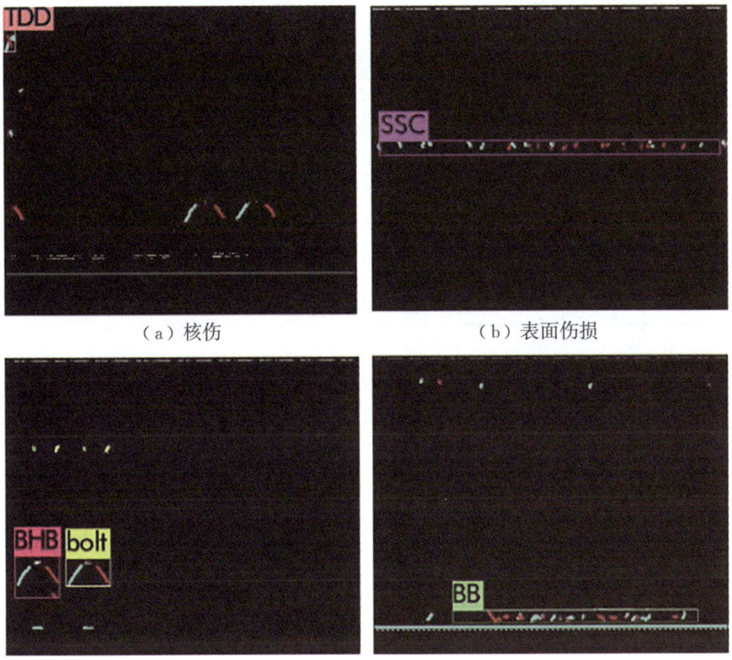

（a）核伤　（b）表面伤损　（c）异常螺孔　（d）轨底伤损

图 9-5　钢轨超声 B 显图像

在 B 显图像中各类伤损（包括核伤、轨底伤损）的尺寸较小，一般只有少于 3 个反射点。传统的 YOLOv3 模型很容易漏检这种尺度较小的对象。因此如何扩展模型的感受也是改进 YOLOv3 模型时关注的重点，该节中的模型主要通过下面三种方法改进模型性能：增加极小尺度检测层、增加 SPP 模块以及增加 SE 模块。整体网络结构如图 9-6 所示。

为了提升小目标的检测精度，YOLOv3 模型引进了特征金字塔的概念并且使用三种不同大小的特征图进行多尺度预测。以本节的输入分辨率为例，第一个尺度将输入图片划分为 19×19的网格，每个网格的尺寸为 32 pix×32 pix。第二个尺度以第一个尺度为基础进行 2 倍采样，输入图片划分为 38×38 的网格，每个网格的尺寸为 16 pix×16 pix。同样地，第三尺度以第二尺度为基础再进行 2 倍采样，输入图片划分为 76×76 的网格，每个网格的尺寸为 8 pix×8 pix。然而由于各类伤损的尺寸非常小，即使是第三尺度检测层也难以很好地检测到非常小的伤损。为了获取更为细小的信息，需要继续对第三尺度进行 2 倍采样，将输入图片划分为 152×152 的网格，最终得到第四尺度的极小尺度检测层。

SPP 模块全称为空间金字塔池化模块，其优点在于不论输入图像的尺寸是多少，都能产生固定尺寸的输出图片。试验表明输入图像尺寸多样比图像单一尺寸更容易使网络收敛，但是全连接层在处理不同尺度图像时会导致精度下降。因此可以通过数据增强方式任意改变输入图像的尺寸和纵横比，之后通过 SPP 模块输出固定尺寸的特征图到检测层，从而提高图像的尺度不变性并降低过拟合。SPP 模块的另一个特点在于其相较于原网络的设计和结构是独立的，因此可以用在网络层之后而对原网络结构没有影响。为保证输入检测层的特征图尺寸固定，本节在每个 YOLO 检测层前都加入了 SPP 模块。

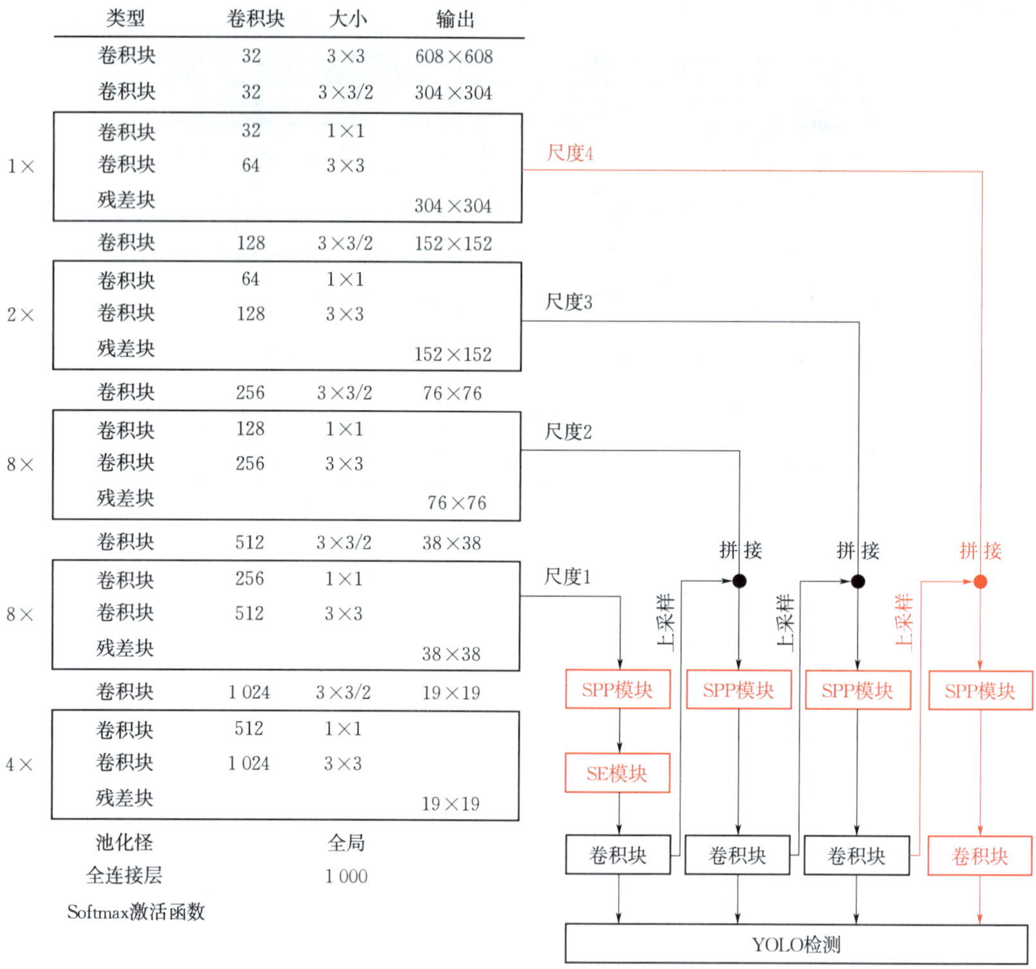

图 9-6 改进的 YOLOv3 网络

本章的模型还在第一个 SPP 模块之后加入了 SE 模块以提升网络检测性能。SE 模块是一种注意力机制模块，是 Squeeze-and-Excitation 模块的简称，该模块学习了特征图通道之间的相关性，筛选出针对通道的注意力权重，从而使网络更加关注存在检测对象的通道。SE 模块分为两个部分：第一个部分为压缩(squeeze)，即对特征图进行全局平均池化，得到通道数与原特征图一致的一维张量，该张量可以理解为全局感受野；第二个部分为激活(excitation)，即对压缩后的一维张量采用激活函数进行非线性变换。最后将激活后的一维张量作为权重与输入特征图相乘。

表 9-1 列出了该模型的各项效果指标，可以看出模型的总体平均精度为 92.3%，总体上具有较高的识别精度。对于正常数据，检测对象的识别精度均在 90%以上，说明该模型误检率很低；而在召回率方面，除了断面，其他类型均在 95%以上，因此除断面可能存在少许的漏检情况外，其他类型均能保证较高的检测全面性。对于异常数据集，核伤和轨底伤损尺寸很小，检测难度较大，即便如此平均精度也达到 88%以上；另一方面，表面伤损和异常螺孔的平均精度均在 90%以上，基本可以保证较低的漏检、误检率。同时该模型的检测速度达到 44 ms/张，基本满足实时检测的要求。

表 9-1　B 显图像检测识别效果

指标	核伤	表面伤损	异常螺孔	轨底伤损	螺孔	焊缝	断面	接头
Precision	0.70	0.97	0.96	0.81	0.92	0.91	1.00	0.94
Recall	0.93	0.72	0.87	0.85	1.00	0.95	0.56	1.00
mAP	0.882	0.920	0.943	0.898	0.996	0.938	0.844	0.966
F1	0.80	0.91	0.94	0.83	0.96	0.93	0.71	0.97

9.3　图像分类案例实践

图像分类案例代码

9.3.1　案例描述

本章的实践案例是钢轨扣件异常检测。钢轨扣件将钢轨固定在轨枕上，是铁路巡检中重要的检测对象，扣件的断裂或缺失可能导致安全事故的发生。随着神经网络图像处理技术的飞速发展，基于人工智能的扣件异常自动检测算法的开发已经成为可能。

本项目使用了采集自高速铁路轨道的扣件图像数据（图 9-7），共 315 张图像，并将扣件状态分为两类：正常（normal）和异常（abnormal），其中正常状态图像 245 张，异常状态数据 70 张。项目的目标是编写 Python 代码程序，实现扣件状态的自动分类。

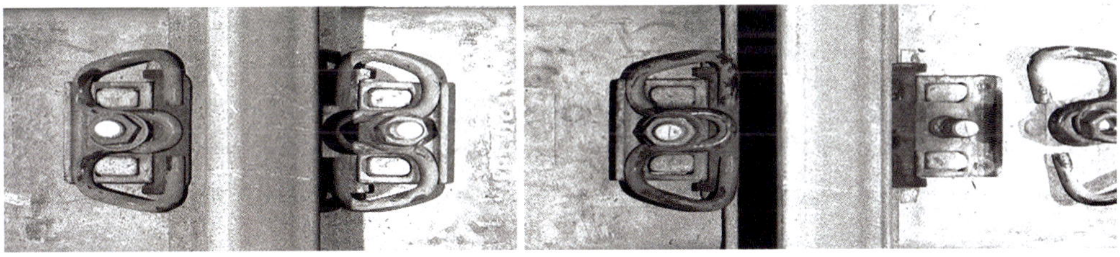

图 9-7　扣件检测图像数据（左为正常，右为异常）

9.3.2　Resnet 网络结构

Resnet 网络 2015 年由微软研究院的何恺明等人提出，并在当年的 imagenet 图像分类比赛上得到了第一名，夺冠的 Resnet 网络深度达到了 152 层，远超前一年夺冠的 googlenet 的 22 层。Resnet 利用短路连接解决了深度网络中梯度消失和梯度爆炸的问题，对深度神经网络来说具有重大的意义。

在 Resnet 提出之前，所有的神经网络（典型的如 Alexnet 和 VGG16）都单纯是由卷积层和池化层的叠加组合而成的，人们自然地认为卷积层和池化层的层数越多，获取到的图片特征信息也就越全，学习效果也越好。但是在实践中发现，随着卷积层和池化层的加深，学习效果不但没有越来越好，反而变得越来越差。这主要是由于梯度消失这个问题。前面介绍过神经网络训练的反向传播机制，如果每一层的误差梯度小于 1，反向传播时随着层数的增加，梯度就会逐渐趋于 0，由于链式法则的机制，如果某一层误差梯度等于零，整个反向传播链上的梯度都会等于 0。这会使得反向传播机制无法对网络中的权重进行有效调整，导致训练误差的增加。

为了解决上述深层网络的退化问题，Resnet 提出了残差结构，如图 9-8 所示，人为地让神经网络某些层跳过下一层神经元的连接，隔层相连，很好的解决了梯度消失的问题。残差结构的基本思想是这样的：假设一种极端的情况，神经网络中增加的新层什么都不学习，仅仅复制之前层的特征，那么这个新层是就一种恒等映射(identify mapping)，在这种情况下，深层网络的性能至少会和浅层网络一样，而不至于出现退化。

Resnet 提出的残差结构中，在残差块的输入和输出激活函数间添加了一个短路连接，激活函数的输入就由原来的 $H(x)=F(x)$ 变为了 $H(x)=F(x)+x$，使得输出中至少有一个部分等于输入，实现了残差结构的基本思想。从数学的层面上来说，这样在链式法则求导时，梯度中至少会包含一个 1，避免了梯度消失的问题。

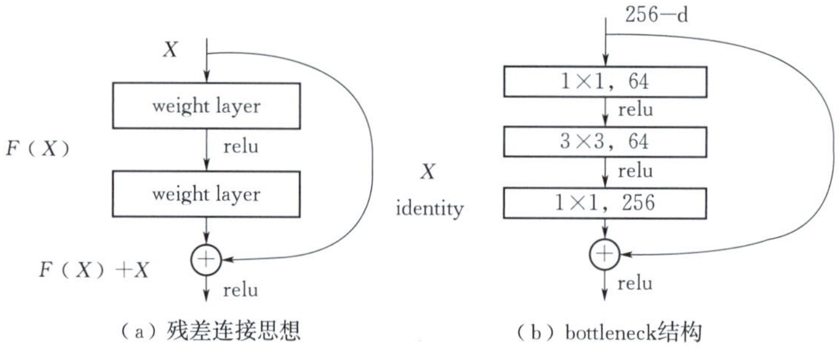

图 9-8　残差结构示意图

可以发现，在对短路路径和主路径的特征图进行连接操作时，两者的维度必须相同，此时可通过全 0 填充改变维度。为了解决这个问题，Resnet 还设计了另一种捷径分支，在捷径分支上通过 1×1 的卷积核进行升降维处理，并通过设置不同步长来改变分辨率，最终实现维度的匹配。

Resnet 还首先提出了 bottleneck 结构，如图 9-8(b)，将两个 3×3 的卷积层替换为 1×1+3×3+1×1，它通过 1×1 卷积来缩减或扩张特征图的维度，从而使得 3×3 卷积层维度不受上一层输入的影响，中间的 3×3 卷积层首先在一个 1×1 卷积层的降维下减少了计算，然后在另一个卷积层下做了还原，这种操作极大地减少了网络参数和计算量，也节省了计算时间。

9.3.3　迁移学习

由于本案例使用的数据集仅 315 张图片，且图片的多样性程度并不高，对于现在参数较多、规模较大的神经网络，这样的数据集无法满足训练要求，故本案例利用了迁移学习(transfer learning)技术来部分克服这个困难。

迁移学习利用已经在某个任务上训练好的模型的知识来帮助解决其他相关任务，其核心思想是将一个模型在某个数据集上学习到的特征、知识或模式，应用到新的数据集或任务上，从而减少新的任务所需的训练数据量，并提高模型的训练效率和性能，它由预训练模型和模型迁移两部分组成。

预训练模型：首先在一个大规模的数据集上训练一个深度神经网络模型，计算机视觉领域通常会使用 imagenet 大型数据集。

模型迁移：将预训练模型的部分或全部参数迁移到目标任务的模型中，常见的迁移方式有冻结和微调两种。冻结是指在模型迁移中只训练新模型的最后几层，前几层保留预训练模型的权重。微调是指在目标任务上对整个模型进行再训练（通常使用较小的学习率），以适应新的数据。

9.3.4　案例实践

在使用数据进行训练之前，需要先对图片进行预处理，原始图片的尺寸不统一，且尺寸过大，过大的尺寸会增加数据量，给神经网络训练带来困难，故首先要统一并缩小图片尺寸。

在本案例中，选择了 resnet50 和 vgg16 两种神经网络进行训练以完成该任务，这两个神经网络都在 imagenet 数据集上进行了预训练，随后在本案例的数据集上进行了 1000 轮的迁移学习训练，其中前 500 轮训练采用了冻结的学习方式，后 500 轮训练使用了微调的学习方式。

图 9-9 和图 9-10 分别展示了两种网络在训练过程中训练损失的变化过程。可以看出在 resnet50 神经网络中，冻结训练在经历 200 轮训练后训练损失趋于收敛，在前 100 轮微调训练中，损失经历了一定的波动，但总体呈下降趋势，之后的微调训练轮中，虽然训练集中的损失持续下降，但验证集中的损失开始上升，说明模型开始出现较严重的过拟合问题。在 vgg16 神经网络中也呈现出了类似的趋势。

选择验证集上损失最小的 vgg16 模型的第 550 轮训练参数结果对扣件异常进行检测，检测结果如图 9-11 和图 9-12 所示，神经网络模型对扣件异常状态做出了准确的检测。

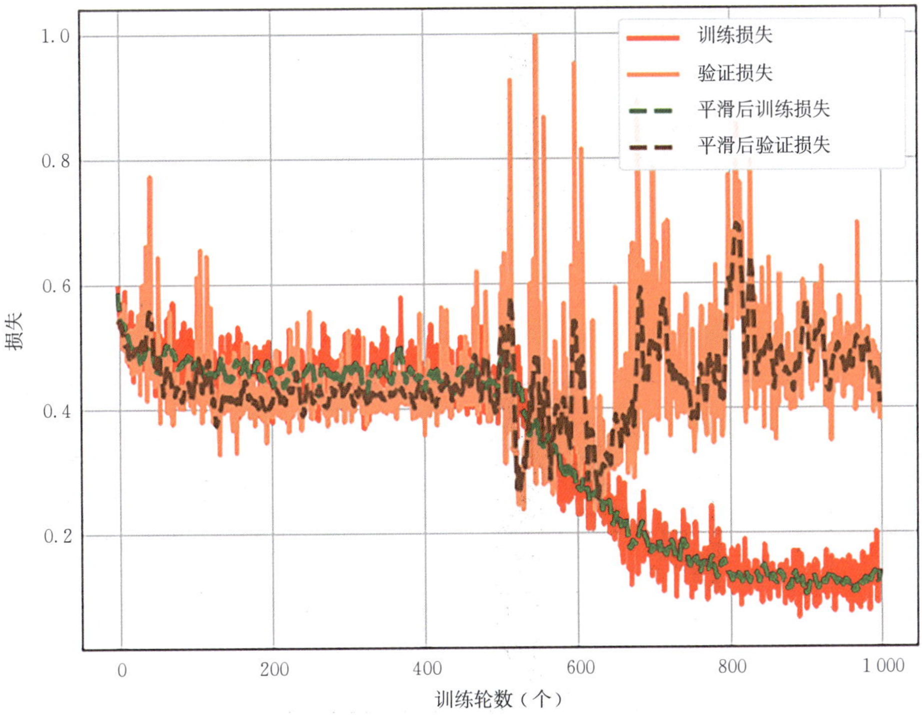

图 9-9　resnet50 训练损失变化图

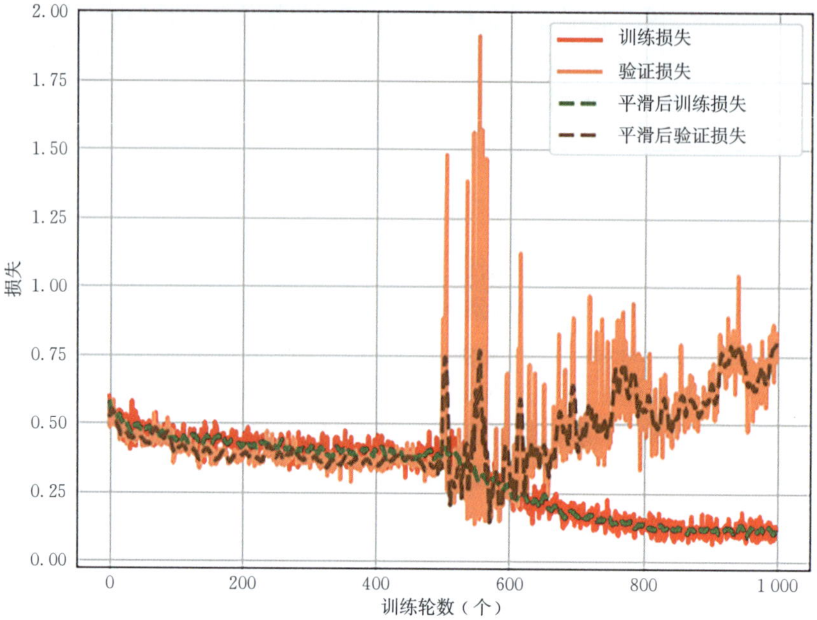

图 9-10　vgg16 训练损失图

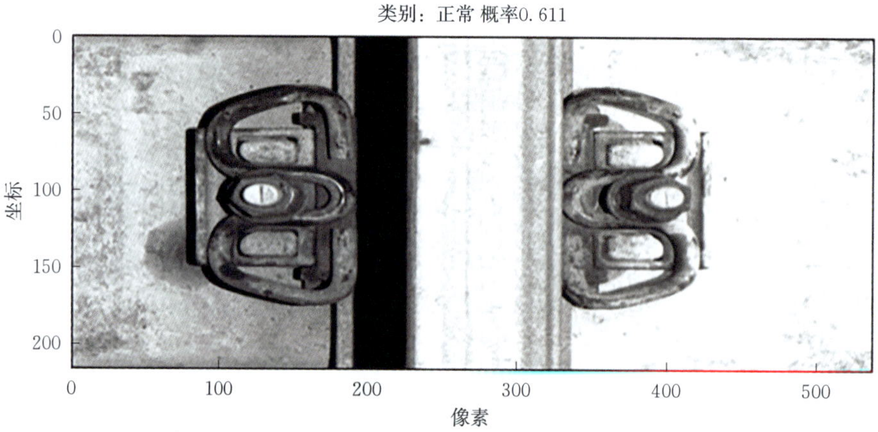

图 9-11　正常扣件识别图

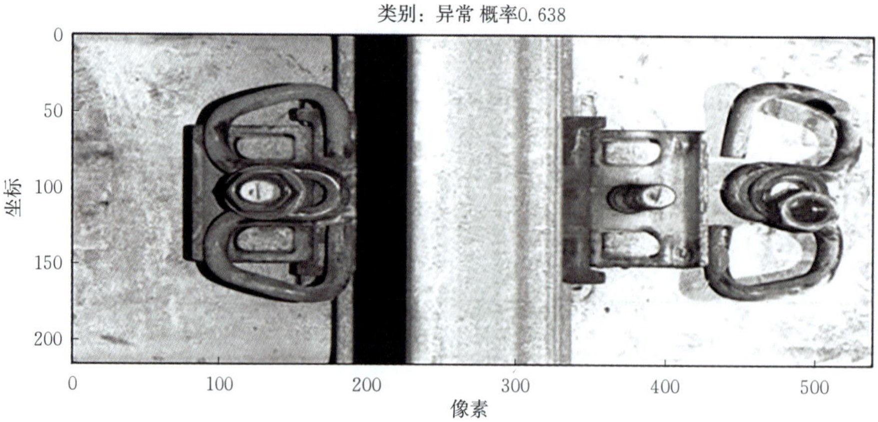

图 9-12　异常扣件识别图

第 10 章 激光点云数据处理与轨道智能运维

10.1 概　　述

10.1.1 三维点云及各种相关任务

近年来，计算机三维视觉的研究逐渐成为科学界和工业界关注的焦点，吸引了广泛的研究兴趣和投资。计算机三维视觉的发展不仅推动了新技术和方法的涌现，也为例如虚拟现实、增强现实、自动驾驶等领域的应用提供了更强大的支持。与传统的二维视觉纯粹地依赖图像并将三维世界投影到二维平面上不同，点云技术同深度图、多视图图像、网格一样，为三维计算机视觉技术提供了基础数据和技术支持。基于激光点云的雷视融合技术也为数字孪生、逆向工程、BIM 技术、施工组织、轨道病害检测带来了技术突破。利用激光雷达可以对既有钢轨沿线进行大面积、高分辨率的扫描作业，快速获取铁路轨道的三维坐标数据，非常适合对轨道进行三维建模，如图 10-1 所示。将激光点云和图像数据配准对齐形成可以完善钢轨多源信息数据库，为测量轨道参数、轨道运维提供可靠的数据支持。将激光点云和图像数据融合进行建模并结合数字孪生技术，可以对各种轨道的病害进行高效、便捷，精准地检测。

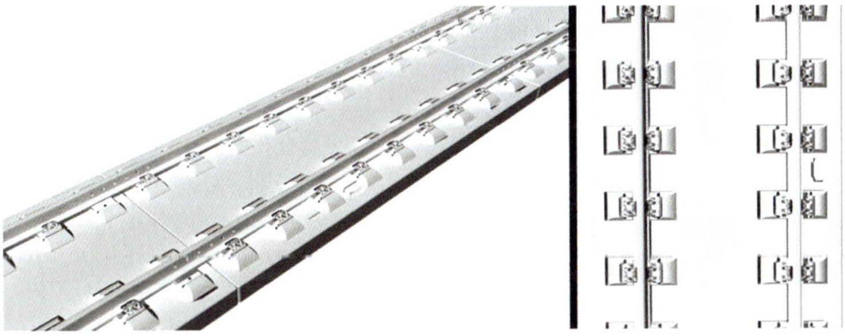

图 10-1　三维点云对无砟轨道逆向建模

3D 点云是空间中一组离散的数据点，表征了三维空间中物体的表面信息。每个点的位置都由一组笛卡尔坐标系下的三个坐标(X,Y,Z)描述，根据点云数据采集的传感器的特性，有些可能含有色彩信息(R,G,B)或法线信息。通常情况下，点云由大量点(数万或数十万)组成。点云数据的庞大也使得它能够更大程度地还原物体的轮廓。点云数据具有如下的特点：

(1)确定性：对于一个确定的点云，一个点由一组三维空间的坐标(X,Y,Z)唯一表示，因此确定性容易理解。

(2)互异性：对于一个确定的点云，点与点之间是两两不同的，虽然我们可以指定用同一个仪器采集同一个点两次，受制于仪器精度，采集的结果一定是不同的。

(3)无序性：与图像中的像素阵列或体积网格中的体素阵列不同，点云中的点没有特定的顺序，与集合中“无序性”的概念相同。换句话说，消耗 N 个三维点集的网络需要对输入点集的N!（即A_N^N，A是全排列符号）种排列顺序保持不变。

(4)交互性：集合中的点来自具有距离度量的空间。这意味着点不是孤立的，相邻的点构成一个有意义的子集。因此，点云的处理方法需要能够捕捉邻近点的局部结构，以及局部结构之间的组合互动。

(5)置换不变性：作为一个几何对象，点云表示法应不受某些变换的影响。例如，旋转和平移所有点都不应改变全局的类别和分割结果。

点云数据在本质上符合数学中“集合”的概念。在实际应用中，点云特有的“交互性”和“置换不变性”是首先需要解决的内容。

10.1.2 点云数据的采集

与二维图像不同，三维点云通常使用激光雷达获取。激光雷达利用光学遥感技术，通过向目标照射一束光，通常是一束脉冲激光来测量目标的距离等参数。激光雷达在测绘学、考古学、地理学、地貌、地震、林业、遥感以及大气物理等领域都有应用，这项技术还用于机载激光地图测绘、激光测高、等高线绘制等具体应用中。

激光雷达对物体距离的测量与通常所说的雷达类似，都是通过测量发送和接收到的脉冲信号时间间隔来计算物体的距离。依据搭载平台不同，激光雷达可以分为星载、机载、无人机、车载和地基激光雷达等。

激光雷达由三个主要部件组成：发射器、旋转器和光电探测器，如图10-2所示。发射器用于发射器发射高强度激光束。因为激光的波长在可见光谱之外，因此在采集过程中不会干扰正常视觉。通常选择近红外波段的波长。光线沿直线传播，直到击中物体（障碍物）。在击中物体后，若忽略一些微小的影响（如物体表面的衍射光线），激光线会沿着相同的方向反射回来。但是，只朝一个点的方向传播并返回的激光用处不大，扫描时需要捕捉物体左、右、前、后所有方向的信息。为此，将激光发射器安装在一个不断旋转的旋转装置上，称为“旋转器”。这样，发射器就能向所有可能的方向发射激光束。这种活动是以高速进行的。再加上激光束的速度（速度光），在几分之一秒内就会发生大量的发射和反射。反射光由光电探测器收集。光电探测器由光敏材料（通常是硅）制成，对特定波长的光高度敏感。当反射脉冲击中探测器表面时，探测器会产生一个可以被捕捉到的小电流，电流信号将被转化为数字信号。

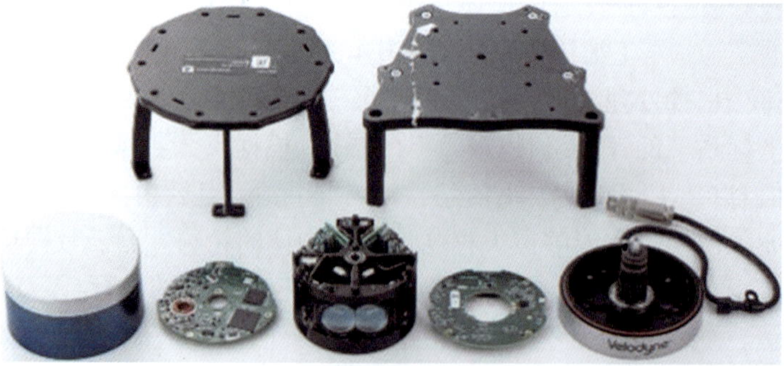

图10-2 激光雷达的内部构造

激光雷达的工作原理非常简单。发射器发出激光束，每当激光束照射到物体时就会发生反射。反射光由光电探测器感应。光发射的时间和光被接收回来的时间都会被记录下来。这两个时间的差值就是激光束传播的总时间。在这段时间内，激光束所经过的距离是激光雷达传感器与物体之间距离的两倍。这样，就可以利用时间差和光速计算出激光雷达和物体之间的距离。距离和方向信息被记录下来，在三维空间中生成一个点。同时发射数千个这样的光束，就会产生许多点。点云就是这样形成的，激光雷达测量示意图如图 10-3 所示。

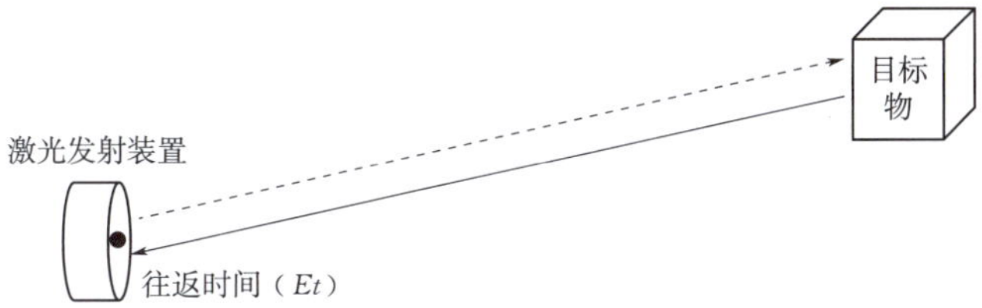

图 10-3　激光雷达测量示意图

对于点云中除坐标以外的内容，还需要其他设备进行辅助采集。惯性测量单元（inertial measurement unit，IMU）是测量物体三轴姿态角（或角速率）以及加速度的装置。一般地，一个 IMU 内会装有三轴的陀螺仪和三个方向的加速度计，来测量物体在三维空间中的角速度和加速度，并以此解算出物体的姿态。采用激光雷达、惯性测量单元、工业相机联合扫描重建是当前主流的点云数据与 BIM 重建的方法。

10.1.3　点云与其他形式的可视化数据对比

点云与二维图像在本质上存在显著区别。二维图像仅是三维物体在平面上的投影，而点云则提供了物体结构的立体信息。点云在不同光照条件下表现更为稳定，甚至在低光环境中也能展现出可靠性。然而，与二维图像相比，点云的优势在于其无序性，即处理点云的方法和算法必须对点云数据的任何排列组合都保持不变，对点的排列组合不敏感，不受存储数据中点的出现顺序的影响。

与具有明确网格结构的二维图像不同，点云的结构是无规则的。这使得传统的卷积神经网络（CNN）的卷积操作在直接处理点云时变得困难。点云的分布通常是稀疏的，并可能包含异常值和噪声。相比之下，二维图像的网格结构允许使用核卷积等操作，为 CNN 在二维视觉问题上的成功带来了很大的好处。

除了点云之外，其他三维表示形式还包括深度图像（RGB-D）、体素网格和网格。RGB-D 图像结合了传统的三通道彩色图像（RGB）和额外的深度通道，这一结构与二维图像相似，便于使用常规卷积方法进行处理。体素网格是从点云数据生成的三维占位立方体，虽然提供了结构化的体积表示，但由于从点云到体素网格的转换过程耗时较长，可能不适用于大规模点云表示。另一方面，网格是对三维表面的几何逼近，通过拟合多边形来逼近连续曲面，由原始三维点构成网格的顶点。点云中的单个点提供有限的信息，而仅通过考虑邻域内的点才能得到更有意义的信息。

10.1.4　基于点云数据的任务

1. 配准

点云的配准是找到一种空间变换，使得两个点云对齐效果最佳的过程。空间变换分为刚性变换和非刚性变换。参照“刚体”的定义，刚性变换后，点云中任意两点的距离保持不变。例如三维平移和旋转。非刚性变换，例如缩放、仿射、透视使得点与点之间的距离发生改变。但在实际操作中，因为仪器的参数是唯一的，因此刚性变换站主要部分。在实际应用中，通常会将连续采集的点云帧通过配准的方式拼合，形成一幅连续的、完整的环境图，如图 10-4 所示。

图 10-4　多帧点云配准实例

2. 分类与部件分割

与传统的机器学习概念相同，分类任务也存在于点云数据中。从点云的意义上讲，分类的目的是将一组三维点所代表的物体归类到预定义的类别中。点云分类的一般流程是：提取点云的全局特征向量，然后训练机器学习分类器来识别物体。特征可以是手工标注的，也可以从训练数据中学习。最近的大多数方法都是训练端到端深度网络，将特征提取和分类过程结合起来。图 10-5 给出了一个点云定性分类的示例，将所有 16 个对象类别的 CAD 零件分割结果可视化。左侧给出了使用微软“Kinect”设备扫描的实物部分点云的分类结果，右侧给出了 ShapeNet CAD models 数据集点云的分类结果。

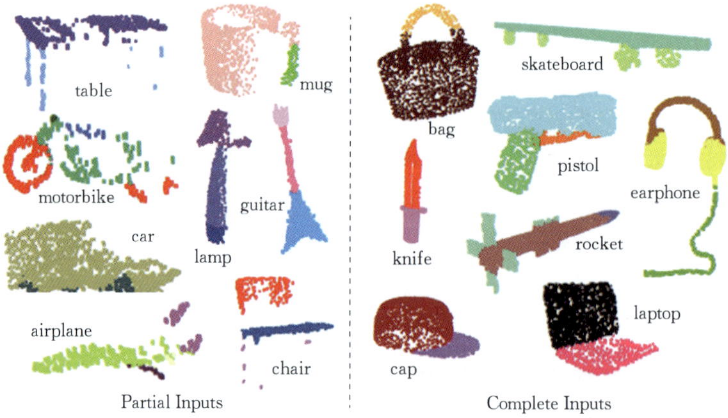

图 10-5　点云分类示例

3. 语义分割

语义分割是元素级别的分类任务。为点云中的每一个点赋予一个类别标签，因而能够更准确地了解构成点云的物体及其相对位置和位置关系。图 10-6 展示了语义分割的定性结果。上方输入的是带有颜色属性点云，下一行是输出的语义分割结果(以点为单位)，并以与输入相同的相机视角展示。图 10-7 展示了轨道点云的语义分割与分类。

图 10-6　点云语义分割示例

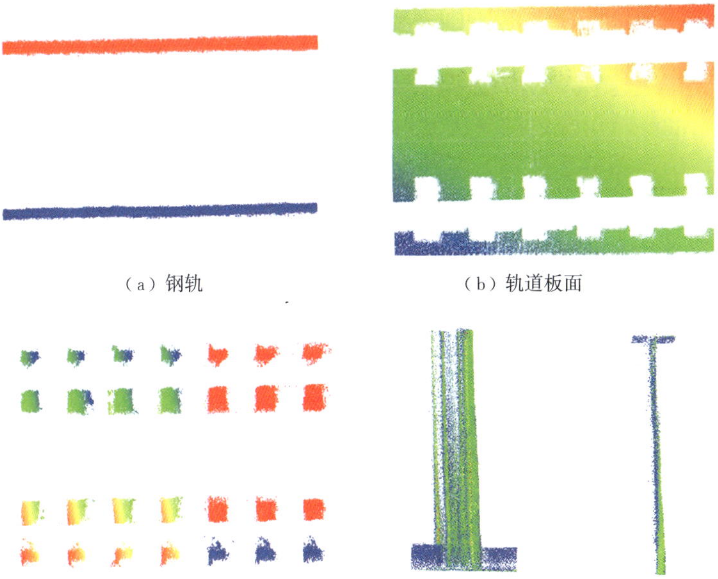

(a) 钢轨　(b) 轨道板面　(c) 轨枕　(d) 附加设备　(e) 附属设备

图 10-7　轨道点云的语义分割与分类

4. 重建

重建是逆向工程的一个分支，是基于现实中存在的实物通过扫描进行逆向建模的一种方式。点云的重建是指通过对点云的疏密度及空间位置的计算从而生成三维模型，最后将纹理映射到三维模型上，生成一个完整的三维模型，如图 10-8 所示。

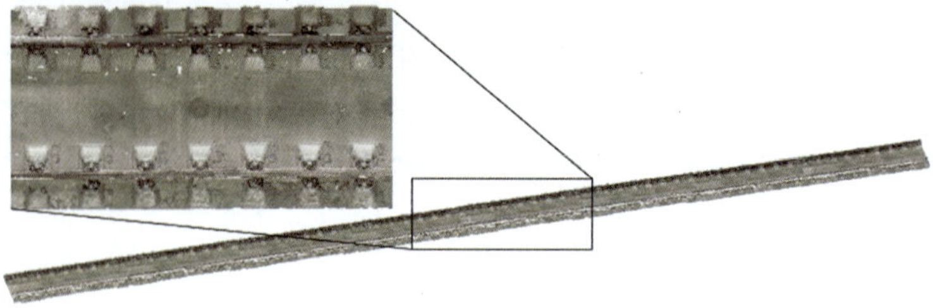

图 10-8 轨道点云的三维重建

10.2 点云数据预处理

10.2.1 点云数据的降噪

激光雷达利用发射和接收激光束的方式，对激光在与目标对象相遇后的折返时间进行分析，从而计算出到目标对象的相对距离。而轨道中钢轨与扣件连接处存在较多折面，光束受到发射角度和折面阻挡的影响，所以存在“激光死角”地带。

由于采集设备设计时考虑到使用环境和方式，所以采用便携式的设计方案，在实地采集数据时虽然采用的是小车搭载的方式确保设备仪器的平稳运动，但是不可避免会因为轨道的不平顺、接轨处等产生轻微抖动，最终会在模型中呈现离群点、噪声点等杂点。根据噪声点的空间分布情况，可将噪声点大致分为以下四类：

(1)飘移点，指的是明显远离点云主体，飘浮于点云上方的稀疏、散乱点。

(2)孤立点，指的是远离点云中心区，小而密的点云。

(3)冗余点，指的是超出预定扫描区域的多余扫描点。

(4)混杂点，指的是和正确的点云混杂在一起的噪声点。

对于前三类噪声，通常可用现有的点云处理软件通过可视化交互方式直接删除。而最后一类噪声必须借助点云去噪算法才能剔除。

10.2.2 有序点云的降噪算法

1. 中值滤波、均值滤波与高斯滤波

中值滤波是一种信号处理方法，它通过用窗口内排序后的中间值替代信号序列的中心位置的值。通常，在对点云数据进行处理时，通过在一个窗口内扫描数据点，并按照某一坐标方向值(如 x 值)进行升序或降序排序，然后将排序后中间数据点的方向值作为输出的对应方向坐标。中值滤波采用各数据点的统计中值，对于减少数据毛刺效果显著，但在处理彼此靠近的混杂点噪声时效果较差。

均值滤波，又称为点平均滤波，是一种对信号进行局部平均的方法。它将滤波窗口内各数据点的坐标值取为统计平均值，从而替代原始点的值。均值滤波会改变点云的位置，对高斯噪声具有良好的平滑能力，但容易导致边缘失真。

高斯滤波利用高斯函数在傅里叶变换后仍具有高斯函数特性的特点。它通过设定指定域内的权重为高斯分布，从而滤除高频噪声。具体而言，该方法对某一数据点与其前后各数据点进行加权平均，将远大于操作距离的点处理成固定的端点，有助于识别间隙和端点。相较于其他滤波方法，高斯滤波平均效果较小，但在滤波的同时能够更好地保持数据的原貌，因此常常被广泛使用。

2. 维纳滤波器

维纳滤波器（Wiener filter）是由数学家维纳（Norbert Wiener）提出的一种以最小平方为最优准则的线性滤波器。在一定的约束条件下，其输出与一给定函数（通常称为期望输出）的差的平方达到最小，通过数学运算最终可变为一个托布利兹方程的求解问题。维纳滤波器又被称为最小二乘滤波器或最小平方滤波器，目前是基本的滤波方法之一。维纳滤波是利用平稳随机过程的相关特性和频谱特性对混有噪声的信号进行滤波的方法，1942 年美国科学家 N. 维纳为解决对空射击的控制问题所建立，是 20 世纪 40 年代在线性滤波理论方面所取得的最重要的成果。

假设维纳滤波器的输入信号是 $s(t)$，叠加噪声 $n(t)$。输出信号 $x(t)$ 通过滤波器 $g(t)$ 使用下面的卷积运算得到

$$x(t)=g(t)*(s(t)+n(t)) \tag{10-1}$$

其中，$s(t)$ 为需要估计的原始信号；$n(t)$ 为噪声；$x(t)$ 为估计出的信号，我们希望 $x(t)$ 与 $s(t)$ 越像越好；$g(t)$ 为维纳滤波器。

误差 $e(t)=s(t+d)-x(t)$，方差 $e^2(t)=s^2(t+d)-2s(t+d)x(t)+x^2(t)$，其中，$s(t+d)$ 为所期望的滤波器输出；$e(t)$ 为误差。如果 $d>0$，那么这是一个预测问题。如果 $d=0$，那么这是一个滤波问题。如果 $d<0$，那么这是一个平滑问题。

如果将 $x(t)$ 写成卷积积分的形式

$$x(t)=\int_{-\infty}^{+\infty}g(\tau)[s(t-\tau)+n(t-\tau)]\mathrm{d}\tau \tag{10-2}$$

计算平方误差的均值

$$E(e^2)=R_s(0)-2\int_{-\infty}^{\infty}g(\tau)R_{xs}(\tau+d)\mathrm{d}\tau+\int_{-\infty}^{\infty}\int_{-\infty}^{\infty}g(\tau)g(\theta)R_x(\tau-\theta)\mathrm{d}\tau\mathrm{d}\theta \tag{10-3}$$

其中，R_s 为 $s(t)$ 的自相关函数；R_x 为 $x(t)$ 的自相关函数；R_{xs} 为 $x(t)$ 和 $s(t)$ 的互相关函数。如果信号 $s(t)$ 和噪声 $n(t)$ 是不相关的，则有

$$R_{xs}=R_s \tag{10-4}$$

$$R_x=R_s+R_n \tag{10-5}$$

在维纳滤波中，可以通过上面的方法求解最优的 $g(t)$，使得 $E(e^2)$ 最小。

3. 卡尔曼滤波

卡尔曼滤波（Kalman filter）是一种高效率的递归滤波器（自回归滤波器），它能够从一系列的不完全及包含噪声的测量中，估计动态系统的状态。卡尔曼滤波会根据各测量量在不同时间下的值，考虑各时间下的联合分布，再产生对未知变数的估计，因此会比只以单一测量量为基础的估计方式要准。

卡尔曼滤波的算法是二步骤的程序。在估计步骤中，卡尔曼滤波会产生有关目前状态的估计，其中也包括不确定性。只要观察到下一个量测（其中一定含有某种程度的误差，包括随机噪声）。会通过加权平均来更新估计值，而确定性越高的量测加权比重也越高。算法是迭代的，可以在实时控制系统中执行，只需要目前的输入量测、以往的计算值以及其不确定性矩阵，不需要其他的信息。

卡尔曼滤波模型假设 k 时刻的真实状态是从 $k-1$ 时刻的状态演化而来，符合

$$x_k=F_kx_{k-1}+B_ku_k+w_k \tag{10-6}$$

其中，F_k 为作用在 x_{k-1} 上的状态变换模型；B_k 为作用在控制器向量 u_k 上的输入一控制模型；w_k 为过程噪声，假设其是均值为 0，协方差矩阵为 Q_k 的多元正态分布。

$$w_k \sim N(0,Q_k) \tag{10-7}$$

在 k 时刻，对于真实状态 x_k 的一个测量值 z_k 满足

$$z_k=H_kx_k+v_k \tag{10-8}$$

其中，H_k 为观测模型，它把真实状态空间映射成观测空间；v_k 为观测噪声，其均值为 0。协方差矩阵为 R_k 且服从正态分布

$$v_k \sim N(0,R_k) \tag{10-9}$$

初始状态以及每一时刻的噪声都认为是互相独立的。

卡尔曼滤波是一种递归的估计，即只要获知上一时刻状态的估计值以及当前状态的观测值就可以计算出当前状态的估计值，因此不需要记录观测或者估计的历史信息。卡尔曼滤波器与大多数滤波器不同之处，在于它是一种纯粹的时域滤波器，它不需要像低通滤波器等频域滤波器那样，需要在频域设计再转换到时域实现。设 $\hat{x}_{k|k}$ 表示在 k 时刻状态的估计，$P_{k|k}$ 是后验估计误差协方差矩阵，用来度量估计值的精确程度。卡尔曼滤波器的操作包括两个阶段：预测和更新。在预测阶段，滤波器使用上一状态的估计，做出对当前状态的估计。在更新阶段，滤波器利用对当前状态的观测值优化在预测阶段获得的预测值，以获得一个更精确的估计值。为了实现状态更新，首先要计算出三个量：

$$\text{测量残差 } \tilde{y}=z_k-H_k\hat{x}_{k|k-1} \tag{10-10}$$

$$\text{测量协方差 } S_k=H_kP_{k|k-1}H_k^T+R_k \tag{10-11}$$

$$\text{最优卡尔曼增益 } K_k=P_{k|k-1}H_k^TS_k^{-1} \tag{10-12}$$

然后用他们更新滤波器变量 x 和 P

$$\hat{x}_{k|k}=\hat{x}_{k|k-1}+K_k\tilde{y}_k \tag{10-13}$$

$$P_{k|k}=(I-K_kH_k)P_{k|k-1} \tag{10-14}$$

如果模型准确，且 $\hat{x}_{0|0}$ 与 $P_{0|0}$ 的值准确地反映了最初状态的分布，那么所有的估计误差均值应该为 0，即

$$E(x_k-\hat{x}_{k|k})=E(x_k-\hat{x}_{k|k-1})=0$$

$$E(\tilde{y}_k)=0 \tag{10-15}$$

10.2.3 无序点云的降噪算法

1. 拉普拉斯算法

对模型的每个顶点应用拉普拉斯算子 $\nabla^2=\dfrac{\partial^2}{\partial x^2}+\dfrac{\partial^2}{\partial y^2}+\dfrac{\partial^2}{\partial z^2}$，也是一种最常见的去噪光顺算法(图 10-9)。在点云的模型上，设点 $p_i=(x_i,y_i,z_i)$ 离散拉普拉斯算子依赖于 p_i 的邻域点 $N(i)$，则定义

$$\delta_i=L(p_i)=p_i-\frac{1}{d_i}\sum_{j\in N(i)}p_j \tag{10-16}$$

根据式(10-16)计算的结果移动顶点，则在点云数据上去噪的过程可以看作一个扩散过程，使得

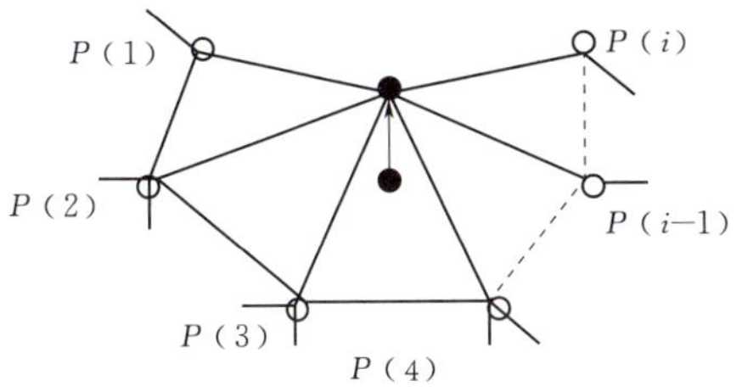

图 10-9　使用拉普拉斯降噪算法

$$\frac{\partial p_i}{\partial t}=\lambda L(p_i) \tag{10-17}$$

基于拉普拉斯滤波算法的点云去噪，主要是通过将高频几何噪声能量扩散到局部邻域中的其他点上来实现，即通过多次迭代，逐步将当前点移向邻域重心处，从而达到光顺目的。对于分布均匀的点云数据，利用拉普拉斯滤波算法通常能取得理想的去噪效果。但对于分布不均匀或含有大批噪声的点云数据，邻域直心通常不与邻域结构的中心点重合，使用拉普拉斯滤波算法将导致点位偏离原来的位投向点云密集处偏移，且迭代多次后会出现顶点漂移以及特征磨损的情况。

2. 平均曲率流滤波算法

平均曲率流滤波方法又称 Desbrun 滤波，是在曲率流引导下对网格模型的平滑，将顶点沿着法向量的方向，以平均曲率的速率进行移动。算法在物理意义上类似于梯度下降算法。

$$\frac{\partial L}{\partial t}=-G(L)n(L) \tag{10-18}$$

其中，$G(L)$表示平衡曲率；$n(L)$为点的外法线方向。

求解上面的微分方程可以得到

$$L^{t+1}=L^t+\lambda G(L)n(L) \tag{10-19}$$

令顶点为 V_i，则顶点的相应更新如下：

$$V_i^{\,t+1}=V_i^t+\lambda G(V_i^t)n(V_i^{\,t}) \tag{10-20}$$

滤波结果如图 10-10 所示。

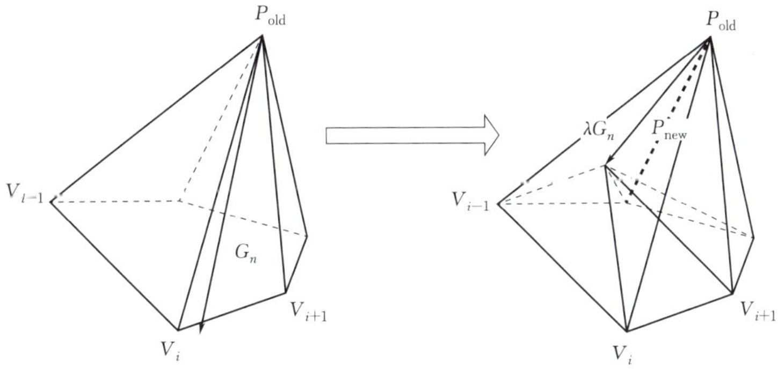

图 10-10　平均曲率流滤波的过程

10.2.4　点云的配准

1. 点云配准的基本公式

根据点云配准的定义，点云的配准主要是将多个点云对齐。这类似于数学上的映射问题，即找到两个点云数据集间的对应关系，从而将一个坐标系下的点云数据转换到另一坐标系下，如图 10-11 所示。

首先确定同名点对，然后计算旋转矩阵 R 及平移矩阵 T。在实际操作过程中，由于激光点的大小、激光扫描仪的设置、扫描仪距物体的远近等原因，很难保证在不同站点获取物体表面上相同的点。因此，同名点的确定是点云配准中的重点和难点之一。

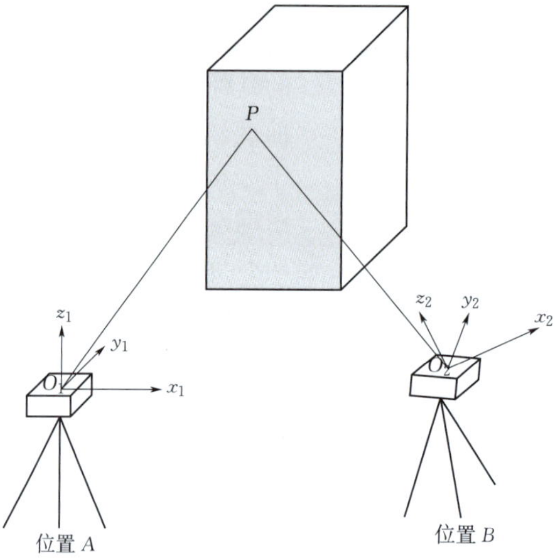

图 10-11 点云的配准

暂时不考虑非刚性变换，对于同一物体，设通过两个坐标系下采集到的两个点云分别是 $P(x_p,y_p,z_p)$ 和 $Q(x_q,y_q,z_q)$，配准的要求是一组点云能够通过刚性变换变换到另外一组点云，即

$$\begin{pmatrix} x_p \\ y_p \\ z_p \end{pmatrix} = P \begin{pmatrix} x_q \\ y_q \\ z_q \end{pmatrix} + T \tag{10-21}$$

其中，P 为线性变换矩阵，表示坐标系的旋转；T 为平移矩阵，表示坐标系的平移。式(10-21)称为点云配准的基本公式。

2. ICP 算法

经典的迭代最邻近点(ICP)算法在两个步骤之间交替进行：确定点的对应关系，以及估算能使匹配点之间欧氏距离最小化的变换。在确定点的对应关系时，使用的是近邻搜索。ICP 算法非常基本，完全依赖于点的三维坐标。稍后，我们将讨论一些依靠某种形式的点特征(手工制作或学习)来实现点对应的方法。

ICP 算法的工作原理如下。假设 $A=\{a_i\}$ 和 $B=\{b_i\}$ 是两组待配准的点云。我们感兴趣的是能使两组点云最佳对齐的变换 T。T 是由三维旋转和平移组成的刚性变换。通常，使用全局配准算法可以获得初始配准 T_0。否则，T_0 就会被认为是一个身份变换。在第一次迭代中，T 设置为 T_0，点云 B 使用 T 进行变换。然后，对于点云 A 中的每个点，都会在变换后的 B 中找到与其最近的点。例如，如果每个点 $T \cdot b_i$ 都与点云 A 中的点 m_i 相匹配，我们就会得到一对有序的点对应点$(m_i, T \cdot b_i)$。然后，利用这些点的对应关系，找出最优变换，使对应点之间的欧氏距离最小，其公式为

$$T = \underset{T}{\operatorname{argmin}} \left\{ \sum_i \| T \cdot b_i - m_i \|^2 \right\} \tag{10-22}$$

利用奇异值分解(SVD)或最小二乘法技术找到最佳 T。这些步骤会重复相应的迭代次数

或直到收敛。ICP 算法有两个主要缺点。首先，它假定两个点云之间存在一一对应的点。但实际上，两个点云之间可能只有很小的部分重叠。因此，通常的做法是在两个对应点之间设置一个阈值距离 d_{max}，超过这个距离，这对对应点就不可靠了。然后，只有对应点之间的距离小于 d_{max} 的点对应集合才会被用来估计变换。ICP 的第二个缺点是，当初始配准远离最优解时，算法会陷入局部最小值。在这种情况下，最好先使用不同的算法进行全局配准，然后再使用 ICP 获得更紧密的配准。

10.2.5　点云数据的增强

传统点云处理流程中为节省算力，加快数据处理速度会对数据进行下采样处理。在实际数据采集中，由于光线的阻挡效应对目标轨道的轮廓数据采集会存在“空洞”区域，所以我们参考传统下采样原理对点云模型进行增采样。一维和二维数据的上采样通常是用过插值的方式增加数据点的个数，例如图像空间的基本单元—像素是一个个规则的格子，但像点云这种三维数据信息结构，却是毫无规律可言的；并且生成的点云应该是对目标物根本形状描述的补充，意味着生成点云必须严格落在目标物表面上的同时，保持相应的均匀而非聚集在一起。

通过 PU-Net(point cloud upsampling network)网络针对轨道模型进行上采样优化缺失部位。该算法首先在目标对象的表面随机生成中心点，对每个中心点生成一个 patch 且 patch 内任意点与中心点的测地线距离被限制在 d 以内，然后在每个 patch 上采集 N 个点作为训练集的实况数据。而后在 patch 的基础上对点云进行 point-wise 表征提取得到点的特征，在此基础上，利用 PointNet++中的内插算法，对每个层次的特征进行上采样，并对其进行特征恢复 $N\times C_l$。具体而言，通过如下方法来计算所述 l 水平内插值点 x 的特征：

$$f^l(x)=\frac{\sum_{i=1}^{3}\omega_i(x)f^l(x_i)}{\sum_{i=1}^{3}\omega_i(x)} \tag{10-23}$$

其中，$\omega_i(x)=1/d(x,x_i)$，用距离的倒数作为权重；x_1,x_2,x_3 为在 l 级别下 x 最近的三个临近点。我们利用 1×1 的卷积使得不同层面的特征具有一样的尺寸 $N\times C$，最后拼接这些不同层级的特征，得到最后的级联嵌入特征 f。

当特征集完备后，对特征空间进行扩充，其扩充特征数据量就等同是点个数的扩充。假设 f 的维数是 $N\times\tilde{C}$，N 是输入点的数量，$\tilde{C}$ 是级联嵌入特征的特征维度数。特征扩展操作将输出维度数为 $rN\times\tilde{C}_2$ 的特征 f'，其中 r 是上采样率，$\tilde{C}_2$ 是新的特征维数。同时为解决点的非规则性和无序特性，该算法采用了一种基于子像素卷积层的有效特征扩展。其操作如下表示：

$$f'=RS\{C_1^2(C_1^1(f),\cdots,C_r^2[C_r^1(f)]\} \tag{10-24}$$

其中，$C_i^1(*)$ 和 $C_i^2(*)$ 为两组公开的 1×1 的卷积，即通过两次卷积操作 $C_i^1(*)$ 和 $C_i^2(*)$ 将 $N\times\tilde{C}$ 先后变成了 r 个 $N\times\tilde{C}_1$ 的特征层，再变成 r 个 $N\times\tilde{C}_2$ 的特征层，最后拼接成 $N\times\widetilde{rC_2}$ 的特征图。RS 是 Reshape 的操作，将 $N\times\widetilde{rC_2}$ 转换为 $rN\times\tilde{C}_2$。

最终将每个点的特征进行三维坐标重建，特征的维度由 $rN\times\tilde{C}_2$ 变为 $rN\times3$，得到增采样点云对比图，如图 10-12 所示。

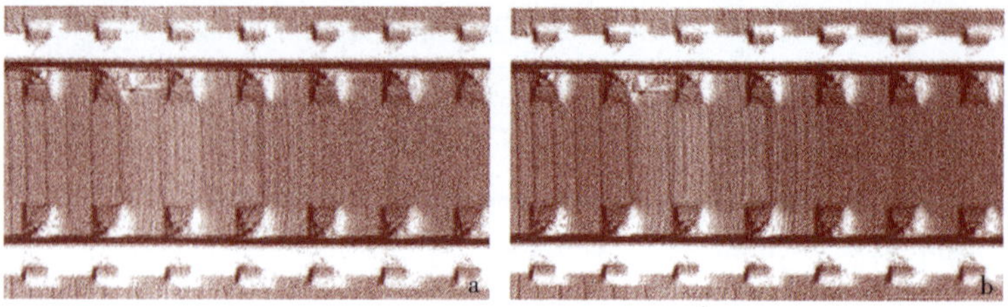

图 10-12 轨道点云的增采样

10.3 基于机器学习的点云数据处理

10.3.1 对点云特性的处理

前面说到点云具有无序性和置换不变性，因此如果要逐点进行分析，不能采取类似二维图像卷积的操作。

1. 对称函数与点云的无序性

在数学中，如果一个函数的 n 个参数无论如何交换顺序，变量的值都是相同的，则称这个函数是对称的，即

$$f(x_1,x_2,\cdots,x_n)=f(x_{s1},x_{s2},\cdots,x_{sn}) \tag{10-25}$$

其中，$x_{s1},x_{s2},\cdots,x_{sn}$ 为 x 的某种排列方式。例如，函数 $f(x_1,x_2,x_3)=x_1+x_2+x_3$ 就是一个对称函数。

因为对称函数性质，我们可以随意交换变量的顺序而不改变变量的值，因此在提取点云数据的特征时，可以考虑使用对称函数来提取特征而不受点云顺序的影响。

2. 结构化数据与点云的几何关系

树结构和图结构作为两种结构化数据结构同样具有很大的参考价值。但因为树结构不能很好的表示节点之间的关系，点云数据也常常使用图结构来处理。

3. 正则化与点云的置换不变性

对于类似于平移、旋转的变换，点云的特征应当保持不变。T-Net 提出了一种点云的正则化方法，使得所有输入神经网络的点云能够保持相同的“姿态”。

10.3.2 逐点的多层感知机方法

对于点云最先提出的方法是逐点运算，即每个点是独立的，并考虑他们的特征。使用多个共享多层感知器（MLP）对每个点进行独立建模，然后使用对称聚合函数聚合全局特征。PointNet 结构图如图 10-13 所示。由于三维点云固有的数据不规则性，用于二维图像的典型深度学习方法无法直接应用于三维点云。作为一项开创性工作，PointNet 直接将点作为输入，并通过对称函数实现了置换不变性。PointNet 通过多个 MLP 层独立学习点状特征，并通过最大池化层提取全局特征。Deep Sets 通过对所有表征求和并应用非线性变换来实现置换不变性。由于 PointNet 中每个点的特征都是独立学习的，因此无法捕捉到点之间的局部结构信息。因此，Qi 等人提出了一种分层网络 PointNet++来捕捉每个点邻域的精细几何结构。作为 PointNet++层次结构的核心，其集合抽象层由三层组成：采样层、分组层和基于 PointNet 的学习层。通过堆叠多个集合抽象层，PointNet++从局部几何结构中学习特征，并

逐层抽象出局部特征。由于其简单性和强大的表示能力，许多网络都是基于 PointNet 开发的，例如Mo-Net调整输入为有限的矩集，Point Attention Transformers(PATs)利用组洗牌注意力机制(GSA)来捕捉点之间的关系，PointWeb 引入自适应特征调整(AFA)技术利用本地邻域的上下文来改进点特征。

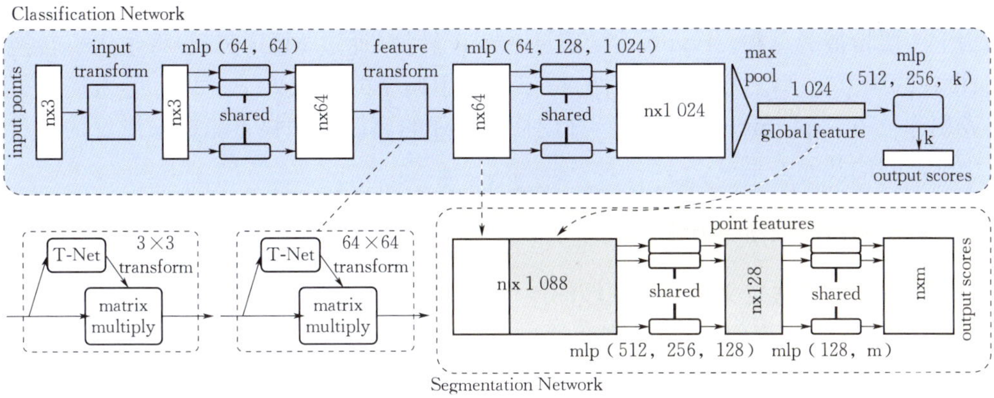

图 10-13　PointNet 结构图

10.3.3　基于三维卷积的深度学习方法

与定义在二维网格结构(如图像)上的卷积核相比，三维点云的卷积核由于点云的不规则性而难以设计。根据卷积核的类型，目前的三维卷积方法可分为连续卷积方法和离散卷积方法，如图 10-14 所示。

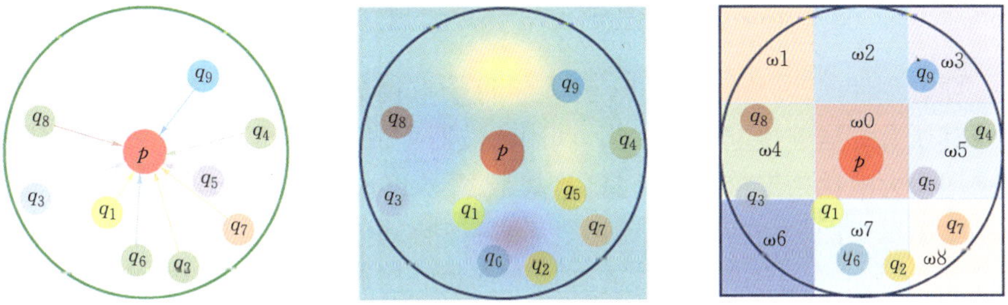

图 10-14　三维点云数据卷积示例

三维连续卷积方法在连续空间上定义卷积核，其中相邻点的权重与相对于中心点的空间分布有关。三维卷积可解释为给定子集上的加权和。典型的代表是 RS-CNN，RSConv 层将某一点周围点的局部子集作为输入，通过学习局部子集中点与点之间从低层关系(如欧氏距离和相对位置)到高层关系的映射，使用 MLP 实现卷积。类似地，在 DensePoint 中，卷积被定义为带有非线性激活器的单层感知器(SLP)。特征是通过串联前几层的特征来学习的，以充分利用上下文信息。Thomas 等人利用一组可学习的核点，为三维点云提出了刚性和可变形核点卷积(KPConv)算子。ConvPoint 将卷积核分为空间部分和特征部分。空间部分的位置从一个单位球中随机选取，加权函数则通过一个简单的 MLP 来学习。

三维离散卷积方法在规则网格上定义卷积核，其中相邻点的权重与相对于中心点的偏移有关。Hua 等人将非均匀三维点云转换为均匀网格，并在每个网格上定义卷积核。其所提出的三维核对同一网格中的所有点赋予相同的权重。对于一个给定的点，位于同一网格上的所有相邻点的平均特征均由上一层计算得出。然后，对所有网格的平均特征进行加权和求和，得出当前层的输出结果。在 GeoConv 中，一个点与其邻近点之间的几何关系是基于六个基点明确建模的。沿基础每个方向的边缘特征都由一个方向相关的可学习矩阵独立加权。然后，根据给定点与其相邻点形成的角度对这些方向相关特征进行汇总。对于给定点，当前层的特征定义为上一层特征的总和。PointCNN 通过一conv 转换(通过 MLP 实现)将输入点转换为潜在的、潜在的规范顺序，然后在转换后的特征上应用典型的卷积算子。Mao 等人提出了一种内插卷积算子 InterpConv，通过将点特征内插到相邻的离散卷积核重坐标来测量输入点云与核重坐标之间的几何关系。

10.3.4 基于图的深度学习方法

空域视角的图方法定义了空间领域的操作(如卷积和汇集)。具体来说，卷积通常是通过空间邻域的 MLP 来实现的，而池化则是通过聚合每个点的邻域信息来生成新的粗化图。每个顶点的特征通常用坐标、激光强度或颜色表示，而每个边的特征通常用两个相连点之间的几何属性表示。点云的图处理方法如图 10-15 所示。

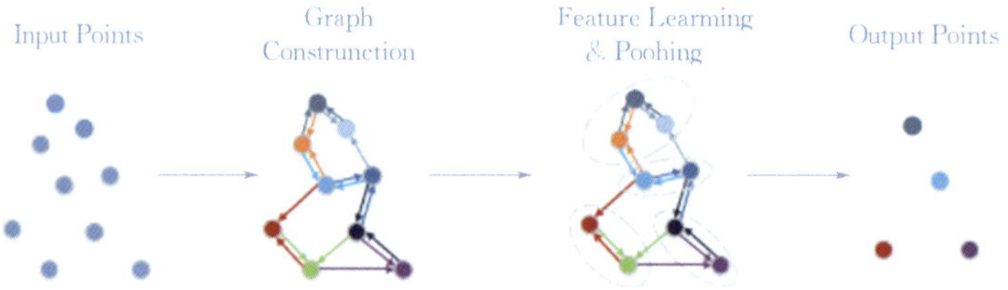

图 10-15　点云的图处理方法

作为一项开创性工作，Simonovsky 等人将每个点视为图中的一个顶点，并通过有向边将每个顶点与其所有邻居连接起来。然后，利用滤波器生成网络(如 MLP)提出了边缘条件卷积(ECC)。采用最大池化来聚合邻域信息，并基于 VoxelGrid 实现图粗化。在 DGCNN 中，在特征空间中构建了一个图，并在每一层网络之后进行动态更新。作为 EdgeConv 的核心层，MLP 被用作每条边的特征学习函数，而信道对称聚合被应用到与每个点的邻居相关的边特征上。此外，LDGCNN 取消了转换网络，并将 DGCNN 不同层的分层特征联系起来，以提高其性能并缩小模型大小。还有人提出了一种端到端无监督深度自动编码器网络(即 FoldingNet)，它使用向量化局部协方差矩阵和点坐标的串联作为输入。受 Inception 和 DGCNN 的启发，Hassani 和 Haley 提出了一种无监督多任务自动编码器来学习点和形状特征。编码器基于多尺度图构建。解码器是通过三个无监督任务构建的，包括聚类、自监督分类和重构，这三个任务是用多任务损失联合训练的。Liu 等人提出了一种基于图卷积的动态点聚类模块(DPAM)，将点聚类过程(采样、分组和汇集)简化为一个简单的步骤，通过聚类矩阵和点特征矩阵相乘来实现。在 PointNet 架构的基础上，通过堆叠多个 DPAM 构建了分层学习架构。与 PointNet++的分层策略相比，DPAM 动态地利用点的关系，在语义空间中聚合点。

频域角度的图方法将卷积定义为频谱滤波，其实现方式是将图上的信号与图拉普拉斯矩阵的特征向量相乘。RGCNN 通过连接点云中的每个点和所有其他点来构建图，并更新图拉普拉斯矩阵。图拉普拉斯矩阵为了使相邻顶点的特征更加相似，在损失函数中加入了图信号平滑度先验。为了应对数据图拓扑结构多样化带来的挑战，AGCN 中的 SGC-LL 层利用可学习的距离度量来参数化图上两个顶点之间的相似性。从图中获得的邻接矩阵使用高斯核和习得的距离进行归一化处理。HGNN 通过在超图上应用谱卷积来建立超边缘卷积层。上述方法都是在全图上运行的。为了充分利用局部结构信息，Wang 等人提出了一种端到端频谱卷积网络 LocalSpecGCN，用于局部图(由 k 个近邻构建)。这种方法不需要离线计算图的拉普拉斯矩阵和图的共线化层次。在 PointGCN 中，根据点云的 k 个近邻构建一个图，并使用高斯核对每个边进行加权。卷积滤波器被定义为图谱域中的切比雪夫多项式。全局池化和多分辨率池化用于捕捉点云的全局和局部特征。Pan 等人提出的 3DTI-Net 是在谱域中对 k 个最近相邻图进行卷积。通过学习相对欧氏距离和方向距离，实现了对几何变换的不变性。

10.4　深度学习点云数据处理实践

点云数据处理案例代码

10.4.1　任务简介

针对现有的轨道点云数据，针对不同的轨道部件进行语义分割。在本案例中，只对轨枕和钢轨进行分割。

随着环境信息采集技术和三维测绘技术的发展，对环境信息的描述数据从原来的图像测量采集的二维数据发展到 3D 点云数据。与传统 2D 数据相比，三维点云数据提供了更全面、更直观的物体三维信息，但因为点云数据本身特点，呈现出了非规则化、非结构化且无序的状态。将无序、不规则的点云数据进行分割，分别保存为多个不相交的子集，并且对每个子集设置保存的特征阈值，确保每个子集中的点云数据是具备了某种相同的属性或者相似的信息，而将这一过程通过计算机自主实现就是基于语义分割的定义。点云数据本身的特征使得准确的语义分割任务难以完成，加上点云数据冗余性高且密度不均匀等问题，加大了语义定义分割的难度。Bhanu 等计算点云模型的梯度属性并通过点云单位法向量的变化反馈得到点云模型的边缘，为点云分割提供了基于边缘特征信息分割点云的方法思路。Koster 等在基于区域增长算法的基础上进行优化，利用区域之间的相对信息作为区域增长算法的增长条件，并以此作为相邻区域进行合并的条件判定。2003，Rottensteiner 等利用曲率作为区域增长算法的判断条件，并对三维点云模型进行分割处理，检测出了代表屋顶的特征平面。Wang 等在 2012 年成功在室内检测障碍物的实验中应用了一种基于区域增长的快速平面分割算法。Filin 等在 2001 年提出的一种分割算法是利用表面纹理特征从而聚类激光点云数据，跳过栅格化处理过程直接处理激光点云数据的同时解决了点云密度不均匀的问题。Vosselman 等针对不规则分布的点云数据，为实现平面的分割处理目的，使用了 Hough 变换。2010 年，Zhan 提供的算法是利用点云法向量和色彩信息作为属性特征来进行分割。Holz 等在 2012 年提出了利用点云表面法向量的实时平面分割算法，实现了对周围环境中主要目标物体的实时感知，并成功在机器人导航中得到应用。2007 年，Schnabel 等通过改进 RANSAC 算法实现了分割网格和点云，在杂乱的点云数据中检测出基本的几何形状，大大提高了分割的准确性。Gelfand 等提出了打破传统算法对原始形状的局限性的一种检测 slipable 形状的分割算法，针对旋转和平移对称的形状，例如常见的平面、球体、气缸等均可被定义为 slipable 形状，并以此为基础对复杂形状的点云数据进行进一步的处理。2011 年，Li 等在原有 RANSAC 算法的基础上进行优化改进，在点云模型局部区域使用 RANSAC 算法检测基本的几何形状，而后在模型全局网格中进行融合操作，分割特征点云的同时通过融合得到表述更加复杂的点云模型。2015 年，一种基于超像素和机器学习的语义分割方法被 Wolf 等提了出来，该方法的核心思想是将聚类技术和条件随机场技术相结合。2021 年，BAAF-NET 网络框架的提出，展现了一种全新的语义分割网络，通过引入一个双边区块从而扩大了点与领域点之间的联系(local context)。语义分割可以帮助轨道检测设备理解点云中不同位置的对象类型，从而更好地理解整个轨道环境。

10.4.2 点云数据介绍

点云数据的格式见表 10-1，通常来说，除了位置坐标和分类 class 以外的字段称为 extension 字段。点云深度学习的字段最少要包含位置坐标。在 torch 等深度学习框架内，通常将上述字段保存成 numpy 库的 . npy 格式进行读取。

表 10-1 单个点可能包含的信息

<table>
<tr><th>键名</th><th>含 义</th><th>键名</th><th>含 义</th></tr>
<tr><td>x</td><td rowspan="3">点在三维空间中的坐标</td><td>b</td><td>点在三维空间中的颜色</td></tr>
<tr><td>y</td><td>N_x</td><td rowspan="3">点在三维空间中的法向量</td></tr>
<tr><td>z</td><td>N_y</td></tr>
<tr><td>r</td><td rowspan="2">点在三维空间中的颜色</td><td>N_z</td></tr>
<tr><td>g</td><td>class</td><td>点的分类</td></tr>
</table>

本案例所采用的数据均采集自我国有砟高速铁路，点云格式为“x，y，z，N_x，N_y，N_z，class”，其中 class 以 0，1，2，3 分别表示路肩、钢轨、轨枕、道砟。

10.4.3 点云预处理

本案例使用 CloudCompare 软件进行清除轨道环境、点云重采样、点云标注等点云预处理工作，其主界面如图 10-16 所示。

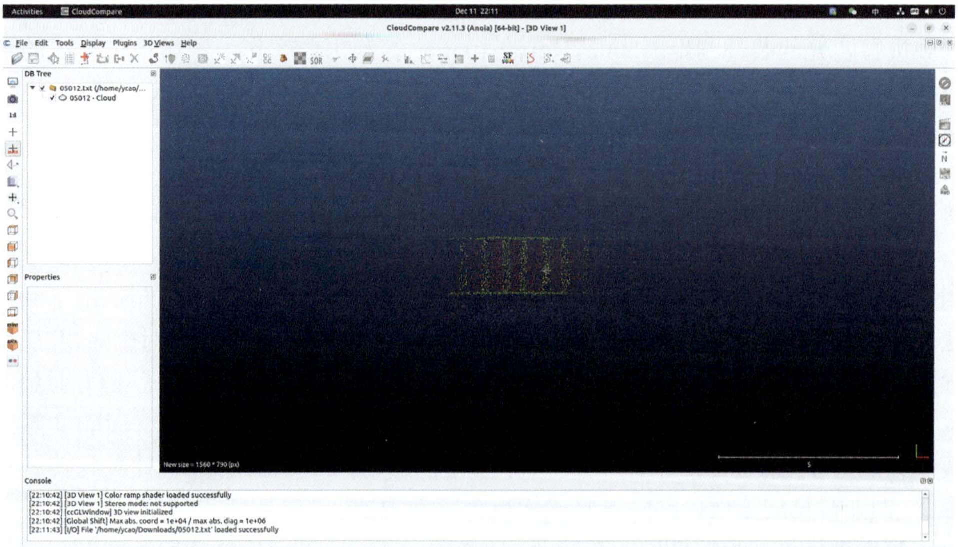

图 10-16 CloudCompare 主界面

1. 清除轨道环境

由于本案例不关注轨道环境，所以需要先清除轨道环境。

首先在左侧的 DB Tree 中，选中需要分割的点云。

点击工具栏上的“分割工具”按钮(图标是一个剪刀，或通过菜单 Edit>Segment 调用)，如图 10-17 所示。

图 10-17　分割菜单

进入分割模式后，CloudCompare 会显示点云的交互界面。

使用鼠标在点云上绘制闭合多边形。

左键单击：逐点绘制多边形的顶点。

双击左键：完成绘制并闭合多边形。

如果需要重新绘制，点击工具栏中的 Clear Segmentation 按钮清除当前多边形。

完成多边形绘制后，点击 Segment 按钮。

CloudCompare 会将点云分割为两部分：Inside(多边形内部的点)。Outside(多边形外部的点)。

删除其他部分，选择保留属于轨道结构的点云即可。

2. 点云重采样

点云重采样(图 10-18)可以在点云稀疏或密度不均匀的情况下，统一点云密度，减少噪声等。

在 DB Tree 中，点击选中加载的点云数据。在菜单栏中选择 Edit>Subsample，或者在工具栏中找到 Subsample 图标并点击。在弹出的 Subsampling 窗口中，选择 Octree levels 作为重采样方式。

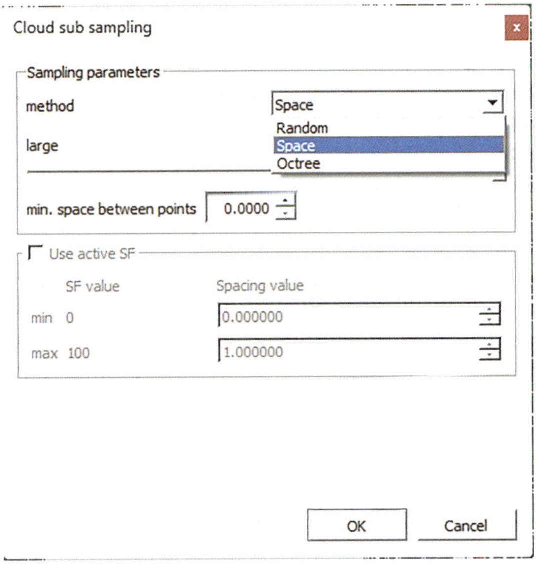

图 10-18　CloudCompare 中的点云下采样

Octree levels 是基于八叉树结构来控制点云的重采样。CloudCompare 会将点云数据均匀地划分为多个小区域，并根据这些区域的大小来决定保留的点的数量。

3. 点云标注

首先对点云进行分割,一个点云将被分割为多个部分。在 DB Tres 选择需要标记的部分,点击“Add Constant SF”,对点云添加一个字段。在这个字段中修改字段编号(即点云的 class 字段)。

10.4.4 基于 PACONV 神经网络的有砟轨道部件分割

PAConv 是一种用于 3D 点云处理的创新卷积操作,称为位置自适应卷积(position adaptive convolution),通过动态组合存储在权重库中的基本权重矩阵来构建卷积核。权重矩阵的组合系数通过 ScoreNet 根据点的相对位置自适应学习,从而实现了数据驱动的卷积核生成方式。与传统 2D 卷积相比,PAConv 更灵活,能够更好地处理 3D 点云的稀疏、不规则和无序特性。此外,与直接从点位置预测卷积核的方法相比,PAConv 采用动态核组装策略,大大降低了计算和内存开销。

PAConv 可以轻松嵌入到传统的基于 MLP 的点云处理网络中,如 PointNet 和PointNet++,而无需更改原有网络架构。实验表明,PAConv 在分类和分割任务中显著提升了基线性能,并达到了甚至超越了当前最先进模型的表现,同时保持了良好的计算效率。

PAConv 网络的结构如图 10-19 所示,图 10-19(a)展示了传统的二维卷积操作,其中 SOP 表示对称操作,例如 MAX 函数。图 10-19(b)则说明了 PAConv 如何设计卷积核函数 $K(p_i, p_j)$,包括定义权重库 B、学习 ScoreNet,以及生成卷积核的过程。

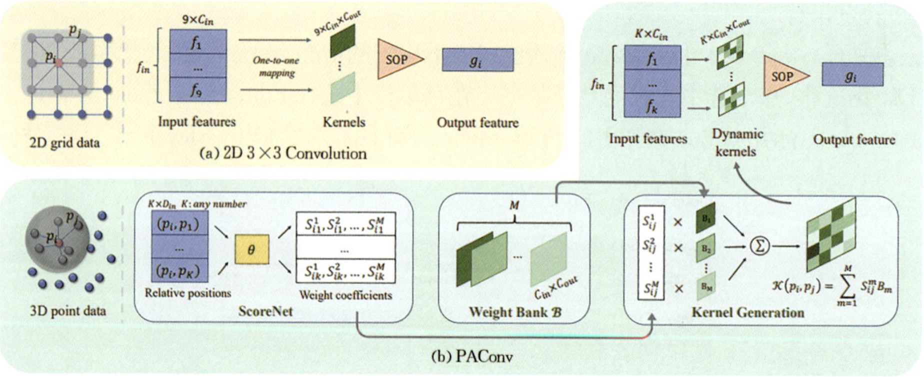

图 10-19 PAConv 网络结构

PAConv 的主要运算步骤如下:

(1)定义权重库(weight bank)

PAConv 通过权重库(weight bank)存储一组基础权重矩阵。每个权重矩阵表示一种可能的空间关系模式。权重库的大小由一个超参数 M 控制,通常设置为 8 或 16,以在权重矩阵的多样性和计算效率之间取得平衡。

(2)输入特征与相对位置编码

对于点云中任意一个点 p_i,其周围邻域点 p_j 的相对位置被作为输入。ScoreNet 使用这些相对位置信息来计算每个点对之间的权重组合系数。

(3)ScoreNet 计算权重组合系数

ScoreNet 是一种多层感知机(MLP),用于根据点与点之间的相对位置生成一组归一化的组合系数。这些系数通过 Softmax 函数进行归一化,以确保每个权重矩阵的选择概率在(0,1)

之间，并且所有系数之和为 1。

(4)动态卷积核生成(kernel generation)

PAConv 通过将 ScoreNet 生成的组合系数与权重库中的基础权重矩阵相结合来构建动态卷积核，具体公式为

$$K(p_i,p_j)=\sum_{m=1}^{M}S_{ij}^{m}B_m$$

其中，S^m 为由 ScoreNet 生成的权重组合系数；B_m 为权重库中的基础权重矩阵。

(5)卷积操作与特征聚合：

生成的动态卷积核 $K(p_i,p_j)$ 用于点云的局部特征变换。然后，通过对称操作(如 MAX、SUM 或 AVG)对点的邻域特征进行聚合，从而生成最终的点特征表示。

(6)正则化(optional)：

为了确保权重库中的权重矩阵具有较高的多样性，PAConv 引入了权重相关性正则化(weight regularization)。该正则化通过惩罚权重矩阵之间的高相关性，避免权重矩阵趋于相似。

选取默认参数对模型进行训练和验证。最终的最终模型输出结果可视化如图 10-20 和图 10-21 所示。对于轨道部件的分割精度能够达到 88%以上。

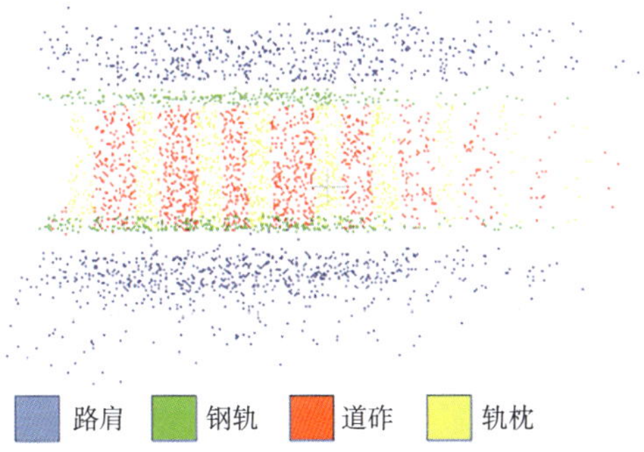

图 10-20　轨道结构语义分割结果

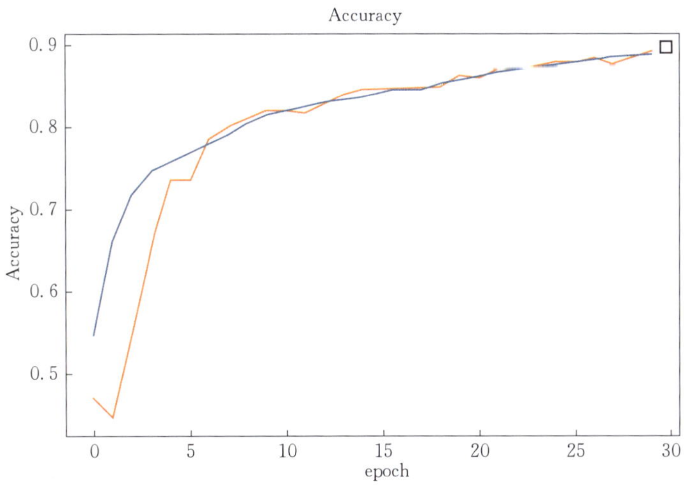

图 10-21　模型准确度曲线

第 11 章　振动数据分析

11.1　振动分析案例介绍

11.1.1　项目描述

高速铁路列车运行速度的不断提升，对轨道质量的评估也提出了更精确、更快速的要求。既有的评价方法普遍采用实测轨检数据计算轨道质量指数，以此评估轨道几何状态并指导线路养护维修。然而，车辆实际的振动状态在现有评价方法中极少被考虑，这可能导致依据现有的轨道状态评价标准进行评估时，难以对一些可能造成车辆发生运行事故的潜在轨道缺陷实现精确识别。车辆振动加速度既是轨道不平顺输入激励和车辆动力学响应特征的综合反映，也是车辆乘坐舒适性的直观体现，结合轨道不平顺与车体响应的轨道质量评价能进一步对轨道缺陷进行有效识别。

然而车体振动受轨道病害、轮—轨作用力及外界环境等多个耦合因素的影响使得较难准确预测其大小，为了解决该问题，该项目提出了一种基于轨检数据的轨道车辆车体振动预测方法。利用回归树及袋装回归集成算法，构建基于袋装回归树集成算法的车体振动预测模型，对车辆车体振动进行预测。

11.1.2　项目目标

（1）通过归一化处理实现多参数量纲归一化，利用最大信息系数法对“车体振动加速度作业数据集”中的参数进行处理，得到有效数据集。

（2）搭建每一类数据集的回归树模型，并构建袋装回归树集成模型，基于得到的有效数据集训练模型。

（3）通过训练好的模型预测车体横向垂向加速度。

11.1.3　数据集说明及所需工具

数据文件中存在以下变量：里程、左高低、右高低、左轨向、右轨向、轨距、超高、水平、三角坑、曲率、横向加速度、垂向加速度、速度、规矩变化率、曲率变化率、横加变化率、左高低弦测值 1、右高低弦测 1、左轨向弦测 1、右轨向弦测 1、左高低弦测 2、右高低弦测 2、左轨向弦测 2、右轨向弦测 2。总计 24 项变量，需要对其进行预处理以及去噪处理，得到与车体加速度相关性高的参数作为有效数据集，项目需要通过 Python 编程语言实现，具体可能需要用到以下第三方库：pandas，numpy，scipy，matplotlib 等。

11.1.4　实验流程

数据预处理：通过归一化处理实现多参数量纲归一化，利用最大信息系数法对“车体振动加速度作业数据集"中的参数进行处理,得到有效数据集。

构建回归树模型:学习回归树算法,搭建每一类数据集的回归树模型,并构建袋装回归树集成模型,以有效数据集为输入参数、车体加速度为输出参数训练模型。

车体加速度预测:通过训练好的模型预测接下来一公里的车体横向垂向加速度。

振动分析案例代码

11.2　数据预处理

在进行数据信息挖掘之前,一个必要的步骤是对数据进行预处理以提高数据的质量。常用的数据预处理方法有数据清洗,数据标准化、正则化、维归约等。在本案例中,通过数据标准化方法消除各参数的量纲。标准化处理的意义在于:

原始数据会转化为处于同一数量级别的无量纲化指标测评值,可以以此进行综合测评分析。

消去数量级的差异能提高算法迭代收敛速度,降低数量级差异对于依赖于样本距离的算法的影响。

Min-Max 标准化:通过数据最值归一化方法对数据进行利用整个数据集的最大值和最小值将数据数组各列的数据数值进行重新调节(图 11-1),使得最终的数据向量落在[0,1]的区间内。

$$\widetilde{X}=\frac{X-\mathrm{Min}(X)}{\mathrm{Max}(X)-\mathrm{Min}(X)} \tag{11-1}$$

Algorithm 1: 数据归一化

Data: 数据集 X
Result: 归一化后的数据数组 $\tilde{X}$, 数据每列最大值组成的数组 $\mathcal{M}$, 数据每列最小值组成的数组 $\mathcal{N}$

给定如下: 求数组中每列元素的最大值函数 $\mathcal{L}^{(1)}$, 求每列元素的最小值函数 $\mathcal{L}^{(2)}$;
$\mathcal{M} \leftarrow \mathcal{L}^{(1)}(X)$;
$\mathcal{N} \leftarrow \mathcal{L}^{(2)}(X)$;
for $i \leftarrow 1$ **to** $\leftarrow length(X)$ **do**
　　if $M = N$ **then**
　　　　$\mathcal{D}(i) = 1$
　　else
　　　　$\mathcal{D}(i) = \mathcal{M}(i) - \mathcal{N}(i)$
　　end
end
for $j \leftarrow 1$ **to** $\leftarrow length(M)$ **do**
　　$\tilde{X}(j) \leftarrow (X(j) - \mathcal{N}(j))/\mathcal{D}$
end
return $\tilde{X}$

图 11-1　数据归一化伪代码

对于车体加速度作业数据集进行分析,只考虑左高低、右高低等 23 项参数。标准化后的数据见表 11-1。

表 11-1 标准化后数据(部分)

里程	左高低(mm)	右高低(mm)	左轨向(mm)	…	右高低弦测 2(mm)	左轨向弦测 2(mm)	右轨向弦测 2(mm)
21 000	0.379 5	0.364 2	0.451 2	…	0.387 4	0.181 2	0.171 0
20 999.75	0.383 7	0.376 8	0.457 3	…	0.389 1	0.167 5	0.188 4
20 999.50	0.400 0	0.385 3	0.457 3	…	0.425 5	0.169 2	0.202 9
…	…	…	…	…	…	…	…
17 000.75	0.461 2	0.364 2	0.417 7	…	0.514 9	0.299 1	0.323 2
17 000.50	0.446 9	0.353 7	0.417 7	…	0.493 4	0.282 1	0.317 4
17 000.25	0.449 0	0.357 9	0.420 7	…	0.480 1	0.355 6	0.339 1

11.3 互信息介绍

在进行决策树回归模型的搭建之前，需要做的一项重要工作是对参数进行关联性分析。其意义在于通过关联分析筛选出与目标变量关联较强的变量可以有效提升模型的可解释性，降低模型的复杂性和过拟合的风险。在本案例中采用最大信息系数法(MIC)来进行数据的关联性分析。在介绍 MIC 方法之前，先讨论互信息的相关概念。

11.3.1 互信息的定义

两个随机变量的互信息(mutual information，MI)度量了两个变量之间相互依赖的程度。具体来说，对于两个随机变量，MI 是一个随机变量由于已知另一个随机变量而减少的“信息量”(单位通常为比特)。互信息的概念与随机变量的熵紧密相关，熵是信息论中的基本概念，它量化的是随机变量中所包含的“信息量”。MI 决定了随机变量(X,Y)的联合分布与 X,Y 的边缘分布的乘积之间的差异。MI 是点互信息的期望。

随机变量(X,Y)是空间 $X\times Y$ 中的一对随机变量。若其联合分布位为 $p(x,y)$，边缘分布分别为 $p(x)$和 $p(y)$，那么，他们之间的互信息可以定义为

$$I(X;Y)=D_{\mathrm{KL}}(p(x,y)\parallel p(x)\otimes p(y)) \tag{11-2}$$

其中，$\otimes$表示克罗内克积，其定义：给定任意矩阵 $X\in\mathbb{R}^{m\times n}$ 和 $Y\in\mathbb{R}^{p\times q}$，则矩阵 X 和矩阵 Y 的克罗内克积即 $X\otimes Y$ 为

$$X\otimes Y=\begin{pmatrix} x_{11}Y & x_{12}Y & \cdots & x_{1n}Y \\ x_{21}Y & x_{22}Y & \cdots & x_{2n}Y \\ \vdots & \vdots & \ddots & \vdots \\ x_{m1}Y & x_{m2}Y & \cdots & x_{mn}Y \end{pmatrix} \tag{11-3}$$

回到式(11-2)中，其中，D_{KL} 为 K－L 散度，根据 K－L 散度的性质，若联合分布 $p(x,y)$ 等于边缘分布 $p(x)$，$p(y)$的乘积，则 $I(X;Y)=0$，即当 X 和 Y 相互独立的时候，观测到 Y 对于预测 X 没有任何帮助，则它们的互信息为 0。

（1）离散变量的互信息

离散随机变量 X 和 Y 的互信息根据下式计算：

$$I(X;Y)=\sum_{y\in Y}\sum_{x\in X}p(x,y)\log\left(\frac{p(x,y)}{p(x)p(y)}\right) \tag{11-4}$$

（2）连续变量的互信息

连续随机变量 X 和 Y 的互信息根据下式计算：

$$I(X;Y)=\int_Y\int_X p(x,y)\log\left(\frac{p(x,y)}{p(x)p(y)}\right)\mathrm{d}x\mathrm{d}y \tag{11-5}$$

11.3.2　K-L 散度（相对熵）

K-L 散度的概念源自信息论，而其中最重要的信息度量单位为熵（entropy）。数据的熵可以通过式（11-6）计算：

$$H=-\sum_{i=1}^{N}p(x_i)\log p(x_i) \tag{11-6}$$

其中，对数的底数可以看作是编码信息的进制数，而相应的 H 则为编译信息所需要的最少的进制位个数，但并不提供编码的方法。通常，人们一般会用估计得到的分布 Q 来近似实际分布 P，而 K-L 散度描述了用分布 Q 来估计数据的真实分布 P 的编码损失。其可以通过式（11-6）进行简单的修改得到：

$$D_{\mathrm{KL}}(p\parallel q)=\sum_{i=1}^{N}p(x_i)\log\frac{p(x_i)}{q(x_i)} \tag{11-7}$$

11.4　最大信息系数法

最大信息数法（the maximal information coefficient，MIC）最早由 David N. Reshef 等人于 2011 年提出的用以捕捉到广泛的函数关系和非函数关系的方法，属于基于最大信息的非参数探索（MINE）统计的一个大类，是衡量两个变量 X 和 Y 之间线性或非线性关联强度的度量。该方法对于函数关系，其得分大致等于数据相对于回归函数的决定系数（R^2）。

11.4.1　MIC 的基础与性质

1. MIC 的基本想法

如果两个变量之间存在某种关系，那么就可以在这两个变量的散点图上画出一个网格来分割数据，以囊括这种关系。根据样本大小探索所有网格大小直到达到最大分辨率，计算得到不同网格划分情况下的最大互信息。再对得到的最大互信息进行归一化处理，其中的最大值即为 MIC。由于互信息是具有对称性的，因此 MIC 也是对称的，即 MIC（X，Y）＝MIC（Y，X）。更进一步，注意到最大信息系数（MIC）的度量具有一个重要特性：它在对数据进行保序变换，即不改变数据的顺序的变换（如单调函数映射）时保持不变性。这是由于 MIC 的计算是基于数据点的秩而不是它们的具体数值。必须指出的是，当考虑如何利用互信息（I_G）来反映数据中各个网格的信息量时，尽管互信息被用作量化这些网格的绩效指标，但是最大信息系数本身并非直接估算互信息大小。实际上，MIC 旨在捕捉数据集中变量之间的最强关系，而不限于量化互信息的具体数值。

2. MIC 的基本性质

(1)普适性:在样本量足够大的情况下,统计量应能捕捉到各种有意义的关联,而不局限于特定的函数类型(如线性、指数或周期性)。对于普适性较好的方法来说,不同类型的关联关系其起点应当是接近的。而且是接近于 1 的。

对所有非恒定的无噪声函数性关系,最大信息系数(MIC)都倾向于赋予它们接近于 1 的高分值。这表明 MIC 能够有效地捕捉并量化变量间严密的确定性联系。

对于更广泛类别的无噪声关系,其中包括无噪声函数关系的组合与叠加,MIC 同样倾向于赋予接近于 1 的高分数。这展示了 MIC 对于各种类型的功能性依赖关系,包括它们的组合形式,都具有很高的识别力。

当两个变量统计上完全独立时,MIC 会倾向于赋予这些变量组合接近于 0 的分数。这意味着在不存在任何关系或依赖的情况下,MIC 能够恰当地反映出变量间缺乏关联。

(2)公平性:是在样本量足够大的情况下,统计量应该给含有不同类型的噪声程度但具有相似的相关关系打出相似的分数,一个公平的统计量应该给具有相似 R^2 值的函数关系以相似的分数。

11.4.2 MIC 和特征矩阵的定义

设有一个有序数对的有限集合 D,其中包含的元素形式为(x,y)。将集合 D 中所有有序数对的 x 值进行分割,形成 x 个互不重叠的分区。同理,对所有的 y 值进行划分,形成 y 个分区。特别地,允许某些分区内没有任何元素,即空分区。这样可以将 x 个 x 分区和 y 个 y 分区的组合定义为一个 x-y 网格 G。对于特定的网格 G,讨论集合 D 中有序对在网格 G 上的统计分布,记为 $D|_G$。具体来说,集合 D 中的点在网格 G 的每个单元内都有一个对应的概率,该概率等于集合 D 中落在该单元内的元素数与集合 D 总元素数之比,其表示该网格单元内的概率质量。据此,可以描述集合 D 在网格 G 每个单元上的概率分布情况

对于有限集 $D\in\mathbb{R}^2$ 和正整数 x、y,定义

$$I^*(D,x,y)=\max I(D|_G) \tag{11-8}$$

其中,最大值为指遍历 x 列和 y 行的所有 G 的最大值;$I(D|_G)$表示 $D|_G$ 的互信息。用 I^* 来定义 D 的特征矩阵和 MIC。

双变量数据集 D 的特征矩阵 $M(D)$是一个无穷矩阵,其项

$$M(D)_{x,y}=\frac{I^*(D,x,y)}{\log(\min\{x,y\})} \tag{11-9}$$

样本量为 n、网格大小小于最大网格尺寸 $B(n)$的双变量数据集 D 的最大信息系数(MIC)为

$$\mathrm{MIC}(D)=\max_{xy<B(n)}\{M(D)_{x,y}\} \tag{11-10}$$

其中,函数 $B(n)$为搜索的网格大小设定了上限,其作用是根据数据集的大小 n 来决定 x-y 网格的精细程度。若将 $B(n)$设定过高,即使是在随机数据的情境下,也可能导致 MIC 分数不为零。这是因为在高分区设定下,网格足够细致以至于每个数据点都可能落入一个独立的单元格中,造成了过度拟合的情形。反之,若 $B(n)$设定过低,则网格变得过于粗糙,仅能捕捉到简单和直观的模式,而忽略了数据结构中可能存在的更复杂的联系。理想中,应选择一个合适的 $B(n)$ 值以平衡这个权衡,确保能够准确地揭示数据中的真实以及有意义的结构。根据 David N. Reshef 等人的研究证明,$B(n)=n^{0.6}$是较为理想的取值,本案例研究也采用这个取值。

11.4.3 算法计算过程

MIC 方法的核心是得到双变量数据集 D 的特征矩阵 $M(D)$，再根据特征矩阵的最大值得到 MIC 值。根据式(11-9)可知，该矩阵的值是每种网格划分情况下数对 (x,y) 的最大互信息，因此，理想状态下，特征矩阵的算法如图 11-2 所示。

```
Algorithm 2: 双变量数据集 D 的特征矩阵计算
  Data: 有序数对 D_{x,y} (x,y ∈ ℤ, xy ⩽ B)，网格划分上限 B
        (B ∈ ℤ, B > 3)
  Result: 特征矩阵 M_{x,y}
1 给定如下：求解对应网格划分状态下的最大互信息函数
   MaxMI(D,x,y);
2 for x ← 1 to ← B/y do
3 |  for y ← 1 to ← B/x do
4 |  |  I_{x,y} ← MaxMI(D,x,y);
5 |  |  M_{x,y} ← I_{x,y}/minlogx,logy;
6 |  end
7 end
8 return M_{x,y}
```

图 11-2　特征矩阵计算伪代码

其中，第 5 行是对特征矩阵的值进行归一化处理。算法中的 MaxMI 函数是用来计算有序数对 D 在特定划分情况下得到的网格 $Q(x,y)$ 的最大互信息。在这里只介绍 David N. Reshef 等人提出的一种近似计算方法 ApproxMaxMI。在这里只简单叙述该方法的一些符号规定、结论与算法，若有兴趣研究算法背后的逻辑推导，请参考文献。

11.4.3.1 符号规定

设有序对集合 D 按照 x 值递增排序。通过指定各列端点的索引，可以表示 x 轴的不同分区。具体来说，将一个整数的有序列表 $\langle c_0,\cdots,c_t\rangle$，其中 $(c_0<c_1<\cdots<c_t)$，称为尺寸为 t 的 x 轴分区，它涵盖了集合 D 中从第 c_{0+1} 个点到第 c_t 个点。

具体地，分区 $C=\langle c_0,\cdots,c_t\rangle$ 代表将 D 中的 x 值划分为若干区间。其中，c_0 是第一个区间的起点索引，而 (c_t) 是最后一个区间的终点索引。因此，D 中从第 c_0 个点到第 c_t 个点的 x 值被分布在这些区间中。

当引入一个新的整数 (a) 来更新分区时，有两种情况：

(1)如果 a 不等于任何现有分区边界的索引 c_i

满足 $c_i<a<c_{i+1}$，这意味着整数 a 处于 c_i 和 c_{i+1} 之间，没有与任何现有的分区边界重合。分区更新为 $C\cup a$，即将 a 作为新的端点插入至 c_i 与 c_{i+1} 之间，从而将原来 c_i 至 c_{i+1} 这一较大区间分成两个更小的区间：一个是从 c_i 到 a，另一个从 a 到 c_{i+1}。

(2)如果 a 等于某个现有分区边界的索引 c_i

在这种情况下，插入 a 不会改变分区，因为 a 已作为分区的一个端点存在。于是分区保持不变，$C\cup a$ 简化为 C。

依照式(11-4)、式(11-6)的定义可知，对于任何离散随机向量 (X,Y)，$I(X;Y)$ 的标准定义是 $I(X;Y)=H(X)+H(Y)-H(X,Y)$，其中 H 表示数据分布熵(香农熵)。对于给定的 x 轴分区 P 和 y 轴分区 Q，$H(P,Q)$ 表示离散点在 P 和 Q 形成的网格上的分布熵。

定义符号 $\#_{i,j}$ 表示 Q 的第 i 行,P 的第 j 列分区的点的数量,$\#_{*,j}$ 表示分区 P 中的第 j 个分区的点的数量,根据分区 P 的定义,易知 $\#_{*,j}=c_j-c_{j-1}$。

11.4.3.2 确定最优 x 轴区间划分

根据前文可知,确定最优的 x 轴区间分布即确定 $I(P;Q)$ 的最大值,即式 $H(P)+H(Q)-H(P,Q)$ 取最大值。当固定 y 轴的分区时,$H(Q)$ 将保持不变,恒等于 D 关于 Q 的分布熵,因此优化条件简化为求解 $H(P)-H(P,Q)$ 的最大值。

在 Q 固定的情况下,定义如下:在 x 轴分区尺寸大小不超过 l 的情况下,对于数据集 D 中前 m 个点来说,$F(m,l)=\max\{H(P)-H(P,Q)\}$。对于 $l>1$ 和 $1<m\leqslant n$ 的情况,有以下递归关系:

$$F(m,l)=\max_{1\leqslant i<m}\left[\frac{i}{m}F(i,l-1)+\frac{m-i}{m}H(\langle i,m\rangle,Q)\right] \tag{11-11}$$

在进行 x 轴分割的时候,引入团块的概念:团块是指一系列连续的点集,这些点在二维空间中被分配到 y 轴的同一个分区中。在数据分析或者信息论的背景下,一个"团块"可能代表着数据中自然聚集形成的一组点,这些点在垂直方向(或 x 轴方向)上相邻,而在水平方向(或 y 轴方向)上属于同一个分类或区间。团块分割可以避免不必要的复杂性,并提高计算效率。优化过程的一个关键见解是将这些团块视为不可分割的单元,因为在计算特定类型的度量时,分割它们并不会改变结果,从而可以减少算法的运算量,同时保持最优解的质量。算法参考图 11-3。

Algorithm 3: x 轴最优算法 $OptimizeXAxis(D,Q,x)$

Data: 按 x 值递增排序有序数对 $D_{x,y}$ $(x,y\in\mathbb{Z},xy\leqslant B)$, D 的 y 轴分区 Q, 网格尺寸上限 $x(B\in\mathbb{Z},x>1)$
Result: 分数列表 I, 列表中的值 I_ℓ 表示分区尺寸为 ℓ 的最大互信息

给定如下: $GetClumpsPartition(D,Q)$ 求解对应团块的边缘, 返回一个最小化的分隔;
$<c_0,...,c_k>\leftarrow GetClumpsPartition(D,Q)$;
{计算分区长度为 2 时的最佳分区以提供递归基础};
for $t\leftarrow 2$ **to** $\leftarrow k$ **do**
  for $s\leftarrow 1$ **to** $\leftarrow t$ **do**
    Find Max $\{H(<c_s,c_t>)-H(<c_s,c_t>,Q)\}$;
    $P_{t,2}\leftarrow<c_s,c_t>$;
    $I_{t,2}\leftarrow H(Q)+H(P_{t,2})-H(P_{t,2},Q)$
  end
end
{基于递归方法计算分区长度大于 2 的最佳分区};
for $\ell\leftarrow 3$ **to** $\leftarrow x$ **do**
  for $t\leftarrow 2$ **to** $\leftarrow k$ **do**
    for $s\leftarrow 1$ **to** $\leftarrow t$ **do**
      Find Maximizing:
      $F(s,t,l):=\frac{c_s}{c_t}(I_{s,\ell-1}-H(Q))+\sum_{i=1}^{|Q|}(\frac{i,\ell}{c_t}log\frac{i,\ell}{*,\ell})$;
      $P_{t,\ell}\leftarrow P_{s,\ell-1}\cup c_t$;
      $I_{t,\ell}\leftarrow H(Q)+H(P_{t,\ell})-H(P_{t,\ell},Q)$
    end
  end
end
return $(I_{k,2}...I_{k,x})$

图 11-3 x 轴最优划分算法伪代码

11.4.3.3 近似最大互信息算法

根据前文叙述可知,对于给定的有序数对集 D,如果将其分为行数为 $x[x\in\mathbb{Z}$,列数为 $y(y\in\mathbb{Z})]$ 的网格,则通过 OptimizeXAxis 算法可以得到对应网格划分情况下的最大互信息。

但如果在每一种特定 x 轴划分情况下，再嵌套对每一种 y 轴区块划分进行计算，其需要的计算量过大，这种算法是不现实的。因此需要一种近似的算法来近似得到最大互信息。

由于互信息的值受到了数据中较少信息轴的熵的上限制约，并且当一个轴被均等分割时，其边际熵达到最大化，可以使用一个基于此的简化手段：仅考虑其中至少一个轴被等分划分的网格，即轴固定一个大小为 y 的等分划分，并在此基础上执行 OptimizeXAxis 来优化 x 轴。之后，采用交换轴位置的方式重新执行，比较两次运行的结果，并取得分数较高的划分方法。算法伪代码参考图 11-4。

Algorithm 4: y 轴等分算法 $EquiparitionYAxis(D, y)$

Data: 有序数对 $D_{x,y}$ $(x, y \in \mathbb{Z}, xy \leqslant B)$,y $(y \in \mathbb{Z}, y > 1)$
Result: y 轴分区 Q, 每一行包含的点的数量数大致相同

```
给定如下: OrderByY(D) 将数对 D 按照 y 的值进行排序;
D ← OrderByY(D);
i ← 1;
currentRow ← 1;
desiredRowSize ← n/y;
while i < n do
    S(b_i) ← 数对 D(a_j, b_j) 中所有 y 值等于 b_i 的点的集合;
    # ← y 轴分区 Q 在 currentRow 下的数据点数量;
    if # = 0 或者 |# + |S| − desiredRowSize| ⩽ |# − desiredRowSize|
     then
        Q((a_j, b_j)) ← S(b_i);
        i ← i + |S|;
        desiredRowSize ← (n − 1)/y
    else
        currentRow ← currentRow + 1
    end
end
return Q
```

图 11-4　y 轴等分算法伪代码

11.4.4　项目计算过程

在介绍了 MIC 的基本思想和算法逻辑后，接下来讨论如何对本项目中的参数进行 MIC 的计算和分析。根据前文的叙述可知，本项目中关注的参数有：左高低、右高低、左轨向、右轨向、轨距、超高、水平、三角坑、曲率、横向加速度、垂向加速度、速度、规矩变化率、曲率变化率、横加变化率、左高低弦测值 1、右高低弦测 1、左轨向弦测 1、右轨向弦测 1、左高低弦测 2、右高低弦测 2、左轨向弦测 2、右轨向弦测 2 等 23 项参数，考虑到分析的完整性，对所有指标进行两两分析，计算出对应的 MIC 值，最后将所有得到的值记录在一个统一的矩阵中，绘制热力图。挑选“横向加速度”和“垂向加速度”指标的 MIC 向量，绘制条形图。

计算指标 i 与指标 j 的 MIC 时，需要通过上述的算法进行 MIC 值的计算。在这里，给出一个在 python 中的简便的处理方法：使用 minepy 库中的 MINE 类进行计算，其中的 mine. compute_score 方法可以计算得到最大互信息特征矩阵，然后通过 mine. mic()方法得到 MIC。由此，给出简化后的算法伪代码(图 11-5)。

根据计算结果，分别绘制全参数的 MIC 热力图(图 11-6)和加速度 MIC 条形图(图 11-7)。依据 MIC 计算结果，挑选“横向加速度”和“垂向加速度”MIC 向量的前 5 项最大 MIC 值(排除横向和垂向加速度)对应的参数组成有效数据集，结果如下：

(1)横向加速度:{超高,曲率,速度,左轨向弦测 2、右轨向弦测 2};

(2)垂向加速度:{超高,曲率,速度,左轨向弦测 2、右轨向弦测 2};

Algorithm 5: 振动数据 MIC 算法 $VibMic(\tilde{X})$

Data: 归一化数据集 $\tilde{X}_{a\times b}$

Result: Mic 矩阵 $M_{a\times b}$

给定如下: $MineCompute(M(a_i,a_j))$: 计算 $\tilde{x}_{a\times b}$ 中第 a_i 列参数和第 a_j 列参数的特征矩阵;$MineMic(K_{m,n})$: 寻找特征矩阵 $K_{m,n}$ 中的最大值 MIC;

$row \leftarrow Coulmn(\tilde{X}_{a\times b})$;

$M_{a\times b} \leftarrow 0$ Mic 矩阵初始化;

for $i \leftarrow 1$ **to** $\leftarrow row$ **do**

  for $j \leftarrow 1$ **to** $\leftarrow row$ **do**

    $k_{i\times j} \leftarrow MineCompute(M(a_i \times a_j))$;

    $M_{i\times j} \leftarrow MineMic(K_{i\times j})$;

  end

end

return $M_{a\times b}$

图 11-5 振动数据 MIC 矩阵算法伪代码

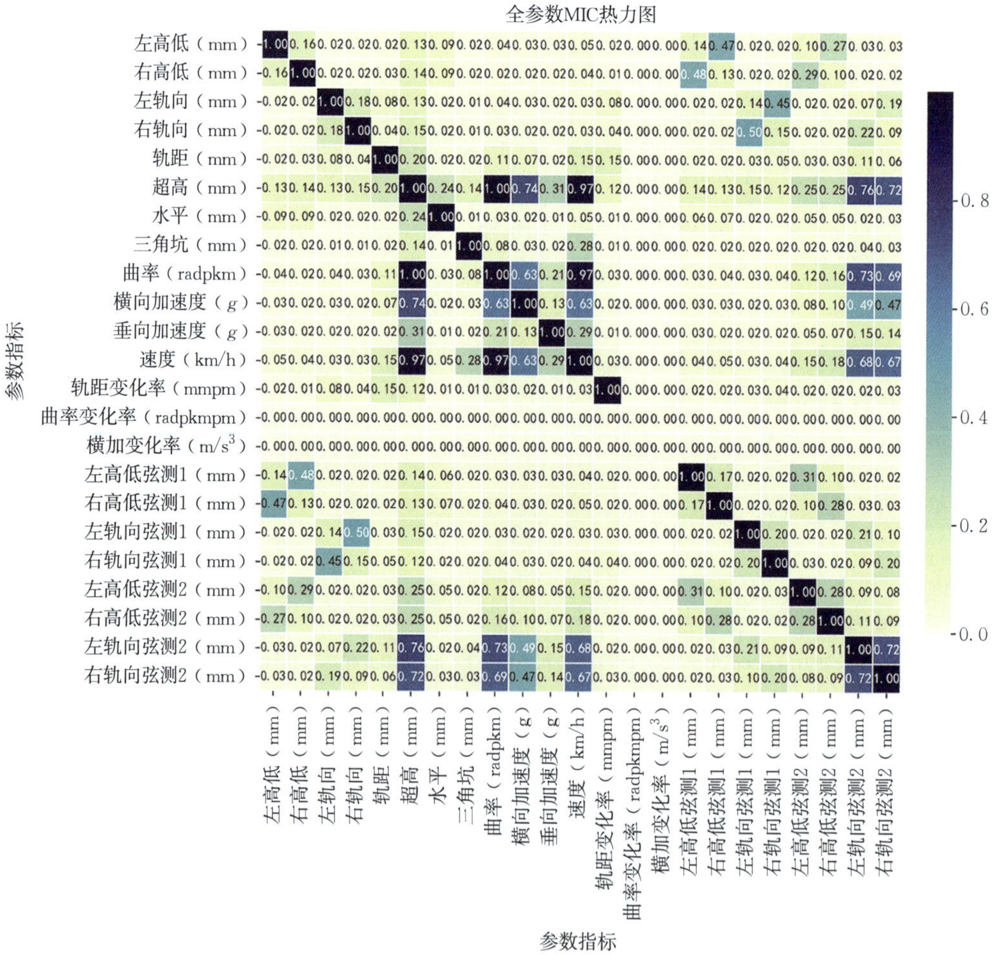

图 11-6 全参数热力图

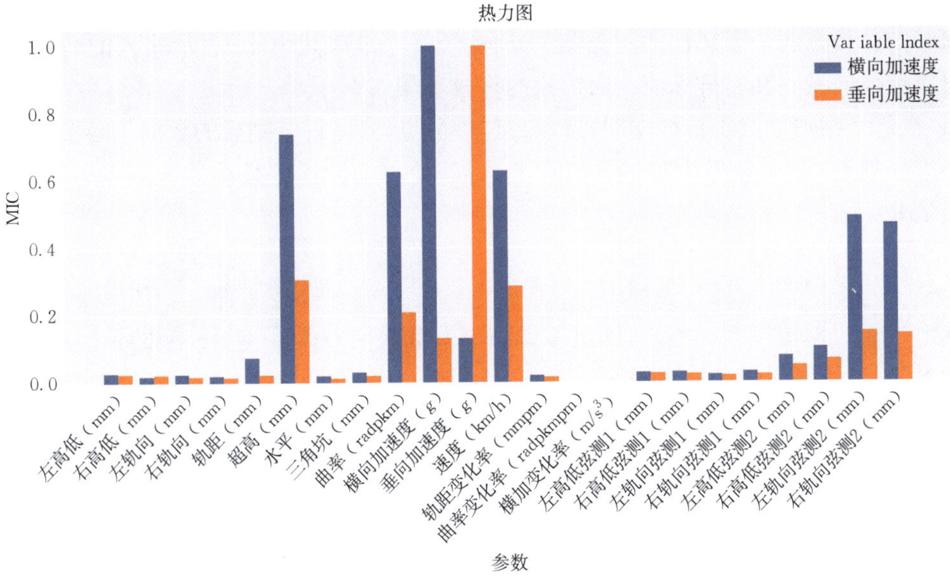

图 11-7　加速度 MIC 图

11.5　回归树算法

11.5.1　数据分割

在进行模型构建之前，需要对数据集进行划分，将通过数据预处理后筛选出的有效数据集分成训练数据集和测试数据集。在本案例中，为了保证里程数据的连贯性，将数据打乱，取80%的数据分为训练数据集，命名为“X_train”，对应的横向加速度数据命名为“A_h_train”，垂向加速度数据命名为“A_v_train”；将剩余 20%数据分为测试数据集，命名为“X_test”，对应的横向加速度数据命名为“A_h_test”，垂向加速度数据命名为“A_v_test”。

11.5.2　回归树模型(CART 算法)

本书的第 6 章对决策树模型进行了详细介绍，本章对此不作赘述，仅对回归树模型进行简单拓展。

回归树是决策树的一种，用于解决回归问题，即预测连续值输出。本质上回归树模型和分类树模型并没有不同，可以将分类树看作是对离散数据的分类，而回归树则是对连续数据的分类，当叶节点的数量足够多时，离散数据的分类可以近似看成是对连续数据的回归。

分类树预测离散类别标签不同，回归树预测一个实数值。回归树通过将特征空间划分为不同的区域来进行工作。构建回归树时，算法选择最佳分割特征及其阈值，进而将数据集分割成两个子集，这个过程递归进行，直到满足停止条件(如：最大深度、最小分割样本数等)。在每个终端节点(或叶节点)上，该区域内所有样本目标值的平均值被作为预测值返回。

回归树是一种预测连续数值输出的树型模型。与分类树类似，回归树的本质是通过树型结构将输入空间(即特征空间)进行划分，并在每个划分的区域内做出预测。回归树在训练的时候会构建一棵树，树的每个叶节点对应于输入空间的一个区域，并且该节点存储着这个区域内所有样本输出的均值作为预测值。简单地说，回归树的生成是基于平方误差最小化准则的一种递归二分类方法。定义输入数据集为 $D=\{(x_i,y_i)\}$，其中 x_i 表示输入的特征向量，y_i 表示对应特征向量的真实目标值。回归树的生成步骤如下：

（1）在每个结点上遍历特征空间，选取最佳裂分点 S，使得分割后的数据集与实际值 y_i 的均方误应分割点 s 的分割数据集的均方误差，寻找使得均方误差最小的分割点 s 和特征 j 将数据集二分：

$$\min\left\{\min_{x_i\in R_1}\sum_{i=1}^{N}[y_i-f(x_i)]^2+\min_{x_i\in R_2}\sum_{i=1}^{N}[y_i-f(x_i)]^2\right\} \tag{11-12}$$

其中，$f(x_i)$对应模型的输出，通过考虑减小模型的均方误差使得模型的预测结果接近实际值的思路，容易得到最优分割如下：

$$\min\left[\min_{R_1(j,s)}\sum_{i=1}^{N}(y_i-c_1)+\min_{R_2(j,s)}\sum_{i=1}^{N}(y_i-c_2)\right]$$

$$c_1=\frac{\sum_{i=1}^{NR_1}y_i}{N_{R_1}},c_2=\frac{\sum_{i=1}^{NR_2}y_i}{N_{R_2}} \tag{11-13}$$

（2）重复以上步骤，递归地将数据集分割为更小的部分，直到总均方差的下降值小于某阈值，节点数量小于阈值或者达到最大树深度。

（3）对回归树进行剪枝，避免将数据集的噪声拟合进模型。

回归树的伪代码参考图 11-8。在本案例中，使用 sklearn 库进行模型构建。sklearn 中的 tree 类带有函数 DecisionTreeRegressor，可以快速构建回归树模型，详细参数信息请移步至 sklearn 库官网进行查询，本文仅介绍 max_depth 参数对回归树模型的影响。

```
Algorithm 6: 回归树算法 RegressorTree(D)
Data: 数据集 D = {(x1, y1), (x2, y2), (x3, y3), ..., (xj, yj)}, 总均方差下
      降阈值 K, 最大树深度 H, 节点数阈值 N
Result: 决策树 T{[R11, R12], [R21, R22, R23, R24], ...[Rm1, Rm2, ...Rmn]}
给定如下: 数据集按照 R^i 进行排序 OrderByR(RNow, R^i); 数据集按
  照划分点 s 对特征 R^i 划分, 分为两部分 R1,R2 SplitR, R^i, s;
N ← 1;
d ← 0;
K ←;
Row ← 1;
RNow ← D;
while (N < N) and (K < K) and (d < H) do
    for i ← 1 to ← j do
        RNow ← OrderByR^i(RNow);
        for t ← 1 to ← RNow(t) do
            for s ← 1 to ← |R^i| do
                [R1, R2] = Split(RNow, R^i, k);
                c1 = Σ_{n=1}^{|R1|} yn/|R1|, c2 = Σ_{n=1}^{|R2|} yn/|R2|;
                Find Mining:
                Min Σ_{n=1}^{|R1|} + Min Σ_{n=1}^{|R2|}
            end
        end
        RSave ← [R1, R2]
    end
    T(Row) ← RSave;
end
return T
```

图 11-8 回归树枝叶生成算法伪代码

11.5.3　装袋回归树

袋装法，全称为自助聚集方法，是一种集成学习的方法，旨在提高单个模型如决策树的稳定性和准确性。袋装法的核心思想是通过组合多个模型减少过拟合，提高模型的泛化能力。需要注意的是袋装法从原始数据集中通过有放回抽样的方式随机抽取多个子样本集合，即对于一个含有 N 个样本的数据集，随机有放回地抽取 M 次，每次都是从所有 N 个样本中抽取一个样本，这样就可以得到多个大小为 M 的训练集，每个训练集都是原始数据集的一个"自助样本"。

袋装回归树是将袋装法应用于回归树的情况。每个回归树独立地对其训练数据集进行学习并产生输出预测。最终输出通常是这些树输出的均值。该方法介绍参考本书第 6 章的内容，此节不做赘述。

11.6　参数调整和结果展示

11.6.1　超参数选择

根据上述内容搭建好模型后，一个亟需解决的问题是如何挑选模型的超参数，如：回归树的最大深度 max_depth，袋装函数的最大特征 max_feature 和最大样本量 max_samples。对于回归树的最大深度，采取循环的方法计算最大深度 $D \in [1,2,3,\cdots,100]$ 的情况下回归树模型的均方误差 MSE，绘制横向加速度回归树 MSE 深度变化图和垂向加速度回归树 MSE 深度变化图，如图 11-9 所示。由图可知，二者的测试误差均在最大深度为 20 左右收敛。尽管在袋装的情况下可单个回归树的过拟合情况影响较小，本文仍采取回归树 MSE 最小的最大深度作为最优模型的深度以进行展示，读者进行测试时可以根据情况调整最大深度以得到更好的效果，抑或是进行交叉验证，下一节对交叉验证进行展示介绍。

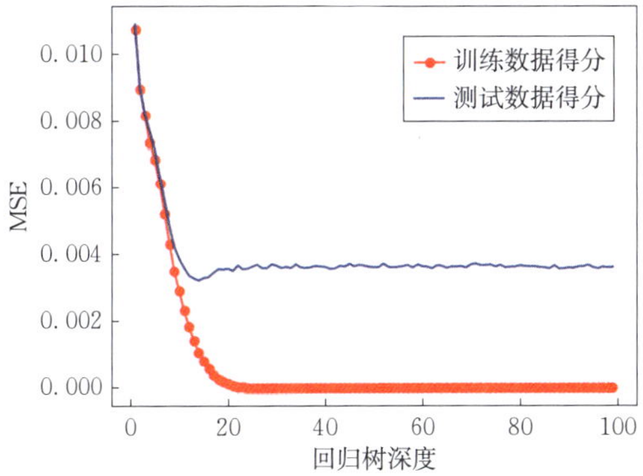

（a）横向加速度

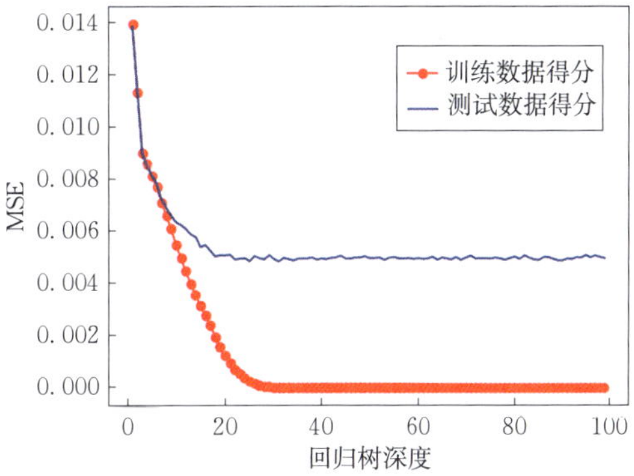

（b）垂向加速度

图 11-9　加速度回归树 MSE 深度变化图

11.6.2　超参数网格搜索交叉验证

若模型有多个超参数需要调整，一个简单有效的想法是对所有可能的超参数组合进行穷举组合。例如有两个超参数 $k_1 \in [a_1, a_2, \cdots a_i]$，$k_2 \in [b_1, b_2, \cdots b_j]$，则可以生成超参数网格 G。

$$G=\begin{bmatrix}(a_1,b_1) & (a_1,b_2) & \cdots & (a_1,b_j)\\(a_2,b_1) & (a_2,b_2) & \cdots & (a_2,b_j)\\\vdots & \vdots & \ddots & \vdots\\(a_i,b_1) & (a_i,b_2) & \cdots & (a_i,b_j)\end{bmatrix}$$

在此基础上，遍历每一种组合情况，计算模型的 MSE，绘制参数组合热力图如图 11-10 所示。由图可知，最佳参数组合为横向加速度{最大特征：1.0，最大样本量：1.0}和垂向加速度{最大特征：1.0，最大样本量：1.0}。

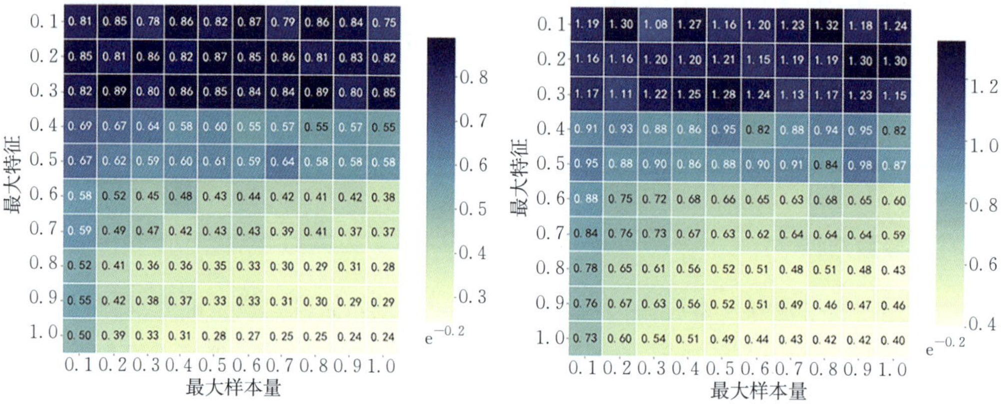

（a）横向加速度　　（b）垂向加速度

图 11-10　加速度回归树模型超参数组合热力图

实际上，上述得到的参数组合并非最优组合，提高超参数的取值范围有可能得到更佳的超参数组合。

11.6.3　测试集预测结果

对垂向和横向加速度袋装回归树模型进行训练和验证时，将数据按照 80%、20% 的比例分为训练数据集和测试数据集。根据本书提供的模型对测试数据集进行训练，预测结果如图 11-11和图 11-12 所示。模型的 MSE 分别为 0.002（横向加速度模型）和 0.003（垂向加速度模型）。模型精度满足要求。

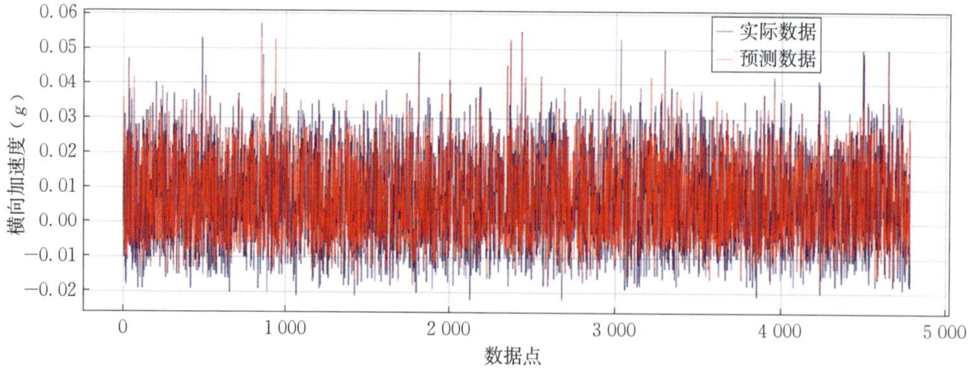

图 11-11　横向加速度测试集预测结果

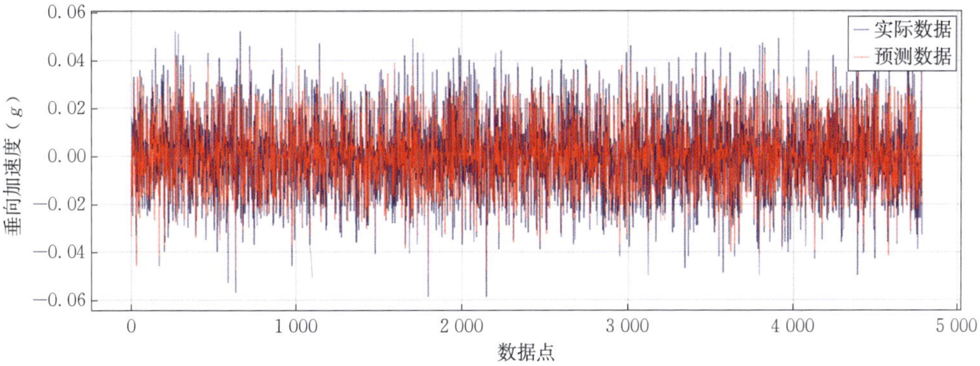

图 11-12　垂向加速度测试集预测结果

第 12 章　文本数据分析

12.1　铁路行业文本分类

文本数据分类是自然语言处理(NLP)领域的一个重要分支,它涉及到将文本数据根据内容、用途、情感等多维度标准进行自动分类的技术。从改进客户服务到运维监测,信息管理,预测分析,再到营销策略优化,文本分类在提高效率、增强决策支持和优化用户体验方面扮演着关键角色。

铁路行业获得数据的渠道极为广阔,包含多种类型。这些类型主要涵盖:运营数据(例如,发车与到达时间、运行速度、延误记录、座位使用率等),客流数据(乘客进出人数、票务信息、客流趋势、顾客满意度调研等),财务数据(收益、成本、利润以及相关分析报告),维护日志(列车保养记录、故障及修复数据、预防性保养信息)和顾客服务记录(咨询、投诉、建议以及社交媒体用户反馈)。这些数据既有来自传感器与监控设备实时采集的信息,也包括客户反馈、内部管理记录以及公开的财务报告和政策文献。

文本分类的具体目标取决于其实际应用需求,诸如针对特定事件的舆论分析或自动为库存文档生成标签。铁路领域,文本分类技术可用于分析乘客反馈的情感倾向、对维护记录进行重要性评价、自动识别运营过程中的异常情况、分析法律规范和安全监管条款等方面。

12.2　项目简介

文本数据分析案例代码

12.2.1　项目背景

本项目旨在通过对高速铁路行业的文本数据进行分类和分析,为政府、企业、研究机构等提供一个高效、准确的信息获取途径。通过构建一个文本分类模型,将高铁行业的文本信息划分为不同的类别,包括运营管理、安全监控、工程建设、经济效益等,以便用户能够有针对性地获取所需信息,为决策者提供决策依据。

12.2.2　详细介绍

1. 数据

本项目文本数据使用人工智能语言大模型生成,其主题主要为运营管理、安全监控、工程建设、经济效益。每一条报告摘要对应一个主题类别,每一类别共 300 条数据,合计1 200条,部分文本如下所示。

(1)运营管理:高铁站的售票窗口将增加服务人员,以缩短乘客购票等候时间;运营管理部门计划引入自助取票机,以提升售票效率;运营管理团队将加强对列车餐饮服务的监督,提升食品安全水平;为了让乘客更方便地支付车费,高铁运营系统接入了多种支付方式,包括微信、支付宝等;高铁站将引入智能化垃圾分类系统,推动垃圾分类和环保理念。

(2)安全监控:高铁站内安装了先进的监控摄像头系统,覆盖站台、候车区等重要区域,确保乘客安全;高铁站将设立安全警示标识,提醒乘客注意安全事项,加强安全宣传教育;高铁站将安装高清摄像头,提高监控画质,确保对站内情况的清晰监视;安全监控团队将引入智能化危险品检测设备,保障站内安全。

(3)工程建设:工程团队将进行高铁道岔维护工程,保障道岔正常运行;工程团队将进行高铁信号系统更新工程,以提高信号传输的可靠性;高铁站将进行站厅照明升级工程,以提高站内照明效果和能效;设计团队将负责铁路高架段的结构设计,保障线路稳定性和安全性;针对铁路特殊地段,设计师将进行隐患排查设计,确保线路安全。

(4)经济效益:铁路行业 2022 年实现营业收入约 1.8 万亿元,同比增长 8.5%;铁路行业通过多渠道融资,包括发行债券、吸引社会资本等方式,保障了资金来源的多样性;高速铁路公司注重资产运营效率,2022 年资产周转率达到了一个较高的水平;最近的财务报表显示,高速铁路公司积极推动了成本与效益的平衡,确保了经营活动的持续健康发展;高速铁路的开通将提高城际间人才流动的便利性,为企业吸引高素质人才提供了便利条件。

2. 目标

熟练掌握 Python 编程语言,学会安装和调用 Python 包;熟练掌握中文文本分词方法以及文字特征向量构建方法;熟练掌握数据分类入门方法,学会构建模型并训练、调参、评估。

12.2.3　实验流程

(1)数据预处理:将获得的铁路行业报告摘要表,进行分词、去除停用词等预处理步骤,以便将其转化为模型可以理解的格式,推荐采用 jieba 软件包。

(2)特征工程:为了训练分类器模型,需要将文本数据转化为可以用于训练的特征。可以考虑使用词袋模型(bag of words)、词嵌入(word embeddings)等技术,或者采用 word2vec 软件包。

(3)模型训练与调参:使用准备好的训练集,训练一个分类器。可采用学习曲线或网格优化等方法加速调参过程。

(4)模型评估:使用测试集来评估模型的性能。可以选择使用准确度、召回率等指标来评估模型的分类效果。

12.3　文本预处理

文本预处理是指在自然语言处理(NLP)之前,对原始文本数据进行清洗、转换和标准化的过程。由于现实中的文本数据通常存在噪声、多样性和复杂性等问题,直接使用原始文本数据进行分析和建模可能会导致结果不准确或不稳定。文本预处理有助于提高文本数据的质量,减少数据中的干扰因素,并为后续的文本分析和挖掘任务提供更好的基础。

文本预处理的主要目标包括:

(1)清洗文本数据,去除不必要的字符、标点符号和特殊符号,保留有用的信息。

(2)分词,将文本数据拆分成独立的词或标记,方便计算机理解和处理。

(3)将文本数据转换为数值形式,以便应用于机器学习和深度学习算法。

(4)处理文本数据中的大小写、停用词和词干等问题,提高文本数据的一致性和标准化程度。

(5)去除文本数据中的噪声和冗余信息,减少对后续任务的干扰。

12.3.1 文本清洗

文本清洗主要是对原始文本数据进行处理,去除不必要的信息和噪声,以净化文本数据,使其更加适合后续的文本分析和挖掘任务。

1. 去除特殊字符

在文本数据中,可能包含一些特殊字符,如表情符号、网址、邮箱地址等,这些特殊字符通常对文本分析没有用处,需要被去除。

2. 去除标点符号

在文本数据中,标点符号通常没有特定含义,对文本分析和建模没有帮助,因此可以被去除。

3. 大小写转换

在文本分析中,通常将所有文本数据转换为统一的大小写形式,这样可以消除大小写带来的差异,使得模型更加稳定和准确。

4. 去除停用词

停用词是在文本分析中常常被忽略的常见词汇,例如"a""an""the""is""and"等。这些词汇在文本中频繁出现,但通常并不携带重要的语义信息,因此可以被去除以减少干扰因素。

5. 词干提取和词性还原

词干提取和词性还原是文本清洗的进阶步骤,词干提取将词汇还原为其基本的词干形式,而词性还原将词汇还原为其在词性上的基本形式,以减少不同形式的词汇对特征空间的影响。

通过上述文本清洗的步骤,可以得到经过处理和净化的文本数据,为后续的文本分析和挖掘任务提供更加干净和一致的文本数据,从而获得更准确和可靠的结果。

12.3.2 分　　词

在数据预处理过程中,分词是至关重要的一步,特别是在自然语言处理领域。选择合适的分词工具可以将文本数据按照词语进行切分,为后续的处理提供基础。

对于中文,常用的分词工具包括 jieba、HanLP 等。对于英文和其他使用空格分隔的语言,可以使用 NLTK、spaCy 等。下面对各分词工具进行详细介绍。

1. jieba

jieba 分词是一个受欢迎的中文分词 Python 库,由 Jun Yan 在 GitHub 上开源。它易于安装和使用,可以应对多种分词场景。jieba 是基于前缀词典实现高效的词图扫描,构建一个有向无环图(DAG)将句子切分为多种组合,然后采用动态规划找到最大概率路径,进而识别出基于词频的最大切分组合。

jieba 支持多种分词模式。

(1)精确模式:试图将句子最精确地切开,适合文本分析。

(2)全模式:把句子中所有可能成词的词语都扫描出来,速度非常快,但不能解决歧义问题。

(3)搜索引擎模式:在精确模式的基础上,对长词进行再次切分,适合用于搜索引擎分词。jieba 支持添加自定义词典,以便包含 jieba 词库里没有的词。

虽然 jieba 有新词识别的能力，但加入自定义词典可以确保特定词语一定会被分词器切分出来。jieba 提供两种关键词提取方法：基于 TF-IDF 算法和基于 TextRank 算法。jieba 分词支持繁体中文分词，能够处理繁体字的分词需求。利用 Python 的多进程实现并行分词。jieba 分词是开源的免费工具，用户可以自由使用和修改源代码。

使用 jieba 分词可以帮助用户对中文文本进行分词处理，从而为后续的文本分析、文本挖掘和自然语言处理任务提供支持。在实际应用中，jieba 分词被广泛应用于文本分类、情感分析、关键词提取等领域，为中文文本处理提供了便利和效率。

2. NLTK

NLTK(natural language toolkit)是一个领先的平台，用于构建 Python 程序来处理人类语言数据。它为英语等语言的文本处理提供了易于使用的接口，并含有超过 50 个语料库和词汇资源，如 WordNet，以及一系列用于分类、标记、分词、语法分析和语义推理的库，还有机器学习的功能。

NLTK 提供了多种分词器，包括基于规则的分词器、基于统计的分词器和混合型分词器等，用户可以根据需求选择合适的分词器进行分词处理。NLTK 支持多种语言的文本处理，包括英文、法文、德文等，用户可以在不同语言的文本中进行分词处理。NLTK 提供了丰富的 API 和功能，用户可以根据需要进行自定义设置和调整，实现灵活的分词处理。NLTK 是一个教育和研究用途的工具包，提供了大量的示例代码和文档，有助于用户学习和理解自然语言处理的原理和方法。NLTK 拥有活跃的社区支持，用户可以在社区中获取帮助、交流经验和分享成果。

NLTK 分词模块可以帮助用户对文本进行分词处理，为后续的文本分析、文本挖掘和自然语言处理任务提供支持。在实际应用中，NLTK 分词被广泛应用于文本分类、信息检索、机器学习等领域，为文本处理和分析提供了便利和效率。

12.3.3　词向量化

词向量化是将文本中的词语表示为向量的过程，是自然语言处理中常用的文本表示方法之一。通过词向量化，可以将文本数据转换为计算机可处理的数值形式，从而方便进行各种文本处理和分析任务，如文本分类、情感分析、语义相似度计算等。下面介绍常见的词向量化方法。

1. 词袋模型(bag of words，BoW)

词袋模型将文本表示为词语的频率向量，忽略了词语之间的顺序和语义信息，只考虑词语在文本中的出现次数。通过词袋模型，可以将文本转换为稀疏向量，每个维度对应一个词语，值表示该词语在文本中出现的次数。

2. TF-IDF(term frequency-inverse document frequency)

TF-IDF 是一种基于词频和逆文档频率的文本表示方法，用于衡量词语在文本集合中的重要性。TF-IDF 将文本表示为稀疏向量，其中每个维度表示一个词语的 TF-IDF 值，反映了该词语在文本中的重要程度。

3. 词嵌入(word embedding)

词嵌入是一种将词语映射到低维稠密向量空间的表示方法，通过学习得到词语之间的语义和语法关系。常见的词嵌入模型包括 Word2Vec、GloVe、FastText 等，可以将词语表示为具有语义信息的连续向量。

4. 预训练词向量(pre-trained word embedding)

预训练词向量是在大规模文本数据上预训练得到的词嵌入模型，可以直接应用于各种文本处理任务。通过使用预训练词向量，可以提高文本处理任务的效果，尤其在数据量较小的情况下，可以更好地学习词语之间的语义关系。

选择合适的词向量化方法取决于具体的任务需求和文本数据特点。词向量化可以帮助将文本数据转换为计算机可处理的形式，为后续的文本处理和分析任务提供基础。

12.3.4 文本编码与特征表示

在文本分词与词向量化之后，接下来的重要步骤是将分词后的文本数据进行编码和特征表示。在这一节中将介绍常用的文本编码方法和特征表示技术。

1. One-hot 编码

One-hot 编码是一种常见的文本编码方法，它将每个单词编码为一个稀疏的二进制向量，其中只有一个元素为 1，其余元素为 0。该元素的位置对应于词汇表中的一个单词，如果文本中包含该单词，则对应位置的元素为 1，否则为 0。需要注意，One-hot 编码在处理大规模文本数据时可能会导致高维稀疏的特征表示，这会带来存储和计算上的问题。

2. TF-IDF 编码

TF-IDF 编码是一种常用的文本编码方法，它结合了词频(term frequency，TF)和逆文档频率(inverse document frequency，IDF)的概念，用于衡量单词在文本中的重要性。

TF(词频)指的是一个单词在文本中出现的频次，而 IDF(逆文档频率)指的是一个单词在整个文本数据集中出现的频次。TF-IDF 编码将 TF 和 IDF 相乘，得到的结果表示单词在当前文本中的重要性。TF-IDF 编码可以有效地降低常见词汇的权重，突出在当前文本中较为稀有和重要的单词。

3. 词嵌入表示

词嵌入表示是通过单词嵌入模型将单词映射为低维实数向量的方法。词嵌入表示可以更好地捕捉单词之间的语义关系，提高文本数据的表达能力。

在使用 Word2Vec 或 GloVe 等单词嵌入模型时，可以直接将训练好的词嵌入模型应用于文本数据，将文本中的每个单词替换为对应的词嵌入向量。另一种常用的方式是将文本中所有单词的词嵌入向量取平均或加权平均，得到整个文本的词嵌入表示。

通过文本编码与特征表示将文本数据转换为计算机可处理的数值形式，并构建了适用于文本分析和挖掘任务的特征表示。这为后续的机器学习和深度学习算法提供了输入，可以对文本数据进行自动化分析和挖掘。

12.3.5 文本处理中的其他技术

除了之前介绍的文本清洗、分词与词向量化等技术外，文本预处理还涉及一些其他重要的技术。在本节中将探讨 n-gram 模型、文本分类问题中的特征选择以及基于深度学习的文本预处理技术。

1. n-gram 模型

n-gram 模型是一种基于连续 n 个词或字符的序列进行建模的技术。在文本处理中，一般使用 n-gram 模型来捕捉文本中的局部信息。常见的 n-gram 包括 unigram（单个词）、bigram（二个词）和 trigram（三个词）。

n-gram 模型可以用于语言模型、文本生成、信息检索等任务。在文本分类任务中，使用 n-gram模型可以将文本表示为 n 个连续词的序列，从而获得更多的局部特征信息。

2. 文本分类问题中的特征选择

在文本分类问题中，由于文本数据通常具有高维稀疏的特征表示，为了降低计算复杂性并提高分类器的性能，常常需要进行特征选择。特征选择是指从原始的文本特征中选择一部分有意义和相关的特征子集，用于构建分类模型。

常见的文本特征选择方法包括：

信息增益（information gain）：衡量单词对分类任务的贡献程度。卡方检验（chi-square test）：用于衡量特征与类别之间的关联性。

互信息（mutual information）：衡量特征与类别之间的依赖程度。TF-IDF 加权：对 TF-IDF 编码的特征进行加权，过滤掉低权重的特征。

3. 基于深度学习的文本预处理技术

随着深度学习的发展，越来越多的文本预处理技术基于神经网络模型进行。在文本分类、情感分析、命名实体识别等任务中，深度学习模型已经成为主流。

基于深度学习的文本预处理技术包括：

（1）使用预训练的词向量：例如使用 Word2Vec、GloVe、fastText 等预训练的词向量模型来表示文本数据，从而获得更好的词嵌入表示。

（2）循环神经网络（recurrent neural network，RNN）：用于处理序列数据，如文本数据，捕捉上下文信息。

（3）长短期记忆网络（long short-term memory，LSTM）：RNN 的一种改进，用于处理长序列数据，解决梯度消失问题。

（4）Transformer 模型：用于处理序列数据的最新模型，能够并行处理序列信息，例如 BERT、GPT 等。

深度学习模型通常需要大量的训练数据和计算资源，但它们在处理复杂的文本数据上表现出色，并能够学习到丰富的语义特征，从而提高文本挖掘和分析任务的性能。

通过使用 n-gram 模型、文本特征选择和基于深度学习的文本预处理技术可以进一步优化文本数据的表示，提高文本挖掘和分析的效果，为后续的机器学习和深度学习算法提供更好的输入。

12.4　常用分类模型

可将文本分类方法模型分为三个大类，基于规则的分类模型、基于几何的模型和基于概率统计的模型。

12.4.1　基于规则的模型

基于规则的分类模型相对简单，易于实现。它在特定领域的分类往往能够取得较好的效果。相对于其他分类模型来说，基于规则的分类模型的优点就是时间复杂度低、运算速度快。

在基于规则的分类模型中,使用许多条规则来表述类别。类别规则可以通过领域专家定义,也可以通过计算机学习获得。

决策树就是一种基于训练学习方法获取分类规则的常见分类模型,它建立对象属性与对象值之间的一种映射。通过构造决策树来对未标注文本进行分类判别。常用的决策树方法包括 CART 算法、ID3、C4.5、CHAID 等。

在 Web 文本应用领域普遍存在着层级形式,这种层级形式可以通过一棵决策树来描述。决策树的根节点表示整个数据集空间,每个子节点是依据单一属性做出的分支判定,该判定将数据集分成两个或两个以上的分支区域。决策树的叶子节点就是相应类别的数据集合。

决策树分类模型的一般构建过程为:

(1)首先将训练数据分成两部分,一部分(训练集 A)用于构建初始决策树,另一部分(训练集 B)用来对决策树进行剪枝;

(2)以训练集 A 作为树的根节点,找出变异量最大的属性变量作为高层分割标准;以训练集 A 作为树的根节点,找出变异量最大的属性变量作为高层分割标准;

(3)通过对训练集 A 的学习训练构建一棵初始决策树;通过对训练集 A 的学习训练构建一棵初始决策树;

(4)再通过训练集 B 对初始决策树进行剪枝操作;再通过训练集 B 对初始决策树进行剪枝操作;

(5)一般还要通过递归的过程来构建一棵稳定的决策树,根据预测结果的正确率及未满足条件,则再对决策树进行分枝或剪枝;

决策树的构建过程一般是自上而下的,剪枝的方法有多种,但是具有一致目标,即对目标文本集进行最优分割。决策树可以是二叉树也可以是多叉树。

12.4.2 基于几何的模型

使用向量空间模型表示文本,文本就被表示为一个多维的向量,那么它就是多维空间的一个点。通过几何学原理构建一个超平面将不属于同一个类别的文本区分开。最典型的基于几何学原理的分类器是支持向量机(SVM),最简单的 SVM 应用就是二值分类,就是常见的正例和反例。SVM 的目标就是构建能够区分正例和反例的 N 维空间决策超平面。

SVM 是 20 世纪 90 年代中期,由 Vapnik 等人逐渐完善的统计机器学习理论。该模型主要用来解决模式识别中的二分类问题,在文本分类、手写识别、图像处理等领域都取得了很好的分类效果。其基本思想就是在向量空间中找到一个决策超平面,该决策超平面能够最大限度地将正例和反例区分开来。在一定的范围内,决策超平面是可以平行移动的,这种平移不会造成训练集数据的分类错误。但是为了获取在未知样本的分类预测中的稳定性,要求分类超平面距离两类样本的距离尽可能大,也就是说,超平面尽可能位于边界区域的中心位置。

SVM 采用计算学习理论的结构风险最小化(structural risk minimization,SRM)原则。其主要思想:以支持向量(support vector,SV)作为训练集的基础,在 N 维空间内寻找能将训练集样本分成两类,并且具有最大边缘(margin)值的最优超平面(optimal separating hyperplane,OSH),来达到最大的分类正确率。

SVM 选择最大化边缘距离的分类决策超平面,这个选择不仅直观,而且也得到了理论的支持。对于线性可分数据的超平面以及支持向量的图形解释如图 12-1 所示。

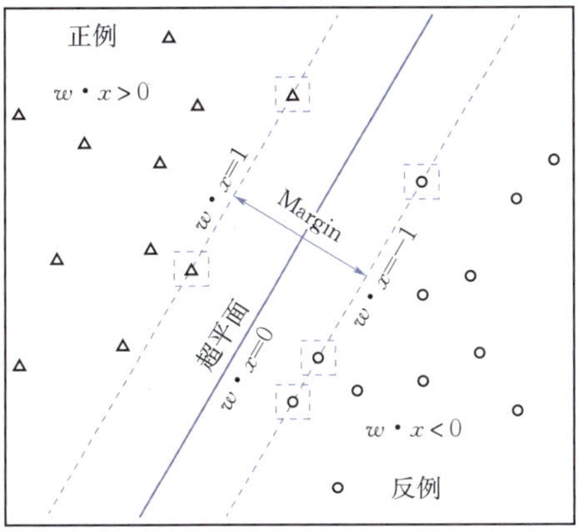

图 12-1　线性可分数据支持向量机示意图

其中，左上方为正例区域，右下方为反例区域，中间实线为 w 定义的决策超平面，箭头所示为边缘，虚线方框内的样本表示支持向量。边缘(Margin)的定义：

$$\text{Margin}=\frac{2}{\|w\|} \tag{12-1}$$

SVM 算法中超平面的概念是发现使分离数据最大边缘化的超平面 w。一个等价的形式是，寻找解决下列优化问题的决策超平面：

$$\min\frac{1}{2}\|w\|^2 \tag{12-2}$$

subject to $y_i(w^Tx_i+b)\geqslant 1-\xi_i$, for $i=1,2,\cdots,n\xi i\geqslant 0$, for $i=1,2,\cdots,n$

这一优化目标容易求解，一般通过动态规划来解决。现实世界中的数据集很少是线性可分的。为了解决这个问题，一般需要修改 SVM 优化目标公式加入惩罚因子来完成不满足线性可分约束的训练实例的分类。加入了惩罚因子的 SVM 最优化目标：

$$\min\frac{1}{2}\|w\|^2+C\sum_{i=1}^{n}\xi_i \tag{12-3}$$

subject to $y_i(w^Tx_i+b)\geqslant 1-\xi_i$, for $i=1,2,\cdots,n\xi i\geqslant 0$, for $i=1,2,\cdots,n$

ξ_i 表示允许目标被违反的松弛变量(stack variable)，这个松弛变量加强了关键损失函数。

另外一个 SVM 关键技术是核技巧，通过核函数将线性不可分的训练数据变换或映射到更高维空间中，得到线性可分的数据集。核函数技术大多数情形下都可以提高分类的精度。常用 SVM 核函数有线性核函数、多项式核函数、高斯径向基核函数、拉普拉斯核函数。

这些核函数可以帮助 SVM 处理非线性分类问题，通过映射原始特征空间到更高维的特征空间，使得数据在新的特征空间中更容易分离。不同的核函数适用于不同类型的数据集和问题。

12.4.3　基于概率统计的模型

基于概率统计的机器学习方法已经成为自然语言研究领域里面的主流研究方法。事实上无论是朴素贝叶斯分类模型，还是支持向量机分类模型，也都采用了概率统计的方式。文本分类算法中一种最典型的基于概率统计的分类模型就是 k 近邻(k-nearest neighbor，kNN)模型，是比较好的文本分类算法之一。

kNN 分类模型的主要思想：通过给定一个未标注文档 d，分类系统在训练集中查找与它距离最接近的 k 篇相邻(相似或相同)标注文档，然后根据这 k 篇邻近文档的分类标注来确定文档 d 的类别。分类实现过程：

(1)将训练集样本转化为向量空间模型表示形式并计算每一特征的权重；

(2)采用类似步骤 1 的方式转化未标注文档 d 并计算相应词组元素的权重；

(3)计算文档 d 与训练集样本中每一样本的距离(或相似度)；

(4)找出与文档 d 距离最小(或相似度最大)的 k 篇训练集文本；

(5)统计这个 k 篇训练集文本的类别属性，一般将文档 d 的类归为 k 中最多的样本类别。

kNN 分类模型是一种“懒学习”算法，实质上它没有具体的训练学习过程。分类过程只是将未标注文本与每一篇训练集样本进行相似度计算，kNN 算法的时间和空间复杂度较高。因而随着训练集样本的增加，分类的存储资源消耗大，时间代价高。一般不适合处理训练样本较大的分类应用。

12.5 分类结果

将上述方法运用到本项目中，构建文本分类模型，将高铁行业的文本信息划分运营管理、安全监控、工程建设、经济效益四个类别。文本数据源自铁路行业报告，每一条报告摘要对应一个主题类别，每一类别共 300 条数据，合计 1 200 条，最终文本分类指标如图 12-2 所示。

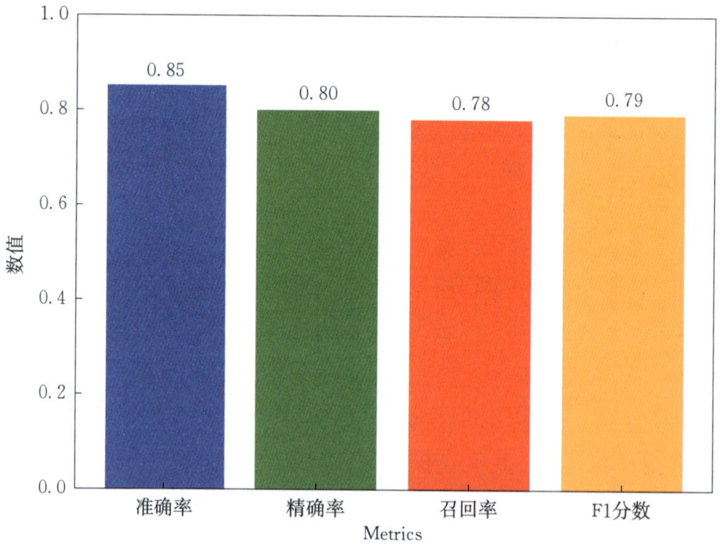

图 12-2 文本分类结果

第 13 章　铁路纵断面重构数据处理

13.1　纵断面重构概念和背景

13.1.1　纵 断 面

轨道的纵断面线形指的是纵断面内轨顶面高程随里程变化的曲线，用以表示铁路线路中线平面位置反映的地面标高，并在设计坡度线后生成线路纵断面图。为确保坡度的可行性，纵断面设计必须与平面设计密切配合，相互协调，并逐段进行交替。线路纵断面的设计对铁路工程指标或运营指标具有重要影响。该线形由直线和圆曲线组成。鉴于平面线形的曲线段存在外轨超高，轨道纵断面的各项计算以不受超高影响的基准轨为基准，然后根据超高值即可推算出另一侧的非基准轨。

铁路的纵断面由一系列首尾相切的直线和圆弧构成。由于在平面线形的曲线段存在外轨超高，针对轨道纵断面的各项计算以不受超高影响的基准轨为准，并根据超高值推算另一侧的非基准轨。交点间的圆弧称为竖曲线（半径为 R_i），目的是满足列车行驶的安全性和旅客乘车舒适性的需要。相邻两直线的交点称为变坡点（坐标为 X_i，Y_i），相邻变坡点构成的直线称为一个坡段，$X_{i+1}-X_i$ 称为该坡段的坡长（L_i），斜率（$Y_{i+1}-Y_i$）/（$X_{i+1}-X_i$）称为该坡段的坡度（G_i），如图 13-1 所示。通常我们用变坡点的 X_i，Y_i 坐标和竖曲线半径 R_i 描述铁路的纵断面线形。

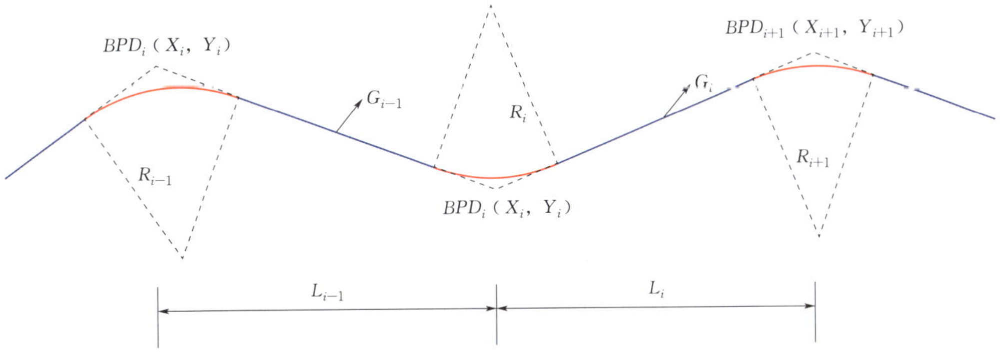

图 13-1　重构后的纵断面

在国内，轨道缓和曲线通常采用曲率半径和曲线长成反比的回旋线。这种特殊线形展现了曲率半径和曲线长度之间的反比例关系，被应用于轨道平面线形，用于连接直线和圆曲线，以实现线路曲率半径和超高平缓的过渡。由于缓和曲线的参数方程相对复杂，与缓和曲线相关的坐标和方位角计算通常先在缓和曲线独立坐标系下得出相关结果，然后再将其转换到线路坐标系中。考虑到缓和曲线数据重构的复杂性，本章不涉及对其进行详细考虑。

13.1.2 纵断面约束

1. 最大坡度

尽管增加坡度的限制在一定程度上能够使铁路线路更好地适应地形的起伏，避免较大规模的土石方工程，同时缩短隧道长度、减少桥梁高度，从而降低工程量，实现铁路线路建设成本的节约；然而，在完成相同运输任务的前提下，铁路线路采用的坡度越大，列车的牵引质量就越小，因而需要增加运行的列车数量。这导致牵引机车台数的增加、机车乘务组、牵引能耗以及后期修理费用的上升。因此，有必要对铁路线路的最大坡度进行限制，以综合考虑工程成本和运营效益的平衡：

$$G_i=\frac{|h_{i+1}-h_i|}{d\times\sqrt{(y_{i+1}-y_i)^2+(x_{i+1}-x_i)^2}}\leqslant G_{\max} \tag{13-1}$$

其中，$G_{\max}$为线路设计规范中规定的最大限制坡度。

线路的长度、工程费用和运营费用在很大程度上受到最大坡度的限制。为综合考虑铁路输送需求、铁路等级等多个因素，客货共线铁路的最大坡度应当经过仔细考虑。同时，确保最大坡度的设定要符合铁路输送要求和邻接铁路的限制，以实现相互匹配。

客货共线铁路的最大坡度的限制见表 13-1，这一设定应当综合考虑列车运行的安全性、效率以及整体铁路系统的可持续性。表格的制定需要根据具体情况，包括但不限于地形特征、交通需求、技术可行性等多个因素进行科学合理的权衡。

表 13-1 客货共线铁路限制坡度

铁路等级		Ⅰ级			Ⅱ级		
地形地别		山区	丘陵	平原	山区	丘陵	平原
牵引种类	内燃	12.0	9.0	6.0	15.0	9.0	6.0
	电力	15.0	12.0	6.0	20.0	15.0	6.0

2. 坡道长度

相邻两个变坡点之间的水平距离通常被定义为坡段长度。从铁路线路建造工程的角度进行分析时，选择较短的坡段长度有助于更好地适应地形的起伏，降低桥梁、隧道以及路基等工程的工作量，进而实现造价的节约。然而，当列车穿越边坡点时，变坡点前后的列车运行阻力可能存在一定的差异，导致车辆之间产生游间现象。采用较短的坡段长度可能导致部分车辆经历局部加速度，对行车平稳性产生负面影响，并可能引发车辆间的冲击作用，增大列车的纵向力，从而引发断钩事故。

此外，在相邻两个竖曲线之间，应设置足够长的夹直坡段长度，以确保列车在同一坡段内前一个竖曲线上产生的振动在夹直坡段范围内得到充分衰减，不会与后一个竖曲线上产生的振动发生叠加。因此，有必要对坡段的最小长度进行限制，以平衡工程效益和运行安全性的考虑。这一限制应当根据列车运行特性、地形条件以及工程可行性等多方面因素进行科学合理的设定：

$$L_{S\min}\leqslant d\times\sqrt{(y_{i+1}-y_i)^2+(x_{i+1}-x_i)^2} \tag{13-2}$$

其中，$L_{S\min}$为线路设计规范中规定的最短坡段长度。

纵断面的设计应当力求采用较长的坡段，特别是在客货共线铁路中，坡段长度的制定应遵循以下规定：

(1)针对设计速度为 200 km/h 的旅客列车线路,坡段长度应不少于 600 m,并且不应连续使用;在困难条件下,最小坡段长度也应不少于 400 m,同样不应连续使用。

(2)针对设计速度为 160 km/h 的旅客列车线路,最小坡段长度应不小于 400 m,并且不得连续使用两个以上。

(3)对于设计速度小于 160 km/h 的旅客列车线路,坡段长度应符合表 13-2 的具体要求。

表 13-2　设计速度小于 160 km/h 的坡段长度要求

远期到发线有效长度(m)	650	750	850	1 050 及以上
最小坡段长度(m)	250	300	350	400

这一规定的制定考虑了不同设计速度下列车运行的特性,以及在面对一些困难条件时的合理调整。这样的坡段长度规范不仅有助于确保列车在运行中的平稳性和安全性,同时也有利于减少工程难度,提高工程施工的效率。这一设计原则旨在平衡运行要求和工程可行性,为客货共线铁路的设计提供科学合理的指导。

3. 相邻坡度代数差

为了保证列车车辆不发生断钩事故,相邻两坡段之间的坡度代数差也必须要进行限制。

$$|G_{i-1}-G_i|\leqslant\Delta G_{\max} \tag{13-3}$$

其中,$\Delta G_{\max}$为线路设计规范中规定的最大坡度代数差。

如客货共线铁路相邻坡段连接设计时,应使相邻坡度差较小,其具体数值应满足表 13-3 要求的限值。

表 13-3　客货共线铁路相邻坡度代数差

远期到发线有效长度(m)		650	750	850	1 050 及以上
工程条件	困难	18	15	12	10
	一般	15	12	10	8

4. 最小竖曲线半径

为确保列车在经过线路变坡点时保持平稳、安全,同时确保旅客乘坐的舒适性,必须在相邻坡段的坡度差不小于 1‰的情况下,引入竖曲线来连接这两个坡段。相关研究指出,曲线半径的选取直接影响到旅客舒适性的要求。具体而言,当列车行驶在竖曲线上时,竖曲线的半径受到离心加速度 a_{sh}限制,计算公式见下:

$$R_{sh}\geqslant v^2/(3.6^2a_{sh}) \tag{13-4}$$

其中,R_{sh}为竖曲线半径(m);a_{sh}为满足乘客舒适度要求的最大竖向离心加速度(m/s²),根据相关经验及试验,一般取 0.4 m/s²,客货共线铁路应该取 0.15。

《普速铁路线路修理规则》规定:

(1)在线路容许速度不超过 160 km/h 的情况下,若相邻坡段的坡度差不小于 2‰,必须引入竖曲线以确保列车运行的平稳性。在这种情况下,若竖曲线采用抛物线形式,其在 20 m 范围内的变坡率要求凸形不超过 1‰,凹形不超过 0.5‰。另一方面,若竖曲线呈现圆曲线形式,且相邻坡段的坡度差不小于 3‰,同样需要引入竖曲线,其半径应不小于 10 000 m;而在困难地段,半径应不小于 5 000 m。

(2)当线路容许速度超过 160 km/h 时,若坡度差不大于 1‰,应选择采用圆曲线形式的竖曲线，其半径不小于 15 000 m，且长度应不小于 25 m，以确保高速列车的平稳行驶。这些规定和要求旨在综合考虑列车运行的安全性和旅客的舒适性，构成普速铁路线路设计中的重要技术标准。

13.1.3 纵断面重构背景

轨道作为车辆运行的基础，直接承受列车通过车轮传来的荷载。随着列车自身重力和动荷载的长期反复作用，既有线有砟轨道相对于原设计位置和几何尺寸会发生或多或少的偏移。在某些地段，轨道甚至可能整体朝着同一方向发生偏移，其线形参数和几何形位已经显著偏离原设计基准。轨道几何形位的不规整性不仅会影响列车正常运行的平稳性、安全性和旅客的舒适性，还会增加铁路养护、维修和运输等运营费用。因此，有必要制定科学、系统的养护和维修方案，对既有线有砟轨道进行必要的养护和维修，以确保列车在运行时轨道几何形位具有高平顺性。

随着铁路长时间运营，轨道会发生不均匀沉降，需要定期检查。在沉降较为明显的情况下，需要进行纵断面重构。该重构的流程包括：首先沿着轨顶纵断面实测一系列点的坐标；然后通过最小二乘法等方法，重构出一条与这些测点最接近、同时又满足设计规范的线路纵断面中线；最后将这些实测点抬高或者降低到拟合后的纵断面中线上，如图 13-2 所示。实测点的 y_i 值与拟合后线形的值之间的差值 Δy 被称为抬落道量，而 $\Delta y>0$ 为抬道，$\Delta y<0$ 则为落道。改造的目标是通过采用最小二乘法等方法，使得抬落道量平方和最小，从而提高轨道几何形位的平顺性。

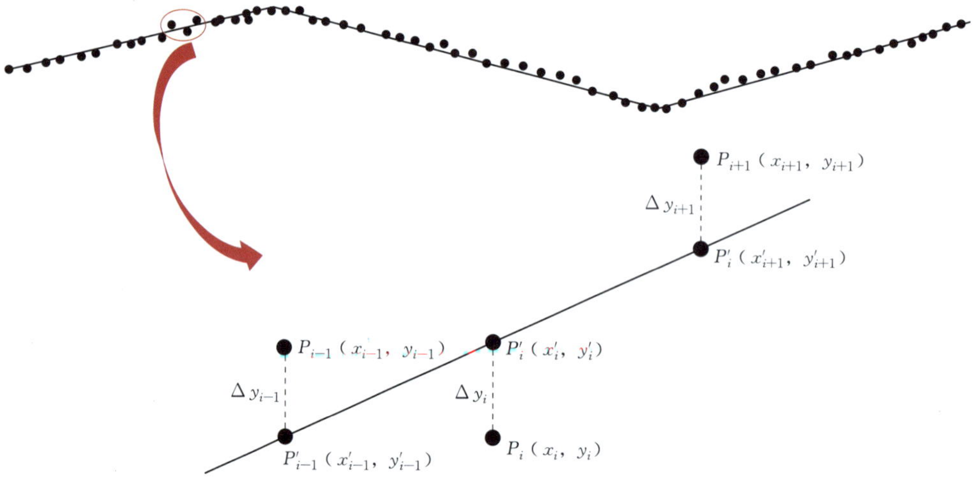

图 13-2 线路纵断面抬落道

既有线有砟轨道的纵断面优化旨在利用实测轨道高程数据，并结合铁路工务记录，重新确定线路的几何参数，使得新线路与既有线尽可能相近。这一过程旨在指导线路维护工作，以确保轨道在几何形态和平顺性方面的最佳表现。在这个领域，多位专家学者进行了深入的研究，主要集中在以下三个方面：

（1）采用正交最小二乘法进行既有线的坡段分段，初步确定使得轨道竖面调整量最小的线形参数。随后，根据坡度、坡度差、坡段长度、曲线半径等约束条件，调整线形以确保线路参数满足规定的约束。通过计算线路参数，得到任意一点的设计高程，并结合实测高程计算轨道的起落道量。

（2）以变坡点里程和高程为设计变量，建立带约束的规划求解模型，以寻找最优解。

(3)运用遗传算法和蚁群算法对纵断面进行优化重构。这些优化算法主要集中在几何方面,但尚未引入动力学手段对几何优化结果进行评估和改进。

13.2　重构方法和思想

13.2.1　总体思想

根据国内外现有参考文献,对于纵断面重构问题提出以下解决思想:点线归属一致。即当测点归属过后,进行光顺性的最小二乘拟合,如拟合出来的直线范围和曲线范围刚好与测点归属范围一致则输出结果,反之,则继续循环迭代,基本流程如下:

(1)基于多分段线性函数进行图形折线拟合。

(2)进行测点归属的初步识别。

(3)针对过长坡道进行打断、过短坡段增长合并操作,使之满足坡长约束条件。

(4)依据各测点归属以及各类约束条件,分别拟合出直线、曲线线元。

(5)判断拟合出来的线元范围与测点范围是否一致。

(6)若实现范围一致,终止迭代,得到纵断面重构线性;否则依据线元范围返向调整各测点归属,转到第二步,继续迭代上述过程直至点线范围一致。

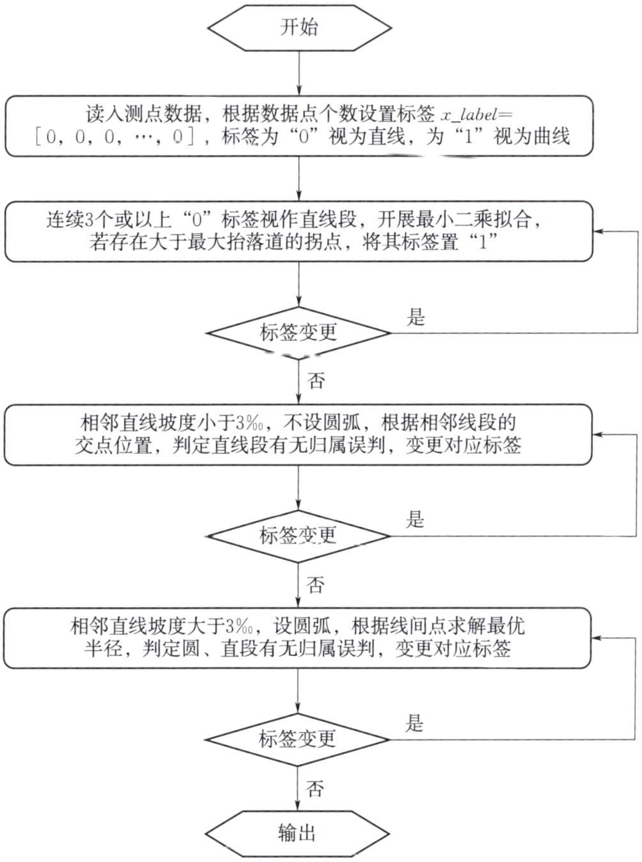

图 13-3　纵断面重构程序流程图

13.2.2 寻找变坡点

分段主要需要考虑坡段长度，确定变坡点的位置要使相邻两实测段坡度之差远远大于其前后两实测段坡度之差，可采用以下公式确定变坡点位置：

$$\Delta i_{n-1}=\frac{y_n-y_{n-1}}{x_n-x_{n-1}}-\frac{y_{n-1}-y_{n-2}}{x_{n-1}-x_{n-2}} \tag{13-5}$$

$$\Delta i_n=\frac{y_{n+1}-y_n}{x_{n+1}-x_n}-\frac{y_n-y_{n-1}}{x_n-x_{n-1}} \tag{13-6}$$

$$\Delta i_{n+1}=\frac{y_{n+2}-y_{n+1}}{x_{n+2}-x_{n+1}}-\frac{y_{n+1}-y_n}{x_{n+1}-x_n} \tag{13-7}$$

其中，Δi_n 为第 n 段和第 $n-1$ 段实测段坡度差；Δi_{n-1} 为第 $n-1$ 段和第 $n-2$ 段实测段坡度差；Δi_{n+1} 为第 $n+1$ 段和第 n 段实测段坡度差；x_n 为第 n 个实测点的里程；y_n 为第 n 个实测点的高程。

如果 Δi_n 绝对值大于 $k*\Delta_{i-1}$ 的绝对值，且 Δi_n 绝对值大于 $k*\Delta_{i+1}$ 的绝对值（k 根据现场实测点具体情况确定），那么 n 点便为变坡点。如此逐点排查，直到找出全部变坡点。

13.2.3 测点归属

首先是多分段线性折线拟合，依据规范可知：设计时速小于 160 km/h 的区段，按相邻坡段坡度差Ⅰ、Ⅱ级铁路 $\Delta i>3‰$，时设置竖曲线。首先在不考虑阈值的情况下进行多分段线性折线拟合，将坡度差大于 3‰的相邻两坡段提取出来，如图 13-4 所示。

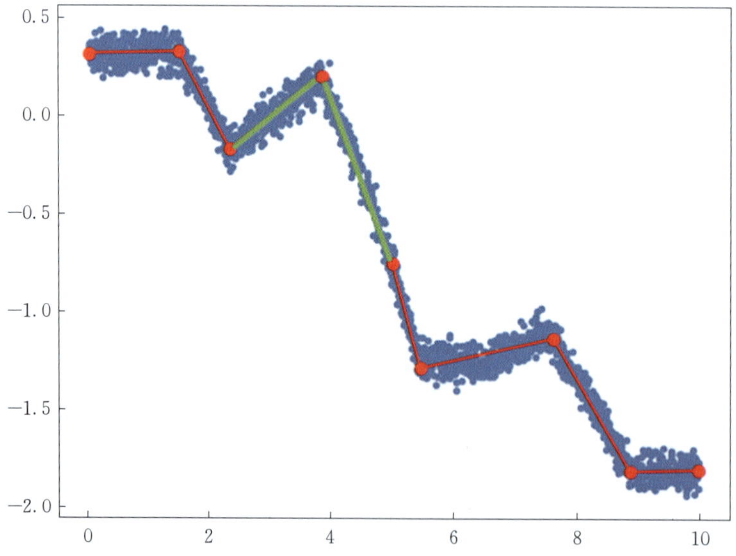

图 13-4 折线拟合示意图

然后是测点初步归属，在坡度差大于 3‰的相邻两坡段中，将拟合超出阈值的测点归为曲线测元，未超出的归为直线测元，如图 13-5 所示。

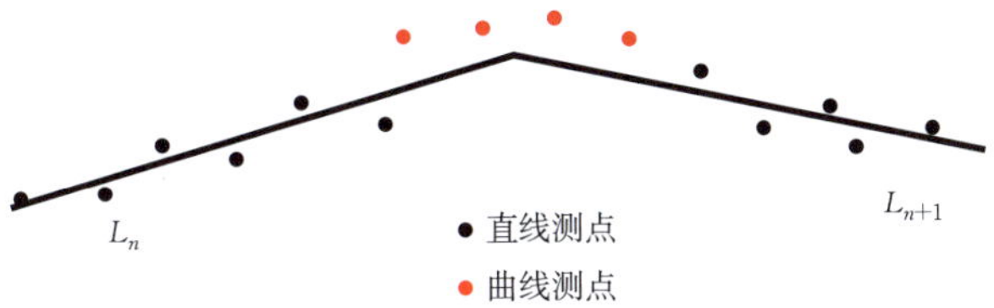

图 13-5 测元归属示意图

13.2.4 最小二乘法

直线段和圆曲线的拟合均可采用最小二乘法，下面简要介绍，具体流程将在下一小节展开。最小二乘法基于最小二乘原理，认为点位的横坐标或者纵坐标存在但并不同时存在偏差，并使得偏差的平方和最小，简单来说即先进行直线的拟合，然后进行曲线拟合，最后调整交界点所属的区段，重新拟合，这样可以提升拟合效果，如图 13-6 所示。

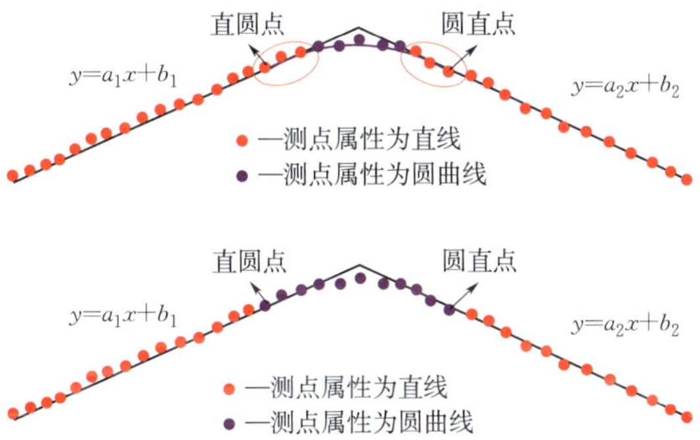

图 13-6 直线段和曲线段的最小二乘拟合

例如直线的拟合时，当横、纵坐标作为自变量时，基于最小二乘法的 x 轴和 y 轴偏差如图 13-7所示。

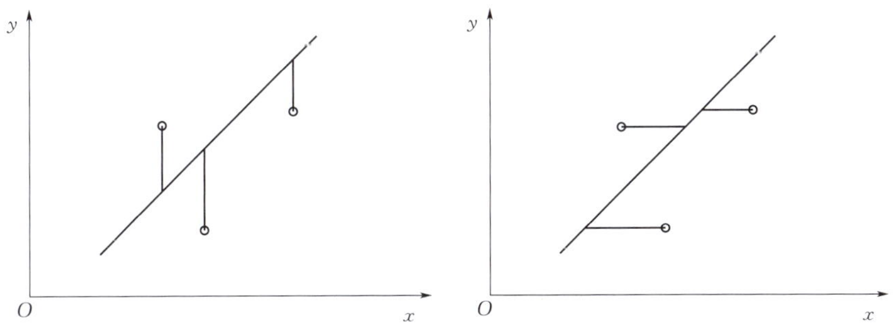

图 13-7 直线拟合 x 轴和 y 轴偏差

传统最小二乘法拟合线形时只考虑了 x 轴或者 y 轴的误差，因此与原始线路走向控制点代表的路径存在一定的误差，正交最小二乘法是针对传统最小二乘法的弊端提出的，其拟合准则是基于各个点坐标与线形正交距离的平方和最小。如图 13-8 所示，既考虑了横坐标 X 的误差还考虑了纵坐标 Y 的误差，因此拟合效果更优。

13.2.5 目标函数构建

几何优化的目的便是尽可能地降低起落道量，从而减少线路维护的工作量。故而既有线上所有实测点的起道量的平方和可作为目标函数。

$$f(y_{hp})=\sum_{j=1}^{m}(y_j-y_{j实测})^2 \tag{13-8}$$

其中，y_j 为坡段长度上的任意一点的设计高程；$y_{j实测}$ 为既有线上任意一点的实测。

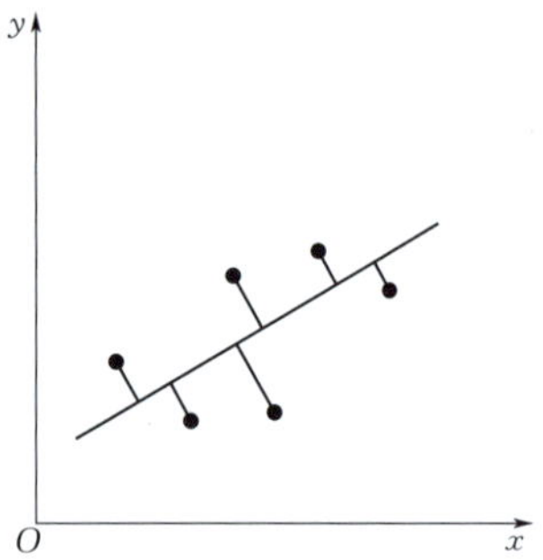

图 13-8 正交最小二乘法的拟合

13.2.6 纵断面线形的优化

在进行纵断面线形分段和拟合的基础上，我们可以获得满足最小偏差的直线和纵断面拟合线形。然而，在纵断面中存在多个约束条件，包括竖曲线与平面缓和曲线不得重合，竖圆曲线与道岔位置不能发生重叠，纵断面中特定点位的最大高程和最小高程需满足特定要求，而拟合结果中的直线坡度则不得超过允许的最大坡度等。

在考虑养护维修时，需要对纵断面的直线坡度和竖曲线半径的取值精度进行进一步的约束。换言之，对于直线线形和竖圆曲线线形的拟合结果，需要进行适度的调整，以确保其符合规范和养护维修的要求。仅在满足所有约束条件的前提下，得到的直线和竖圆曲线拟合结果方可被视为满足实际工程需求的最终拟合结果。

基于这些约束条件，通过计算各个测设点位的起落道量，并将这些点位调整至拟合后的参考线形位置，可以实现客运专线在纵断面上的平顺性的恢复。这一过程旨在实现客运专线纵断面线形的重构，确保其在运行中满足高标准的工程要求。

13.2.7 遗传算法

将遗传算法应用到既有线纵断面整正优化设计中突破了传统的纵断面优化设计的优化算法的不能达到全局搜索的局限，且在计算时遗传算法不需要目标函数或约束函数的导数等信息，建模简单且求解简便，下面简要介绍：

遗传算法(genetic algorithm，GA)是一种模拟自然选择和遗传机制的优化算法，用于寻找复杂问题的最优解或近似最优解。这种算法的灵感来自于生物学中的进化理论，尤其是达尔文的自然选择和遗传学的相关概念。遗传算法通过模拟自然选择、交叉和变异等生物进化过程，能够在大规模搜索空间中寻找问题的优秀解决方案，因此在许多优化问题中取得了较好的效果。孙等人以规范要求的最大坡度、最大坡度折减、最小坡长、最大相邻坡度差、控制点高程及平纵线形组合形态等为约束条件，通过对初始方案群进行交叉和变异对起落道量平方和进行优化的遗传计算，计算流程如图 13-9 所示。

在设计变量方面，纵断面整正优化设计面临着解决变坡点位置和高程的问题。传统的纵断面优化设计方法通常在变坡点位置相对确定的情况下，对变坡点高程进行优化。然而，将变坡点的位置和高程同时作为待定变量求解往往是一项具有挑战性的任务。应用遗传算法的方法则可以有效地将变坡点的坡长和坡度同时作为设计变量，以实现对纵断面整正进行优化。

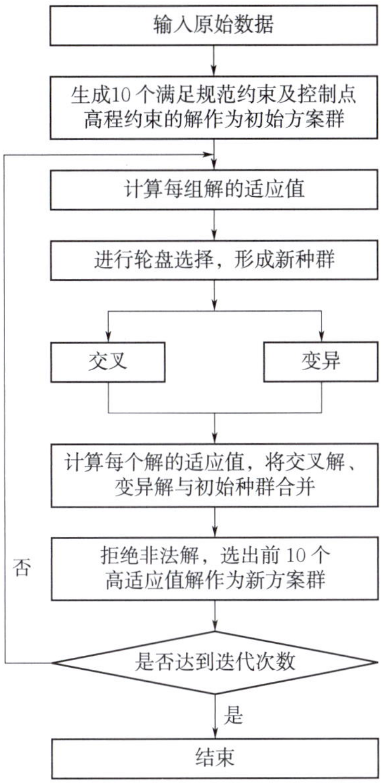

图 13-9　纵断面整正优化遗传计算基本流程

在约束条件方面，纵断面整正设计需要考虑多个约束因素，包括最小坡段长度的约束、最大坡度的限制、最大坡度折减以及相邻坡段最大坡度差的约束。此外，需要平衡纵断面线形组合形态的约束，特别是在设置竖曲线时，确保竖曲线不与缓和曲线重叠。为此，变坡点的里程与缓和曲线的起终点之间需要有一定距离约束，而这个距离应大于竖曲线的切线长度。

在目标函数方面，既有线整正纵断面的优化设计旨在满足设计规范技术指标、标高控制点限制以及平纵线形组合形态等多重约束条件下，使得既有线轨面纵断面上石方等相关工程总费用或换算工程费用最小化。由于起落道值的大小直接影响工程费用，因此可以将既有线轨面各测点的起落道量平方和作为目标函数，即各测点的既有轨面标高与设计轨面标高的差值平方和。

13.3　线元拟合过程

13.3.1　直线坡段拟合

13.3.1.1　最小二乘法拟合

测点初步分段后，首先将线元归属为直线的测点，以抬落道量平方和最小为目标，根据最小二乘原理进行直线拟合。但高程数据的粗差或异常值对拟合坡度值影响较大，解算时，应对粗差或异常值予以剔除，以获取直线参数最佳估值。具体解算步骤如下：

(1)设直线坡段对应测点个数为 n，轨面测点数据为(x_i, y_i)，直线坡段方程 $y=ax+b$，坡

段抬落道量平方和为

$$f(a,b)=\sum_{i=1}^{n}(y_i-y)^2=\sum_{i=1}^{n}[(y_i-(ax_i+b)]^2 \tag{13-9}$$

$f(a,b)$分别对 a,b 求一阶偏导为 0 时,可解得抬落道量平方和最小时初始值 a_0,b_0:

$$a_0=\frac{n\sum_{i=1}^{n}x_iy_i-\sum_{i=1}^{n}x_i\sum_{i=1}^{n}y_i}{n\sum_{i=1}^{n}x_i^2-(\sum_{i=1}^{n}x_i)^2} \tag{13-10}$$

$$b_0=\frac{\sum_{i=1}^{n}x_i^2\sum_{i=1}^{n}y_i-\sum_{i=1}^{n}x_i\sum_{i=1}^{n}x_iy_i}{n\sum_{i=1}^{n}x_i^2-(\sum_{i=1}^{n}x_i)^2} \tag{13-11}$$

(2)根据初始值 a_0,b_0,计算每个测点至拟合直线的距离:

$$d_i=\frac{|ax_i-y_i+b|}{\sqrt{a^2+1}} \tag{13-12}$$

(3)计算测点至直线的距离 d_i 的标准差σ:

$$\bar{d}=\frac{1}{n}\sum_{i=1}^{n}d_i \tag{13-13}$$

$$\sigma=\sqrt{\frac{\sum_{i=1}^{n}(d_i-\bar{d})^2}{n-1}} \tag{13-14}$$

(4)遍历测点,根据 3σ 原则,若 $d_i\leqslant 3\sigma$,将测点保留,否则为异常点,须剔除。

(5)余下测点重新进行最小二乘拟合,重复步骤(1)~(2),直至所有测点均满足 $d_i\leqslant 3\sigma$ 为止。

(6)利用余下测点进行最小二乘拟合,获取 a,b 最可靠值。

13.3.1.2 坡段求交

相邻两直线坡段方程联立求解变坡点坐标(X_J,Y_J):

$$X_J=\frac{b_{J+1}-b_J}{a_J-a_{J+1}} \tag{13-15}$$

$$Y_J=\frac{a_Jb_{J+1}-a_{J+1}b_J}{a_J-a_{J+1}} \tag{13-16}$$

(1)前后两直线坡段 L_n,L_{n+1}平行,相邻两坡段测点合并,重新拟合成 L'_n,如图 13-10 所示。

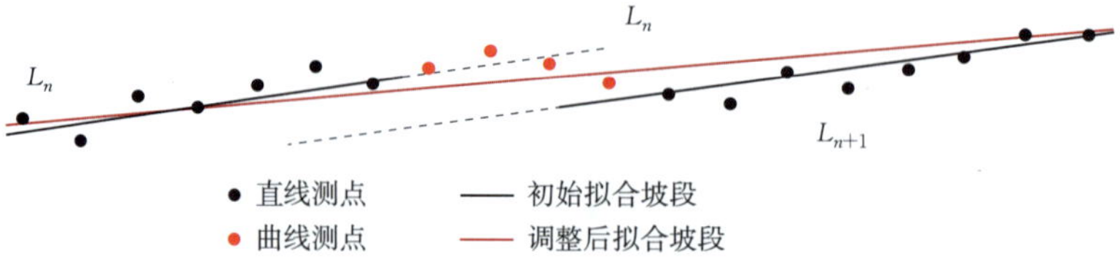

图 13-10 相邻拟合坡段平行

(2)坡段求交后,L_n 和 L_{n+1}交点不在竖曲线测点范围内,相邻两坡段测点合并,重新拟合

成 L'_n，如图 13-11 所示。

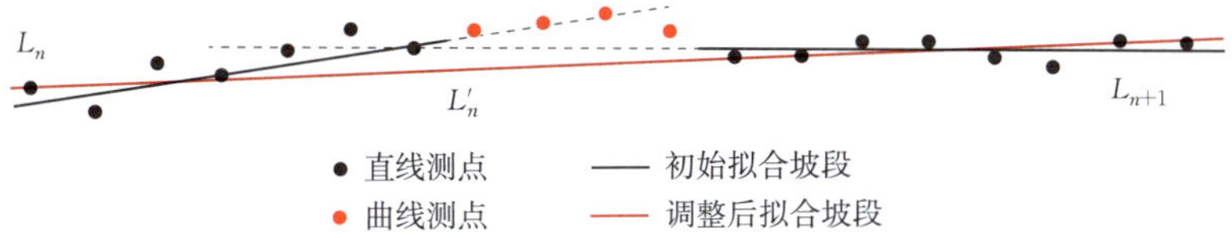

图 13-11　变坡点未在竖曲线测点范围内

13.3.1.3　约束处理

纵断面直线坡段重构还存在最大坡度、容许抬落道量、最小坡长等约束。各类约束处理方法如下：

(1)最大坡度

直线坡段方程为 $y=ax+b$，其中 a 为坡度，不应大于规定值 $i_{max}=6$。

$$a \leqslant i_{max} \tag{13-17}$$

(2)最大坡度代数差

设变坡点相邻两纵坡的坡度分别为 a_1，a_2 则坡度差 $\Delta a=|a_1-a_2|$，最大坡度差的规定值 $\Delta i_{max}=10$，则

$$\Delta a \leqslant \Delta i_{max} \tag{13-18}$$

(3)最小坡长

坡长接近且小于最小坡长 $L_{min}=350$ m 的坡段，向坡长较大的相邻坡段方向微调，如图 13-12 所示。

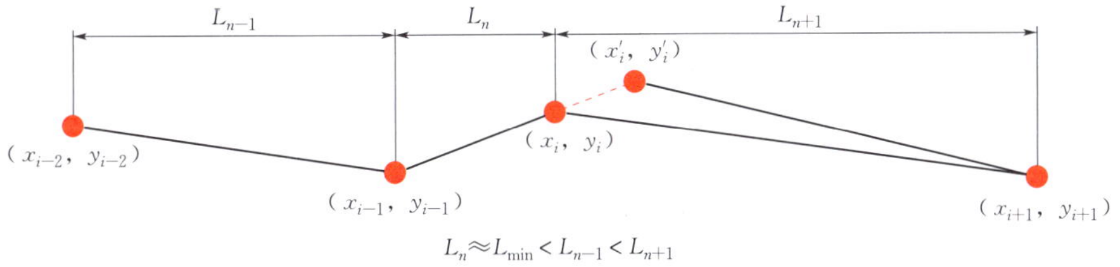

图 13-12　变坡点微调示意图

坡长小于最小坡长 $L_{min}=350$ m 的坡段，与坡长较小的相邻坡段合并，如图 13-13 所示。

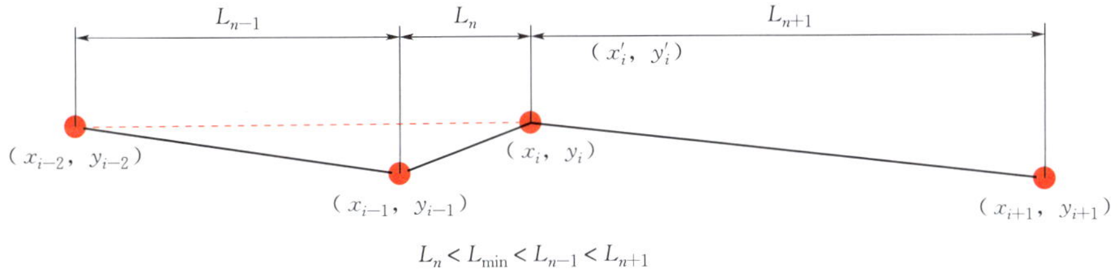

图 13-13　相邻坡段合并示意图

(4)容许抬落道量

重构线路时，铁路纵断面存在一系列必须满足的抬落道要求，包括：桥梁段、隧道段、有支挡构造物路基段、施工方法受限路段以及运营条件约束地段。

综合考虑各方面约束条件，保证抬落道量在容许最大落道量$-L_{max}=-45$ mm 和容许最大抬道量 $T_{max}=45$ mm 之间。

$$-L_{max}\leqslant ax_i+b-y_i\leqslant T_{max} \tag{13-19}$$

联立式(13-1)、式(13-9)～式(13-11)可得出顾及最大坡度、容许抬落道量约束的直线坡段拟合模型：

$$\begin{cases} f(x)=\sum_{i=1}^{n}(y_i-y)^2=\sum_{i=1}^{n}[y_i-(ax+b)]^2 \\ a\leqslant i_{max} \\ \Delta a\leqslant \Delta i_{max} \\ -L_{max}\leqslant ax_i+b-y_i\leqslant T_{max} \end{cases} \tag{13-20}$$

13.3.2 竖曲线拟合

竖曲线部分须实现抬落道量平方和最小，同时须满足与相邻两直线线元相切的光顺性条件以及容许抬落道量等约束。

13.3.2.1 目标函数

假设竖曲线坡段测点(x_i,y_i)；竖曲线半径为 R；前后两坡段转角为 α；目标函数为竖曲线范围的测点抬落道量平方和，可表示为

$$\min f(R)=\sum_{i=1}^{n}\left[y_o\pm\sqrt{R^2-(x_i-x_o)^2}-y_i\right]^2 \tag{13-21}$$

凸面坡$(a_1>a_2)$时为正，当为凹面坡$(a_1<a_2)$时为负，其中 a_1,a_2 为相邻直线段的坡度。

13.3.2.2 约束条件

(1)光顺性约束

在纵断面变坡点处，为保证行车的安全平顺，竖曲线应该与相邻直线坡段相切。圆心坐标由相切可知在两直线段角平分线上，圆心坐标(x_0,y_0)可表示为

$$\begin{cases} x_0=x_{JD}-AR \\ y_0=y_{JD}-BR \end{cases} \tag{13-22}$$

$$\begin{cases} A=\pm\dfrac{\cos\theta}{\cos\beta} \\ B=\pm\dfrac{\sin\theta}{\cos\beta} \end{cases} \tag{13-23}$$

其中

$$\begin{cases} \theta=\dfrac{(\arctan a_1+\arctan a_2)}{2}+90^\circ \\ \beta=\dfrac{|\arctan a_1-\arctan a_2|}{2} \end{cases} \tag{13-24}$$

凸面坡$(a_1>a_2)$时为正，当为凹面坡$(a_1<a_2)$时为负，其中 a_1,a_2 为相邻直线段的坡度。

竖曲线段抬落量平方和是关于 R 的二次函数，当目标函数最小时，$f'(R)=0$，求出半径 R。

$$R=-\frac{A\sum_{i=1}^{n}(x_{JD}-x_i)+B\sum_{i=1}^{n}(y_{JD}-y_i)}{n(A^2+B^2-1)} \tag{13-25}$$

(2)抬落道量约束

与直线坡段一样,竖曲线段的抬落道量 Δy 也应满足桥梁、隧道、支挡构造物路基、施工方法及运营条件的限制,须在最大落道量 $-L_{max}=-45$ mm 和最大抬道量 $T_{max}=45$ mm 范围之间:

$$-L_{max}\leqslant\Delta y\leqslant T_{max} \tag{13-26}$$

当最优半径代入式(13-17)不满足曲线段抬落量差时,我们需要对曲线半径进行微调。

若初始最优拟合落道超限,则需要减小半径至 R_{min},抬道超限则需要增大半径至 R_{max}。微调后的圆心都在角平分线上,如图 13-14 所示。

变坡点为 JD(x_{JD}, y_{JD}),容许抬落量为 Δ_{max},相邻坡段坡度差为 α,坡度差一半为 β,作 PFO 为直角三角形,如图 13-15 所示。

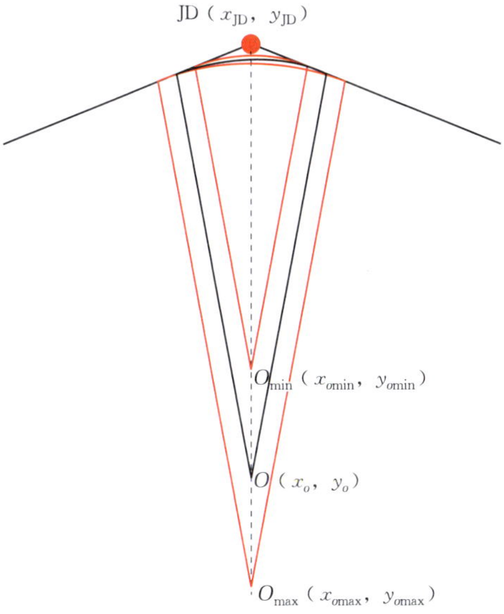

图 13-14 曲线半径调整示意图

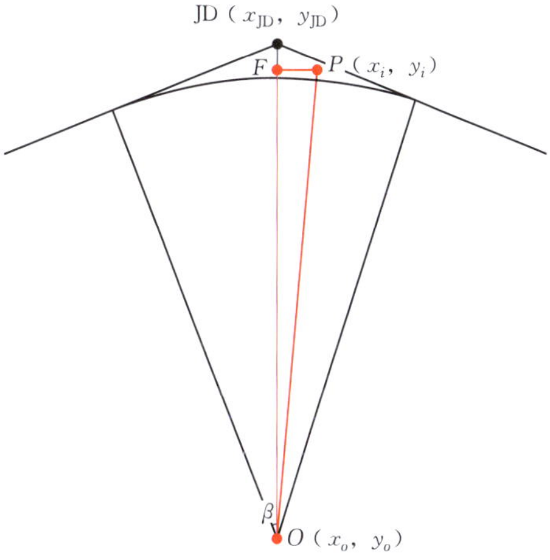

图 13-15 纵断面线形约束下的竖曲线拟合

令 $a=FP$,$b=FJD$;ΔPFO 满足以下几何关系:

$$FP^2+FO^2=PO^2 \tag{13-27}$$

即

$$a^2+\left(\frac{R}{\cos\beta}-b\right)^2=(R+\Delta_{max})^2 \tag{13-28}$$

$$R(\Delta_{max})=\frac{-B+\sqrt{B^2-4AC}}{2A} \tag{13-29}$$

其中

$$\begin{cases}A=\tan^2\beta\\B=-2\left(\dfrac{b}{\cos\beta}+\Delta_{max}\right)\\C=a^2+b^2-\Delta_{max}^2\end{cases} \tag{13-30}$$

角平分线的直线公式为

$$x\tan\theta-y+(y_{JD}-x_{JD}\tan\theta)=0 \tag{13-31}$$

点 P 到角平分线的距离即 FP 计算如下：

$$a = FP = \frac{|x_i \tan\theta - y_i + (y_{JD} - x_{JD}\tan\theta)|}{\sqrt{\tan^2\theta + 1}} \tag{13-32}$$

F 点坐标计算如下：

$$\begin{aligned} x_F &= \frac{x_i + y_i \tan\theta - (y_{JD} - x_{JD}\tan\theta)\tan\theta}{\tan^2\theta + 1} \\ y_F &= \frac{x_i \tan\theta + y_i \tan^2\theta + (y_{JD} - x_{JD}\tan\theta)}{\tan^2\theta + 1} \end{aligned} \tag{13-33}$$

进而求得

$$b = FJD = \sqrt{(x_{JD} - x_F)^2 + (y_{JD} - y_F)^2} \tag{13-34}$$

抬道时 $\Delta_{max} = T_{max}$，落道时 $\Delta_{max} = -L_{max}$。R 满足容许抬落道约束的取值范围为：

$$R(-L_{max}) < R < R(T_{max}) \tag{13-35}$$

若初始拟合竖曲线抬落道超限，为满足拟合目标最小及容许抬落道约束，抬道时 R 调整取值为 $R(T_{max})$，落道时，将 R 调整取值为 $R(-L_{max})$。

纵断面重构实践代码

13.4 纵断面重构实践

实例案例提供的数据为一个 Excel 表格，表格给出了测点的高程和里程值，分别对应表格的第二列和第三列见表 13-4。

表 13-4 实例案例测点的高程和里程值

冠号	里程	测点高程(m)	冠号	里程	测点高程(m)
K	107 000	46.51	K	108 600	48.16
K	107 020	46.59	K	108 620	48.04
K	107 040	46.69	K	108 640	47.91
K	107 060	46.8	K	108 660	47.78
K	107 080	46.88	K	108 680	47.67
K	107 100	46.96	K	108 700	47.57
K	107 120	47.06	K	108 720	47.48
K	107 140	47.17	K	108 740	47.37
K	107 160	47.27	K	108 760	47.25
K	107 180	47.38	K	108 800	47.02
K	108 580	48.28	—	—	—

将表 13-4 作为输入，通过以下的简要步骤即可完成对线元的拟合过程：

(1)导入 python 的相关库，如用于读取 Excel 文件数据的 xlrd 库，用于可视化绘图库的 Matplotlib 库等。

(2)从 Excel 文件中读取数据，遍历工作表的行，提取数据并存储。

(3)对表格数据进行最小二次法的拟合计算，主要过程和计算公式已经在前一节介绍，这里简要介绍：进行数据点的前处理，如当间距取 50 m，即意味着间距 50 m 以内的点暂时不考虑；利用求得的二阶差商聚类，即通过二阶差商将点分为两类，聚类方法为一维聚类；计算并记录二阶差商，并得到线元的指标；进行最小二乘的计算，分别进行直线段和圆曲线的拟合。

(4)可视化绘图，分别画出拟合的直线和圆曲线，最后输出结果。

根据 python 程序运行可得如下结果，抬落道量平方和为 2.83 m^2，结果如图 13-16 所示。

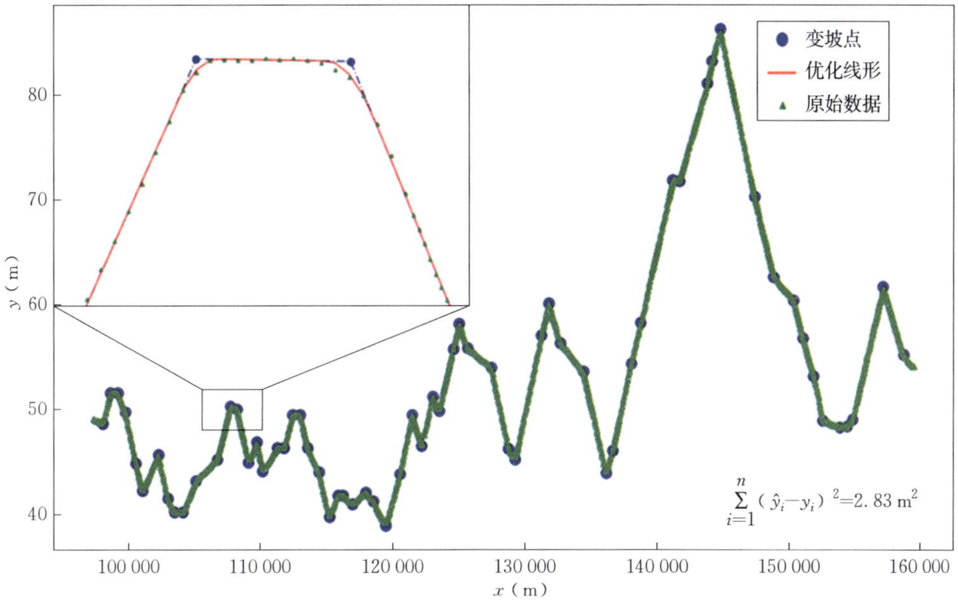

图 13-16　运行结果

蓝色的点代表边坡点，绿色的三角形代表原始数据，而红色的线为优化线形。放大后的局部图可以查看具体的拟合细节，而其中部分边坡点的参数见表 13-5。

表 13-5　线路参数

变坡点 x(m)	变坡点 y(m)	半径(m)	坡长(m)	坡度(‰)	坡度差(‰)
				−0.55	
98 061.82	48.7	40 000			5.7
			564.1	5.15	
98 625.92	51.61	16 385			−5.06
			549.54	0.09	
99 175.46	51.67	12 805			−3.36
			569.98	−3.26	
99 745.44	49.8	0			−2.66
			830.07	−5.93	
100 575.5	44.88	0			0.5
			479.64	−5.42	
101 055.2	42.28	12 045			8.36
			1 190.36	2.93	
102 245.5	45.77	10 000			−8.78
			714.49	−5.85	

第 14 章　地铁音频数据分析

14.1　地铁噪声概述

14.1.1　地铁噪声源

地铁作为现代城市交通的重要组成部分，其运行过程中产生的噪声问题日益受到关注。地铁噪声源多样，主要包括轮轨噪声、减速箱噪声、电机电磁噪声、空压机噪声、空调系统噪声以及受电弓电磁噪声等。这些噪声不仅影响乘客的乘坐体验，还可能对沿线居民的生活质量和环境造成不良影响。地铁运营过程中产生的噪声通常有以下几个来源。

(1)轮轨噪声

轮轨噪声是地铁运行中最主要且显著的噪声源之一，由列车车轮与轨道间的动态相互作用产生。车轮在轨道上滚动时，因轨道不平顺、车轮不圆等因素引起的振动和冲击，会通过空气和固体结构传播，形成噪声。轮轨噪声对沿线居民的生活影响较大，长期暴露于此环境下可能导致听力下降、睡眠障碍等健康问题。

(2)减速箱噪声

减速箱是地铁列车速度控制的关键部件。其内部齿轮在传递动力时会产生摩擦和振动，进而辐射噪声。这类噪声通常位于车辆底部或侧面，可能通过车体结构传入车厢内部，影响乘客的乘坐舒适性。

(3)电机电磁噪声

地铁车辆的电机在运行过程中会产生电磁力，这些电磁力的变化会引起电机定子和转子之间的振动，从而产生电磁噪声。此类噪声虽主要集中在车辆内部，但也可能通过车体传递至外部环境，对乘客和沿线居民造成一定影响。

(4)空压机噪声

空压机为地铁列车的制动系统和其他气动设备提供压缩空气。其运行过程中产生的机械振动和噪声主要位于车辆底部或车厢附近。在安静的车厢环境中，空压机噪声尤为明显，可能影响乘客的乘坐体验。

(5)空调系统噪声

地铁车辆配备的空调系统在为乘客提供舒适乘车环境的同时，其风扇和压缩机等部件的运行也会产生噪声。这类噪声直接影响乘客的听觉舒适性，尤其是在高温或低温季节，空调系统高负荷运行时噪声更为显著。

(6)受电弓电磁噪声

受电弓作为地铁车辆从供电系统获取电能的装置，在电流通过时会产生电磁噪声。这类噪声主要位于车顶附近，但在某些情况下也可能传播至车厢内部，对乘客造成一定影响。

地铁噪声源众多且复杂，其传播途径包括空气传播和车体结构振动传递等，在地铁设计和运营过程中，应充分考虑噪声控制措施，以降低噪声对环境和人体的不良影响。

14.1.2　噪声与轨道状态联系

轮轨噪声是地铁车内噪声的最主要来源，而轨道状态的好坏直接影响轮轨噪声的水平。当轨道存在几何形位偏差、动态不平顺或钢轨磨损等问题时，车轮在行驶过程中会受到不稳定的激扰，导致轮轨之间的相互作用力发生变化。这种变化会引发轮轨间的振动和冲击，进而产生噪声。根据噪声产生的不同机理，轮轨噪声可分为轮轨滚动噪声、轮轨撞击噪声、曲线啸叫噪声以及气动激励噪声。

（1）滚动轮轨噪声

随着列车服役时间的延长，车轮磨损、钢轨变形、擦伤及剥离等病害逐渐显现。这些病害破坏了轨道表面的平顺性，导致列车行驶时出现颠簸。车轮和钢轨在这种不平顺的激励下发生弹性振动，进而辐射出噪声。轮轨滚动噪声随车速提高而增强，其治理需从控制轮轨不平顺、阻断噪声传播途径和优化轮轨振动特性三方面入手。

（2）轮轨撞击噪声

车轮或钢轨表面可能因设计缺陷或病害而存在局部不连续性，如车轮踏面损伤、钢轨接缝、道岔和钢轨接头等。这些不连续性会引发高速行驶的列车车轮与钢轨之间的冲击性激扰，从而产生非线性辐射的轮轨撞击噪声。

（3）曲线啸叫噪声

地铁列车在城市地下环境中行驶时，经常遇到小半径曲线。在这些急转弯处，车轮会挤压外侧钢轨，导致轮轨之间发生横向相对滑动，进而产生高频的轮轨曲线啸叫噪声。

（4）气动激励噪声

对于运行速度超过 200 km/h 的高速列车而言，随着车速的提升，列车的噪声源逐渐由轮轨激励转变为气动激励主导。列车车厢表面与空气之间发生剧烈的切割作用，形成湍流并产生脉动压力。这种脉动压力既直接作用于空气形成噪声波，又作用在车厢壁板上引起弹性振动，进而辐射至车内空气中成为车内噪声。

14.2　音频数据预处理

14.2.1　数据采集

在进行地铁噪声数据采集（图 14-1）时，选择适当的工具至关重要。这主要涉及到麦克风和录音设备两个方面。

（1）麦克风的选择

频率响应特性：麦克风的频率响应特性是衡量其性能的重要指标。理想的麦克风应具备从低频到高频的宽广频率响应范围，以准确捕捉地铁环境中各种频率的噪声成分。在选择时，应优先考虑那些频率响应曲线平坦的麦克风，以确保对不同频率的声音有均匀的敏感度。

灵敏度与动态范围：麦克风的灵敏度和动态范围对于捕捉微弱声音以及处理高强度声音至关重要。高灵敏度的麦克风能够清晰地记录低强度的声音信号，而宽动态范围则保证了在高声压级下不会产生失真。在地铁这一复杂声环境中，选择具有高灵敏度和宽动态范围的麦克风尤为重要。

(2)录音设备的要求

信噪比与稳定性：录音设备的信噪比直接影响到录音的清晰度和质量。高信噪比的设备能够在背景噪声较低的情况下录制出更加纯净的声音信号。此外，稳定性也是选择录音设备时需要考虑的因素之一，它能够确保设备在长时间工作过程中保持性能稳定，避免因设备故障导致的录音中断或数据丢失。

移动性与耐用性：由于地铁环境的特殊性，录音设备还需要具备良好的移动性和耐用性。移动性强的设备便于在不同车厢和位置进行灵活布置，以适应不同的采集需求。而耐用性则保证了设备在恶劣的工作条件下能够长时间稳定运行，减少因设备损坏带来的不便和损失。

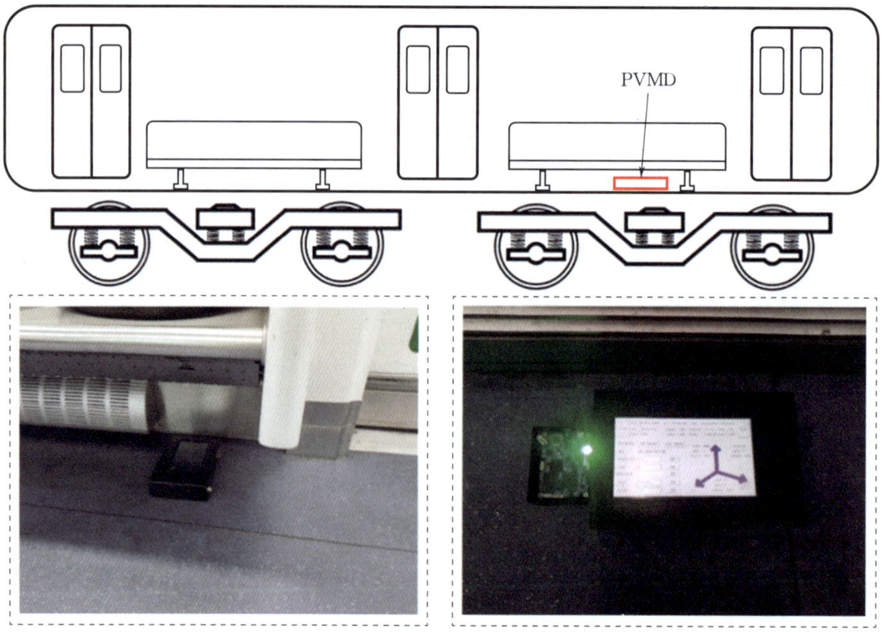

图 14-1 地铁噪声采集示意图

14.2.2 数据文件属性

(1)波形：音频信号的波形是声波的图形表示，它展示了声音振幅随时间的变化。通过观察波形，我们可以了解音频的音量、节奏和动态范围等重要信息。

(2)频谱：频谱分析揭示了音频信号中不同频率成分的分布和强度。通过频谱图，我们可以识别出音频中的基频、谐波以及噪声成分，这对于音质分析和音频处理至关重要。

(3)时域特性：时域特性涉及音频信号随时间的变化，包括波形的持续时间、起伏和包络等。这些特性对于理解音频的节奏感、音调和动态范围具有重要意义。

(4)采样率：以赫兹(Hz)为单位，是指每秒钟对声音信号进行采样的次数。它直接决定了音频文件的时间分辨率。高采样率意味着每秒钟采集的声音样本数更多，从而能够更精确地捕捉和还原声音的细微变化。然而，高采样率同时也意味着更大的数据量和更高的存储需求。在数字音频处理中，选择合适的采样率对于平衡音质和数据量至关重要。

(5)位深度：又称采样精度或量化位数，表示每个声音样本的数据量或精度。它决定了音频信号的动态范围，即最大声音与最小声音之间的差异。位深度越高，每个样本所能表示的声音层次就越丰富，音质也就越细腻。常见的位深度有 8 位、16 位、24 位等。在数字音频中，位深度与采样率共同决定了音频的质量和数据量。

(6)通道数：通道数是指音频信号中独立声道的数量。单声道(Mono)只有一个声道，通常用于语音传输或简单的声音播放。立体声(Stereo)则包含两个声道，通常对应左右两只耳朵，能够提供更丰富的空间感和声音层次。多声道音频则包含更多声道，能够提供更逼真的环绕声效果。通道数的选择取决于应用场景和音质需求。

14.2.3　数据预处理

采集到的原始音频数据往往包含大量的背景噪声和干扰信息，需要进行预处理以提高数据质量。除了不同种类数据通用的预处理操作，音频数据预处理还包括降噪、滤波、采样、量化、分帧等操作，预处理后的数据会更加准确、清晰，为后续的分析和处理提供良好的基础。

(1)去噪：对于处理地铁音频噪声数据，特别是为了尽量提取出轮轨噪声以分析轨道状态，并去除如轰鸣、广播等非目标噪声，可以使用小波去噪方法。小波去噪方法能够在不同的频率层次上分析信号，有效地分离并去除各种频率范围内的噪声成分，同时保留重要的轨道状态信息。

小波去噪依赖于小波变换的能力，将信号分解为不同尺度的小波系数，这些系数对应于信号在不同频率和时间位置的细节。噪声通常表现为在多个尺度上的小波系数的高频部分，而有效信号(如轮轨噪声)则可能集中在某些特定的尺度。通过适当选择小波基和阈值处理策略，可以有效地去除噪声成分，同时保留对分析有用的信号成分。

小波分解：使用小波变换将信号分解为多个层次，每个层次包含了信号在特定频率范围内的信息。分解的层数和所用的小波基会影响去噪的效果。

阈值处理：对于每个小波系数，根据某种阈值规则来减少或消除噪声。常用的阈值处理方法有软阈值处理和硬阈值处理。

软阈值处理：如果小波系数的绝对值小于阈值，该系数被设置为零；如果大于阈值，则系数减去阈值的符号方向的值。

$$x_{\text{processed}}=\sin(x)\max(|x|-\theta,0) \tag{14-1}$$

硬阈值处理：如果小波系数的绝对值小于阈值，该系数被设置为零；如果大于阈值，则系数保持不变。

$$x_{\text{processed}}=\begin{cases}x & \text{if}\,|x|>\theta\\ 0 & \text{otherwise}\end{cases} \tag{14-2}$$

使用处理后的小波系数通过逆小波变换重构信号，得到去噪后的信号。选择合适的小波基和分解层数对于小波去噪至关重要。小波基应当能够有效地表示轮轨噪声的特征，而分解层数则应当足够深以分离出不同频率范围的信号和噪声。通常，这需要基于具体的信号特性和噪声性质进行实验和调整。

(2)采样(Sampling)是将连续时间信号转换为离散时间信号的过程。其关键参数是采样频率，即单位时间内的采样次数。为避免混叠，采样频率应至少为信号中最高频率成分的两倍。混叠现象是指高频信号在采样过程中被错误地解释为较低频率的信号。通过使用模拟—数字转换器(ADC)进行采样。ADC 测量连续信号在特定时间点的幅值,并将其转换为数字形式。例如,音频 CD 采样频率为 44.1 kHz,意味着每秒采样 44 100 次。

(3)量化(quantization)过程跟随采样,它将连续的采样幅度转换为有限数目的离散值。量化步长由位深度决定,位深度越高,可以表示的离散幅度级别越多,量化噪声越小。例如,16 位深度意味着每个采样点可以量化为 2^{16} 个不同的值。由于量化过程中的四舍五入,会引入量化噪声。噪声的大小取决于量化步长,步长越小,噪声越小。

(4)分帧(frame blocking)是在处理音频信号时,为了便于分析和处理,通常将长的连续信号分割成较短的帧。每帧包含了一段时间内的样本点。其中帧长是指每帧包含的样本数,通常根据采样频率和所需的时间分辨率确定。帧移(或步长)是指相邻帧之间的样本数。较小的帧移意味着较高的重叠率,可以提高时间分辨率但增加计算量。为了避免帧边界的信息丢失,相邻帧之间通常有重叠。例如,如果帧长是 25 ms,帧移可能设置为 10 ms,这意味着每帧之间有 15 ms 的重叠。

(5)加窗(windowing)是在频域分析前应用窗函数于每帧信号的过程,目的是减少帧边缘的不连续性,从而减少频谱泄露。在频域分析时,由于帧边缘的不连续性,导致信号的能量从其真实频率成分“泄露”到其他频率上。窗函数如汉宁窗、汉明窗和矩形窗。每种窗函数都有其特定的形状和特性,选择哪种窗函数取决于特定的应用需求。例如,汉宁窗在减少频谱泄露方面表现较好,但会略微降低频率分辨率。窗函数通过逐点乘以帧信号来实施,即每个帧内的样本值都乘以窗函数在对应点的值。这有助于平滑帧的边缘,减少边缘效应。

14.3 噪声信号处理与分析

14.3.1 傅里叶变换

14.3.1.1 傅里叶变换的原理与应用

傅里叶变换能够将时域中的信号(即随时间变化的数据)转化为频域表示,进而分解为各种频率的正弦波和余弦波。通过这种分解,不仅可以洞察信号的基本构成,还能够深入了解各频率分量对整体信号的贡献。

傅里叶变换的基本思想是一个函数可以用无穷多个周期函数的线性组合来逼近(图 14-2)。通过这种组合关系,可以根据组合函数的频率和幅值得到该函数的频域信息(图 14-3)。傅里叶变换最为人熟知的定义方式是傅里叶积分变换:

$$F(f)(k)=\hat{f}(k)=\int_R f(x)\mathrm{e}^{-2\pi \mathrm{i}kx}\mathrm{d}x \tag{14-3}$$

傅里叶变换是一种可逆变换,这意味着原始信号和变换后的信号之间可以相互转换得到对应状态下的信息。但是同时只能获得时频信息中的一个,即在时域信号中没有频率信息可用,在傅里叶变换信号中没有时间信息可用。一个显而易见的问题是,如果信号是非平稳的,即频率是随时间变化的,那么傅里叶变换便有明显缺陷:即只能获取一段信号总体上包含哪些频率的成分,但是无法获知各成分出现的时刻,因此时域表现相差很大的两个信号,其频谱图可能一样(图 14-4),此时就需分时间窗对数据进行处理。

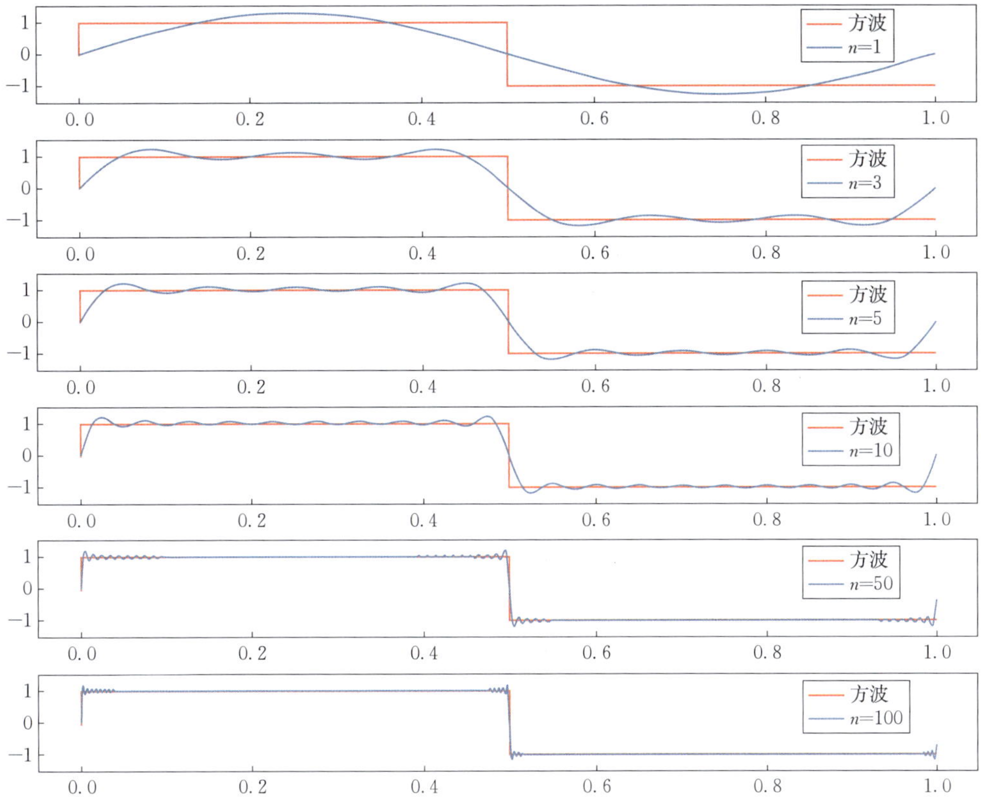

图 14-2 傅里叶变换的基本思想是基函数的叠加

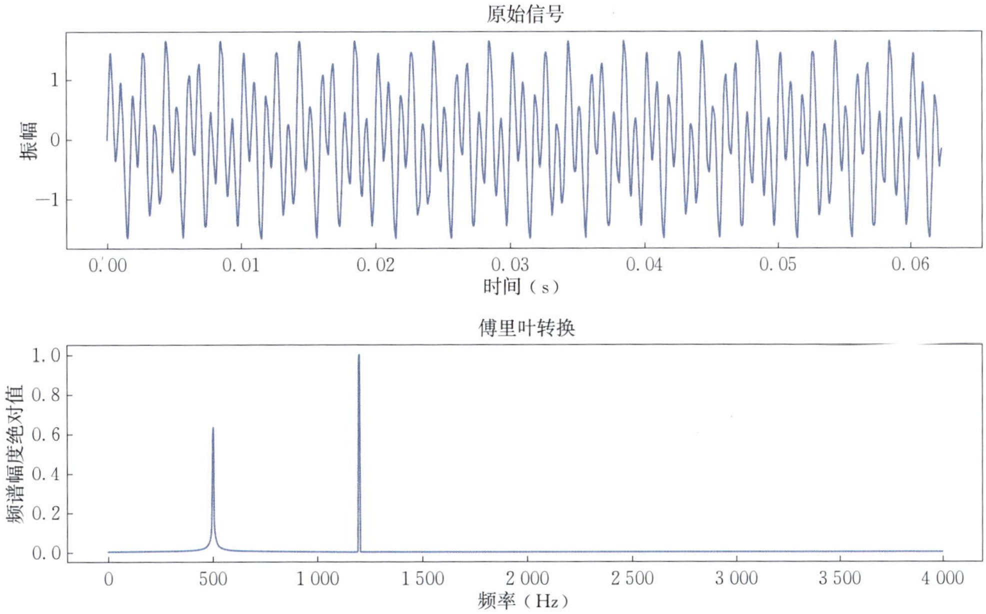

图 14-3 傅里叶变换

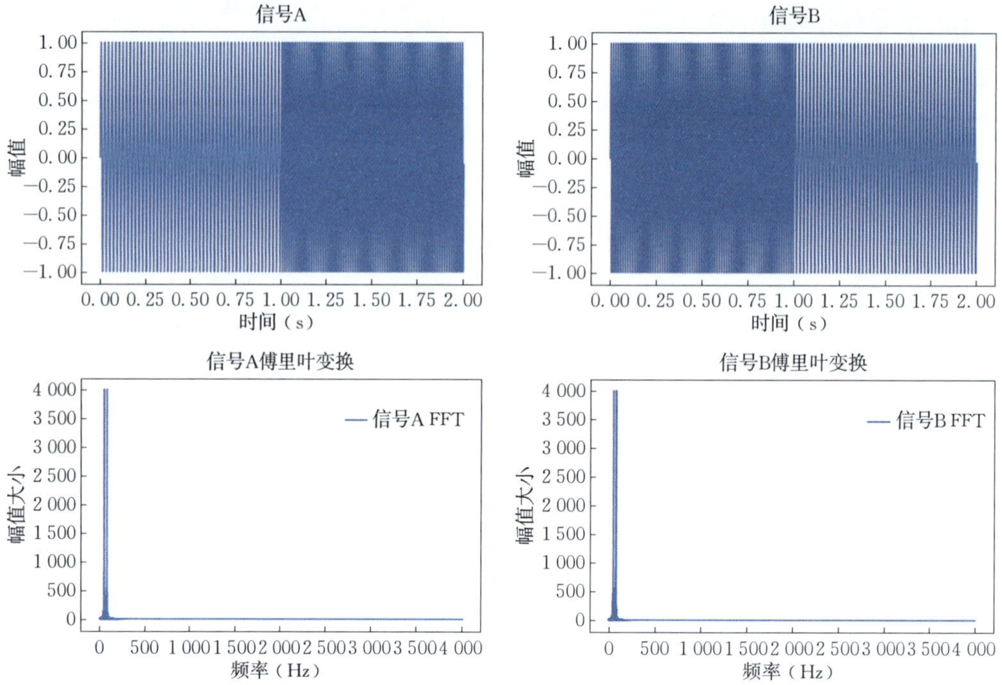

图 14-4 傅里叶变换处理非平稳信号的缺陷

14.3.1.2 时频分析方法

在音频信号分析领域，时频表示方法占据了举足轻重的地位，这类方法通过联合时间域和频率域的信息，为复杂的音频信号提供直观、全面的描述。借助时频表示，研究者可以清晰地观察到音频信号中各种频率成分随时间的变化轨迹，进而准确地识别出特定的音频事件或特征。

短时傅里叶变换(STFT)可以用于分析频率随时间变化的信号。其核心思想在于将长时信号划分为若干个较短的时段，并对每个时段独立地应用傅里叶变换。这样一来，不仅可以获取信号在不同频率上的能量分布，还能够明确这些频率特性是在哪个时间点上出现的。这种时频局部化的能力使得 STFT 在分析动态变化的信号时具有显著优势。

连续小波变换(CWT)则是另一种功能强大的时频分析技术。与 STFT 相比，CWT 的灵活性更高，这主要得益于它采用了一系列不同频率和位置的小波函数作为分析基础。这些小波函数可以根据信号的特性进行自适应地调整，从而在时间和频率两个维度上提供更为精细的分辨率。

STFT 和 CWT 在时频分析中各有千秋。STFT 以其时间—频率分辨率的均匀性著称，这使得它在处理许多常见的音频信号时表现出色。然而，对于那些需要更精细时频分析的复杂信号，CWT 则凭借其出色的自适应性和多分辨率特性成为了更为理想的选择。因此，在实际应用中，需要根据信号的具体特性以及分析的需求来灵活选择这两种方法。

14.3.2 噪声聚类分析

相较于处理其他类型数据，聚类在噪声音频数据处理方面具有其独特性和专业性。噪声音频数据通常具有时变性、非线性和复杂性等特点，这要求聚类算法能够处理这类数据中的不确定性和动态变化。

在处理噪声音频数据时，特征提取是至关重要的一步。针对音频信号的特性，可以提取时域特征（如短时能量、短时过零率等）、频域特征（如频谱、梅尔频率倒谱系数等）以及时频域特征（如小波变换系数等）。这些特征能够有效地反映音频信号的本质属性，为后续聚类提供有力的支持。

14.3.2.1　时域特征提取

提取音频信号在时域上的特性，如短时能量、短时平均过零率等。这些特性能够反映音频信号的幅度和频率变化。

短时能量（short-time energy）是衡量音频信号一段时间内幅度平方的总和，反映了信号的强度或响度。短时能量计算通过对分帧后的音频信号的每一帧进行能量分析，以量化该帧内信号的总能量。短时能量可用于区分语音和静音段，音乐节奏的强度分析，以及环境噪声的检测等。对于第 i 帧信号 $x_i[n]$，短时能量 E_i 可表示为

$$E_i = \sum_{n=0}^{N-1} x_i\ [n]^2 \tag{14-4}$$

其中，N 为每帧的样本数；$x_i[n]$为第 i 帧的第 n 个样本值。

短时平均过零率（short-time zero crossing rate）是指信号在短时间内过零点的平均次数，反映了音频信号频率内容的变化。过零率计算通过统计每帧信号中信号幅度从正变负或从负变正的次数实现，以量化信号的频率变化。短时平均过零率常用于语音识别中辅助区分不同的音素，例如辅音和元音，也可以用于音乐节拍检测和环境声音分类。对于第 i 帧信号 $x_i[n]$，其短时平均过零率 Z_i 可表示为

$$Z_i = \frac{1}{2(N-1)} \sum_{n=0}^{N-2} |\operatorname{sgn}(x_i[n+1]) - \operatorname{sgn}(x_i[n])| \tag{14-5}$$

其中，N 为每帧的样本数；sgn（·）为符号函数，当 $x_i[n] \geqslant 0$ 时 $\operatorname{sgn}(x_i[n]) = 1$，否则为$-1$。

14.3.2.2　频域特征提取

通过傅里叶变换或小波变换等方法，将音频信号从时域转换到频域，然后提取频谱、梅尔频率倒谱系数（MFCC）等频域特性。这些特性能够反映音频信号的音色和音调信息。

梅尔频率倒谱系数（mel frequency cepstral coefficients，MFCCs）是音频信号处理，尤其是语音识别和音乐信息检索领域中广泛使用的一种特征。MFCCs 的提取过程模仿了人类耳朵对声音的处理方式，特别强调了在低频区更敏感的听觉特性。MFCC 的提取基于人类的听觉感知特性，使用梅尔尺度（mel scale）对频率进行非线性变换，以模拟人耳对不同频率声音的感知差异。梅尔尺度上的频率与实际频率之间的关系是对数的，这意味着在低频时分辨率高，在高频时分辨率低。使用一组梅尔尺度的滤波器（通常为三角滤波器），这些滤波器在低频时紧密，在高频时稀疏。其中，$M(f)$是频率 f 对应的梅尔频率。对每个滤波器输出的能量取对数，然后对所有对数能量值进行 DCT。DCT 的目的是将滤波器组的输出信号从频率域转换到倒谱域。最终，选择 DCT 结果的前 12 到 13 个系数作为 MFCCs。这些系数紧凑地表示了原始音频信号的特征。

$$M(f) = 1\ 125\ln(1+f/700) \tag{14-6}$$

14.3.2.3 噪声特征聚类

在提取完噪声数据的特征后，就可以选择合适的聚类算法进行聚类。常见的聚类算法如K-means、层次聚类、密度聚类等，在处理噪声音频数据时需要根据数据的特性和需求进行选择。例如，K-means算法适用于数据分布较为均匀的情况，而层次聚类则能够更好地处理具有层次结构的数据。此外，一些针对音频数据特性设计的聚类算法，如基于音频特征的谱聚类算法，也能够取得较好的效果。

最后，对于噪声音频数据的聚类结果，需要进行合理的评价和优化。常见的评价指标包括轮廓系数、Davies-Bouldin Index等，这些指标能够评估聚类的紧致性和分离度。此外，还可以通过可视化方法（如散点图、热力图等）对聚类结果进行直观展示，以便更好地理解和分析聚类效果。针对聚类结果中存在的问题，可以通过调整聚类参数、优化特征提取方法等方式进行改进和优化。

14.4 地铁音频数据分析实践

音频数据分析实践代码

本章以地铁车内噪声信号时聚类分析项目为例进行音频数据分析。本项目提供了采用智能手机收集的成都地铁七号外环的车内噪声数据。所提供的音频数据文件为单通道wav格式文件，时长为1小时08分。音频信号的采样频率为22 050 Hz。

14.4.1 数据读取

使用Python的soundfile包来读取提供的车内噪声信号。为了读取音频文件，首先需要导入soundfile包。这个包提供了简洁的接口来读取和写入音频文件。使用soundfile包的sf. read函数来读取音频文件。这个函数接受文件路径作为参数，并返回音频数据和采样率。一旦成功读取了音频数据，就可以根据项目的具体需求对其进行处理。这可能包括将音频分成较短的帧、从每帧中提取特征（如梅尔频率倒谱系数）、应用信号处理技术（如滤波或降噪），或进行其他类型的分析（如频谱分析或聚类）。

在读取音频文件时，建议添加异常处理逻辑来捕获可能出现的任何错误。例如，如果文件路径无效或文件不存在，sf. read函数将引发异常。通过捕获这些异常并提供有用的错误消息，可以使代码更加健壮和用户友好。

在信号处理与音频分析领域，音频去噪是一个至关重要的预处理步骤，它有助于提升后续音频处理任务的效果。同时，频谱分析则为我们提供了音频信号在频域上的详细特性。本示例将展示如何使用小波变换进行音频去噪，并通过Welch方法计算去噪前后的频谱。

使用scipy. io. wavfile的read函数读取wav格式的音频文件，获取采样率和音频数据。检查音频数据的维度，确保其是单通道的，因为本示例只处理单通道音频。随后，定义一个名为wavelet_denoising的函数，用于执行小波去噪。该函数首先使用PyWavelets库中的wavedec函数对音频数据进行小波分解，得到一系列小波系数。接着，根据小波系数的中位数计算一个阈值，用于区分信号和噪声。然后，使用threshold函数对除近似系数外的所有小波系数进行阈值处理，去除噪声成分。最后，使用waverec函数将处理后的系数重构为去噪后的音频数据。

在获得去噪后的音频数据后，使用Welch方法计算去噪前后的频谱。Welch方法是一种常用的功率谱估计方法，它通过对信号进行分段并计算每段的功率谱，然后平均这些功率谱来得到最终的功率谱估计(图 14-5)。

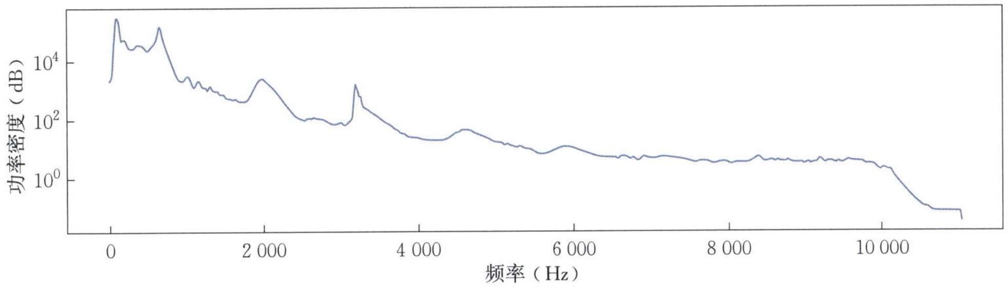

（a）去噪前的频谱图

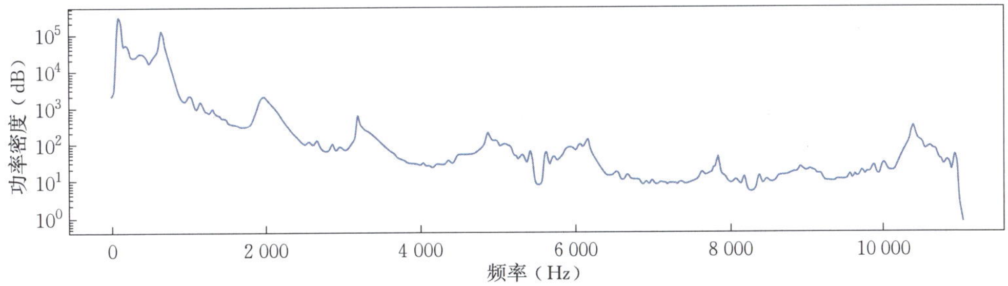

（b）去噪后的频谱图

图 14-5　Welch 功率谱

14.4.2　时频特征

通过对音频数据进行傅里叶变换，得到频谱图，如图 14-6 所示。

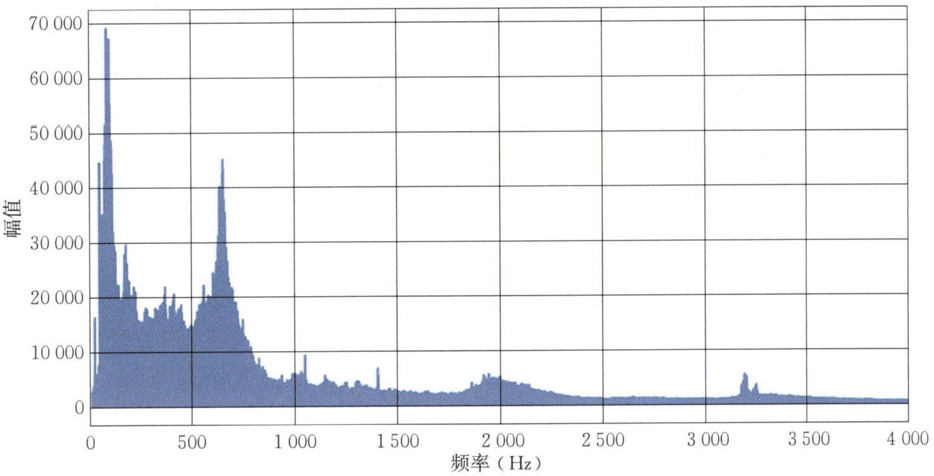

图 14-6　频谱图

从存储介质中载入车内噪声信号。这通常涉及使用专门的音频处理库，如 soundfile，将信号准确地加载到 Python 环境中。加载后的信号以数字数组的形式存在，便于后续的数学处理和分析。在进行 CWT 之前可能需要截取信号的一个特定时间段，以便更聚焦地分析感兴趣的信号部分。截取操作可以通过简单地选择数组中的相应元素范围来实现。利用 pywt 包中的 cwt()函数对截取的信号执行连续小波变换。在此过程中，选择合适的小波基函数至关重要。例如，Morlet 小波由于其良好的时频局部化特性，在噪声信号分析中广受欢迎。此外，还需要定义一个尺度范围，它决定了分析将覆盖哪些频率成分。CWT 的结果是一个系数矩阵，其中包含了信号在不同尺度和时间点的分解信息。

为了更直观地理解这些特征，可以计算每个尺度下的能量分布。这涉及对 CWT 系数进行平方操作以得到能量谱。能量谱揭示了信号在不同频率上的强度变化，是信号时频特性的重要表征。

最终，利用可视化工具(如 matplotlib 库)将计算得到的时频特征以图形形式展示出来，时频图可以直观地展示信号在时间和频率维度上的联合变化。通过时频图可以清晰地识别出信号中的不同频率成分及其随时间的变化情况，这对于噪声源识别、信号特征提取以及后续的降噪处理都具有重要的指导意义。截取前 100 秒音频数据为例，如图 14-7 所示。

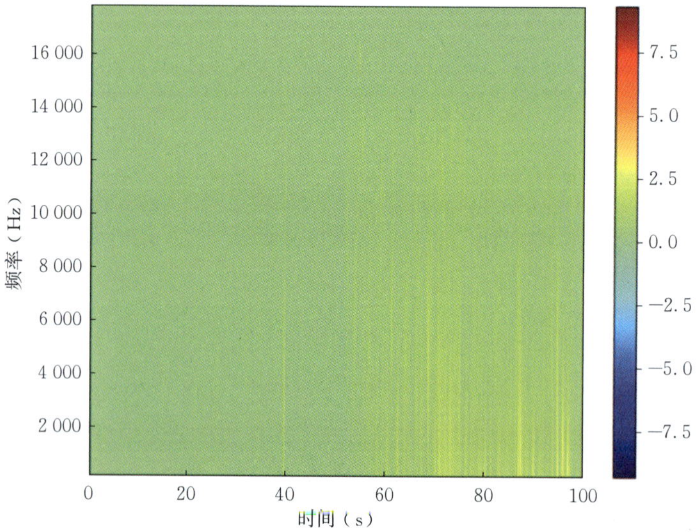

图 14-7 时频图

14.4.3 音频聚类

在音频信号处理中，利用聚类分析对信号进行自动分类，可以有效识别不同类型的噪声或声音模式。这一过程涉及提取音频信号的特征(如频率、幅度、持续时间等)并应用聚类算法。例如，在地铁噪声信号分析中，通过聚类可以区分不同的噪声源(如轨道摩擦声、人声、广播声等)或特定的噪声特性。这种方法不仅在降噪技术中有重要应用，还能用于声音识别和音频分类，从而提升音频质量和识别精度。通过自动聚类，可以对复杂的音频环境中的声音进行更有针对性的分析和处理。

本示例将展示如何使用 Python 库读取音频文件，提取特征，进行标准化处理，然后应用 K-means 聚类算法，并最终通过图表可视化聚类结果。

使用 soundfile 库读取 wav 格式的音频文件后，首先需要对音频信号进行分帧处理以便于后续的特征提取，聚类分析中使用的帧长一般不超过 1 s，定义帧长后，可使用 librosa 库中的

frame 函数进行分帧操作。

在特征提取阶段，为每个帧计算多个音频特征，比如 MFCC（Mel 频率倒谱系数）、能量和均方根，这些特征能够提供关于音频信号强度和幅度的信息，将这些特征合并成一个特征向量添加到特征列表中。

完成特征提取后，进行特征标准化处理。标准化是将特征数据转换为均值为 0、标准差为 1 的形式，这有助于聚类算法更好地工作。使用 StandardScaler 进行标准化处理，它将原始特征数据转换为标准化数据。

之后使用 K-means 聚类算法对标准化后的特征数据进行聚类。K-means 是一种常用的无监督学习算法，它将数据划分为 K 个簇，使得每个簇内的数据点尽可能相似，而不同簇之间的数据点差异尽可能大，这里设置了参数 n_clusters 为 3 以确定簇的数量。

最后，可以使用 matplotlib 库绘制聚类结果的散点图。图 14-8 展示了每个数据点在两个特征向量构成的二维空间中的位置，颜色表示所属的簇。通过散点图，可以直观地看出不同簇之间的分布情况和聚类效果。不同种类的簇可能对应了不同来源，不同程度和不同模式的噪声。

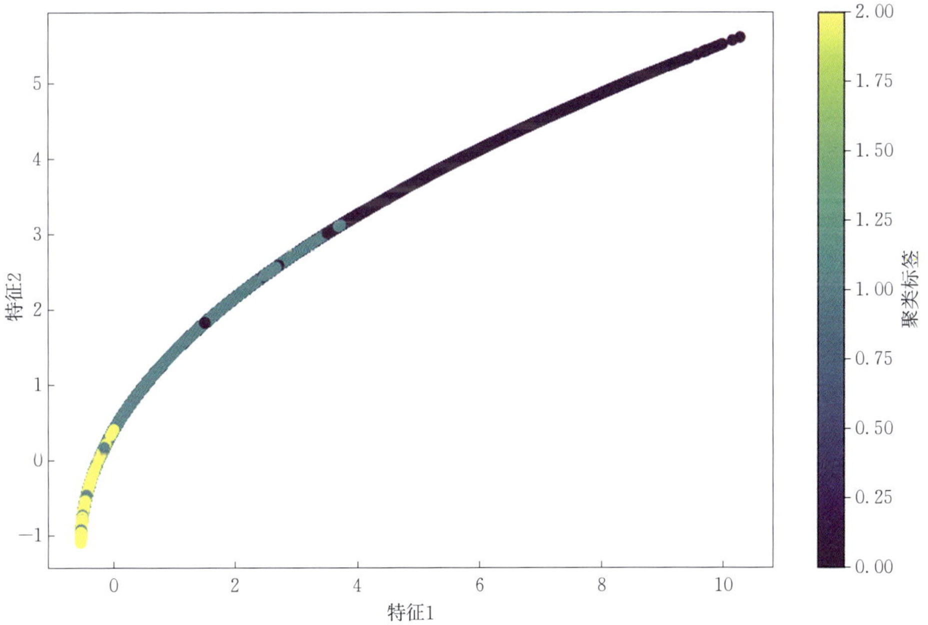

图 14-8　地铁噪声信号聚类结果图